DIE WELT DER COWBOYS

WILDER WESTEN

DIE WELT DER COWBOYS

Ein Leben im Sattel
Mythos und Wirklichkeit

Von William H. Forbis

NAUMANN & GÖBEL

Dieser Band gehört zu der Reihe
Wilder Westen

Bisher sind erschienen:

Die Welt der Indianer
Die Welt der Cowboys
Die großen Revolverhelden
Der Aufbruch in den Wilden Westen

Die Welt der Cowboys

Lizenzausgabe für
© Naumann & Göbel Verlagsgesellschaft mbH in der VEMAG
Verlags- und Medien Aktiengesellschaft, Köln

Gesamtherstellung: Naumann & Göbel Verlagsgesellschaft mbH, Köln
ISBN 3-625-10762-7

INHALT

1 Fest im Sattel

Dies ist ein Gemälde vom Wilden Westen, wie er in Wirklichkeit nie war oder wie er fast nie war. Der Cowboy war in Wirklichkeit ein schmutziger, überlasteter Arbeiter, der endlose Kilometer unter glühender Sonne oder durch Regen und Wind ritt, um Zäune zu reparieren oder verlorene Kälber zu suchen. Doch der Cowboy hatte ein heldenhaftes Selbst-Image als wild reitender, schnell schießender Draufgänger, und so erscheint er auch in Büchern und auf Gemälden vom Wilden Westen.

Das Image wuchs aus einem Körnchen Wahrheit. Manche Cowboys schossen sich tatsächlich mit Indianern oder bezwangen Wildpferde und fingen Bären mit dem Lasso, wie sie es hier auf Bildern von Frederic Remington *(Einband und unten)* und Charles Russell *(folgende Seiten)* tun. Beide Maler ritten mit den Cowboys auf den Trails. Sie hielten jede Einzelheit ihres täglichen Lebens fest, teilten jedoch ihre idealisierenden Vorstellungen. Indem sie den Cowboy größer erscheinen ließen, als er in Wirklichkeit war, fingen Remington und Russell eine übergeordnete Realität ein: die Auffassung, die von Cowboy und mit der Zeit von der ganzen Nation geteilt wurde, daß er in der Tat der Held der kühnsten Legende seines Landes war.

Amon Carter Museum, Fort Worth, Texas

Beim Einfangen von Wildpferden in einer Schlucht verlagert ein Cowboy, der mit dem Lasso einen Mustang erwischt hat, sein ganzes Gewicht so weit wie möglich nach links, damit der Sattel nicht nach rechts wegrutscht. Das ist eine typische Russell-Szene – korrekt bis in jede Einzelheit, doch sie betont den dramatischen Augenblick und nicht die zermürbende Wirklichkeit des Alltags auf der Range.

Amon Carter Museum, Fort Worth, Texas

Beim Yellowstone River wird ein Treckführer von einem Crow-Indianer angehalten, der einen Wegzoll von einem Dollar pro Rind – angezeigt durch den erhobenen Zeigefinger – verlangt, bevor das Vieh sein Stammesgebiet durchqueren darf. Das Gemälde beruht auf einer tatsächlichen Begebenheit: Als der Treckführer nicht zahlen wollte, versetzten die Krieger die Herde in Panik und flohen dann, während die Cowboys die Tiere wieder unter Kontrolle brachten.

Montana Historical Society, Helena

Eine Gruppe von Cowboys, die beim Zusammentreiben von Pferden in der Nähe des Timber Creek, Montana, von einem Grizzlybären angegriffen wurde, fängt das rasende Tier mit Lassos ein. Das passierte einigen Cowboys aus Russells Bekanntenkreis tatsächlich; als der Bär gefesselt war, steinigten sie ihn zu Tode.

Amon Carter Museum, Fort Worth, Texas

Fünf Cowboys galoppierten schießend in den Saloon, um vor Beginn eines Viehtrecks zu feiern. Solche Späße waren aber selten, und manchmal kehrten die Cowboys reumütig zurück, um dem Saloonbesitzer den Schaden zu ersetzen.

Amon Carter Museum, Fort Worth, Texas

Das wahre Gesicht des amerikanischen Cowboys

Die große Zeit des amerikanischen Cowboys dauerte kaum eine Generation, vom Ende des Bürgerkriegs bis Mitte der achtziger Jahre des vergangenen Jahrhunderts, als schlechte Wetterbedingungen, unzureichendes Management der Ranges – der riesigen Weidegründe – und katastrophale Preise auf den Viehmärkten das Ende der alten, ungebundenen Arbeitsweise erzwangen. In jener kurzen Zeitspanne betrug die Gesamtzahl der Cowboys, die die Rindertrecks durch die Great Plains zu den Eisenbahnlinien im Norden durchführten, nicht mehr als 40 000. Erhalten gebliebene Photos – wie die Aufnahme links – zeigen, daß die meisten Cowboys erstaunlich jung (im Durchschnitt nur 24 Jahre) waren, und trotz ihres stahlharten Blicks und der Revolver, die sie vielleicht eigens für den Photographen angelegt hatten, schienen sie etwas von Bauernburschen an sich zu haben.

Doch weder Schnappschüsse noch nackte Statistiken können die Cowboys richtig erfassen oder die elementare Bühnen- und Kamerapräsenz und die enorme Faszination trüben, die sie in ihrer Zeit und für alle Zukunft hervorriefen. Es waren Männer einer besonderen Zeit und eines besonderen Landes, die nach einem Kodex rauher Frontiersmen-Sitten und viktorianischer Wertbegriffe lebten, entbehrungsreiche und gefährliche Arbeiten verrichteten und gegen ein Land von überwältigender Größe kämpften, das immer neue Katastrophen für den Menschen bereithielt. Diese grausame Wirklichkeit des Lebens in den großen Weidegebieten äußerte sich bei jedem Mann anders, wie die folgenden autobiographischen Mitteilungen zeigen. Sie unterstreichen aber auch Ausdauer und Schicksalsbejahung, die praktisch jeden Cowboy charakterisierten.

• George Duffield trieb 1866 eine Herde Longhornrinder von Texas nach Iowa und führte Tagebuch über die ungeheuren Strapazen dieses Trecks. Gequälte Sätze springen uns aus den Seiten entgegen:

„Unser Wagen im Fluß umgestürzt & viele unserer Kochutensilien verloren . . . war die ganze Nacht auf dem Pferd & es regnete stark . . . Mein Messer verloren . . . Heute ist einer von uns (Mr. Carr) ertrunken & einige nur knapp davongekommen, darunter ich . . . Vielen Männern geht's schlecht. Pferde *alle* am Ende & Männer weigerten sich, noch was zu tun . . . Furchtbare Nacht . . . hatten seit 60 Stunden keinen Bissen zu essen . . . *Erschöpft*. . . Indianer machen uns sehr zu schaffen . . . Oh! Was für eine Nacht – Donner, Blitze & Regen – wir haben die *ganze* Nacht unsere Rinder gesucht, da sie dauernd fortliefen . . . Wir zogen die Rinder den halben Tag lang mit Ochsen aus dem Schlamm... Das sind für mich finstere Tage. Nichts als Brot & Kaffee. Alles murrt & flucht - alles ist naß & kalt . . . Krank & mutlos. Bin noch *nicht* durchgedreht, aber *sehr kurz* davor . . . Auf meinem Rücken überall Blasen. . . Ich hatte wahnsinnige Kopfschmerzen . . . Unsere Briefe sind *alle* an die stillgelegte Poststelle geschickt worden . . . Fliegen schlimmer, als ich je erlebt habe . . . Wetter sehr *heiß* . . . Indianer unverschämt . . . ein Mann liegt mit Furunkeln & einer mit Wechselfieber. . . Fand heute ein menschliches Skelett auf der Prärie."

• John Baumann, ein Engländer, den der amerikanische Westen faszinierte, kam nach Texas, um Frontiersman zu werden. Er beschaffte sich einen Job als Cowboy und mußte bei seiner ersten Aufgabe helfen, eine Herde von Pferden zusammenzutreiben, die Narrenkraut gefressen hatten. Diese Pflanze verursachte bei den Tieren Halluzinationen und führte zum Tode. Einige hatten Krämpfe, einige lagen stöhnend am Boden, einigen trat Schaum aus dem Mund, einige waren bereits tot umgefallen. „Nachdem wir zwei Pferde erschossen hatten, die nicht mehr aufstehen konnten", schrieb Baumann, „trieben wir unsere Krüppel zusammen und begannen, zur Hauptranch 300 Kilometer weiter südlich zu reiten. Die Pferde litten nicht nur an Vergiftungserscheinungen und Unterernährung, sondern hatten meist auch noch eine Hautkrankheit, die das Fell wegfrißt und das zitternde

Lebensechte Cowboys wie diese fünf aus Montana waren gewöhnlich jünger und weit weniger selbstbewußt als Remingtons und Russells Helden. Für den Photographen mit Revolvern und Gewehren bewaffnet und grimmig dreinblickend, konnten sie allerdings ebenso wild und verwegen aussehen.

Fast jeder dritte Cowboy war Mexikaner oder Schwarzer. Nat Love *(unten)*, der 1854 in einer Sklavenhütte von Tennessee geboren wurde, ritt mit 15 Jahren nach Dodge City, bekam Arbeit bei einem Treck und wurde später eine Rodeoberühmtheit.

Geschöpf den Unbilden der Natur aussetzt. Viele von ihnen hatten akute Nierenentzündung und wunde Stellen, geschwollene und triefende Nüstern, tränende Augen und keuchenden Atem. Drei lange Wochen zog diese melancholische Prozession durch die Prärie. Dann und wann strauchelte ein Pferd und stürzte; gewöhnlich war es zu schwach, um wieder aufstehen zu können, und dann saßen ein paar Männer ab, legten ihm ein Lasso unter den Leib und um die Schultern und hievten das arme Tier wieder auf die Beine. In der Regel war das der Anfang vom Ende: Wenn es den Tagesmarsch durchhielt, gab die Nachtkälte ihm den Rest. Im kalten Zwielicht der frühen Dämmerung hatten wir jeden Morgen die traurige Pflicht, die Tiere aufzuheben, die sich hingelegt hatten, um zu ruhen; damit sie einigermaßen stehen konnten, mußten wir ihre steifen und zitternden Gliedmaßen reiben, um den Blutkreislauf genügend anzuregen. Anderen war nicht mehr zu helfen, und mehrmals habe ich solche mit einer Kugel aus dem Sechsschüsser von ihren Qualen erlöst, ohne daß mehr als ein paar Tropfen Blut flossen, so ausgemergelt waren sie."

• J. L. McCaleb war noch ein Junge, als er mit einer Herde Longhorns auf dem alten Chisholm Trail von Texas nach Abilene ritt. Nachdem er geholfen hatte, das Vieh auf einem guten Weidegrund zusammenzutreiben, erlaubte ihm der Treckführer, in die Stadt zu reiten: „Der Boß ließ mich und noch einen Jungen in die Stadt reiten. Da wir seit langem kein Haus und keine Frau mehr gesehen hatten, waren beide ein sehr schöner Anblick. Zuerst besuchten wir einen Saloon mit Tanzdiele. Ich ging an die Bar und bestellte einen Toddy [ein grogartiges Getränk], und während ich ihn trank, kam ein Mädchen her, legte mir ihre kleine Hand unters Kinn, blickte mir gerade ins Gesicht und sagte: ,Oh, du hübscher Texasjunge, spendier mir 'nen Drink.' Ich hatte noch eine Fünfdollarnote, also sagte ich dem Mädchen, sie könne haben, was sie wolle, ich würde die Spielbank sprengen, den Saloon aufkaufen, und sie könne ihn für mich führen, wenn ich meine andere Rinderherde aus Texas holte. Also, ich ging an den Spieltisch, setzte mein Geld auf die erste Karte und gewann. Ich hatte jetzt zehn Dollar, also legte ich beide Scheine auf das Tablett und gewann. Hatte jetzt zwanzig Dollar und ging, um was zu trinken – noch einen Toddy, aber mein Mädchen war weg. Ich ging wieder zurück und verlor bald alles, was ich gewonnen hatte, und meine ursprünglichen fünf Dollar dazu . . . ich ging hinaus, fand meinen Gefährten, und wir ritten wieder zum Lager. Statt den Saloon zu besitzen und zu meinen anderen Herden nach Texas zu reiten, fühlte ich mich am nächsten Morgen – ach! Was soll's?"

Duffield, Baumann und McCaleb: der erste ein harter und ausdauernder Profi; der zweite ein Enttäuschter, der auf der Suche nach Abenteuern um die halbe Erde gereist war; der dritte ein unbeschwerter Jüngling, der einen Reinfall erlebte, als er sich in der Rolle des großspurigen Treckhelfers versuchte. Das waren nur drei Cowboys aus dem wilden Westen, und sie verschaffen uns kaum eine Vorstellung von dem breiten menschlichen Spektrum, aus dem sich die Bruderschaft der Rinderhirten zusammensetzte. Etwa jeder sechste oder siebte Cowboy war Mexikaner; ähnlich stark waren Schwarze vertreten (die meisten Schwarzen waren Sklaven auf texanischen Ranches gewesen, wo man ihnen die Kunst des Lassowerfens und Reitens beigebracht hatte). Andere waren Indianer oder hatten zumindest indianisches Blut.

Eine ganze Reihe von Cowboys waren abgemusterte Unions-Soldaten, die nicht auf die steinigen Farmen der sterbenden Milchwirtschaft von New England oder in die Langeweile des Heimstätterlebens im Mittelwesten zurückkehren wollten. Noch mehr waren ehemalige Rebellen, die auf neue Abenteuer oder vielleicht auf irgendein gewagtes Unternehmen warteten, das ihnen dabei helfen sollte, die Enttäuschung über die verlorene Sache zu kompensieren. Ein paar Seeleute tauschten das Meer gegen die Prärie ein.

Aus Europa kamen begüterte Patrizier, mittellose Bauerneinwanderer und eine bizarre Schar Engländer, die man Überweisungsmänner nannte. Es handelte sich um die mißratenen Söhne aristokratischer Familien, die mit regelmäßigen Geldüberweisungen auf die Prärien verbannt wurden, bis sie verschwanden oder sich besserten und nach Hause zurückkehrten. Der typische Überweisungsmann war meist betrunken und gab seinen wahren Namen nicht preis. Manchmal offenbarte er jedoch versehentlich seine Herkunft – wie der vom Schnaps ausgelaugte Cowboy, der die Selbstbeherrschung verlor, als er hörte, wie jemand die Ergebnisse einer englischen Universitätsregatta erwähnte, und losplatzte: „Gott sei Dank, wir haben gewonnen!" Außer zechfreudigen Ex-Studenten aus Cambridge gab es auch einige nüchterne Harvard-Männer, darunter ein zukünf-

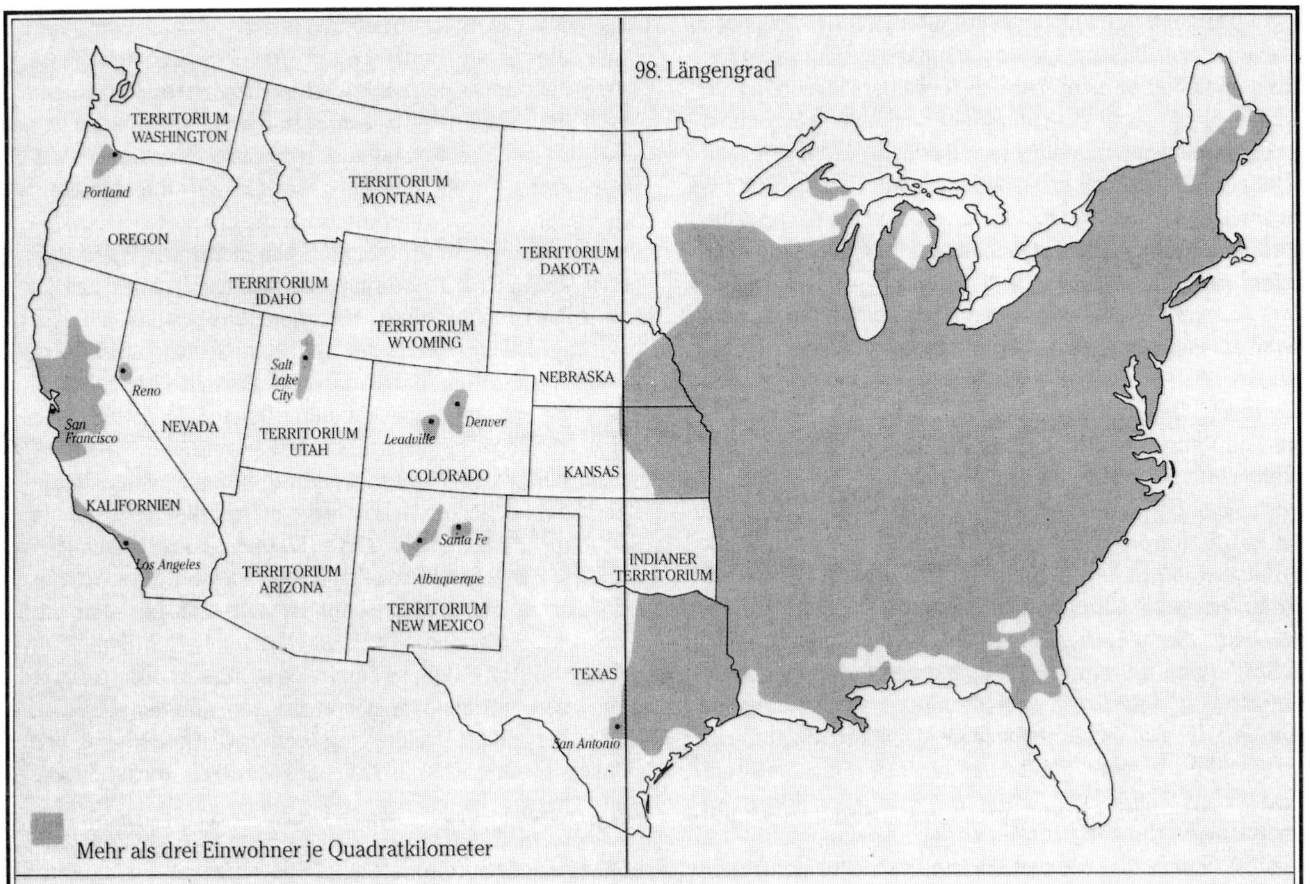

Zwei Welten

1876, ein Jahrhundert nach der Unabhängigkeitserklärung, waren die Vereinigten Staaten immer noch zweigeteilt, der eine Teil zivilisiert, der andere wild. Die Grenze zwischen ihnen bildete der 98. Längengrad. Hier hörten die Wälder des Ostens auf, und die Prärien begannen. Im Osten lebten in 31 Bundesstaaten 42 Millionen Menschen. Im Westen lagen sieben Bundesstaaten und neun Territorien, mit einer Gesamtbevölkerung von nur zwei Millionen. Die wenigen Städte waren über ein riesiges Gebiet verstreut, dessen von der Zivilisation unberührte Landschaften und Menschen von den Leuten aus dem Osten lange mit Geringschätzung gestraft worden waren.

Es steht zu befürchten, daß ein großer Teil [des Westens] eine gesetzlose Leere zwischen den Wohnstätten der zivilisierten Menschen bilden wird . . . Hier entstehen vielleicht neue und gemischte Rassen, wie neue geologische Formationen, die Ansammlung der „Trümmer" und „Abtragungen" früherer Rassen.

Washington Irving, 1836

Was wollen wir mit diesem weiten, wertlosen Gebiet? Dieser Region von Wilden und wilden Tieren, von Wüsten, Treibsand und Sandstürmen, von Kakteen und Präriehunden? Ich werde niemals einen Cent aus öffentlichen Mitteln [für Posteinrichtungen] hergeben, um die Pazifikküste einen Zentimeter näher nach Boston zu bringen, als sie jetzt ist.

Daniel Webster, 1838

Wir scheinen den Gipfel der Dürre und Öde erreicht zu haben.

Horace Greeley, 1859

Manchmal haben wir [in Nevada] die Jahreszeiten in ihrer normalen Reihenfolge, und dann wieder haben wir den ganzen Sommer Winter und den ganzen Winter Sommer . . . Es ist allerdings völlig normal, daß es nie regnet . . . Doch normalerweise . . . ist das Klima gut, soweit es eins gibt.

Mark Twain, um 1865

tiger Präsident der Vereinigten Staaten, Teddy Roosevelt *(S. 216)*, der nach North Dakota ging, um den Umgang mit Lasso und Pferden zu erlernen. Bei der überwiegenden Zahl der Cowboys war eine akademische Ausbildung jedoch so gut wie unbekannt. Das allgemeine Bildungsniveau spiegelte sich in der Bemerkung eines Burschen aus Texas: „Also, als ich soweit war, daß ich ein Rind fangen und ein paar Brandzeichen auf die Schiefertafel kritzeln konnte, fand ich, daß ich langsam zu gut für die Schule wurde."

Andere vertraute Figuren waren die Drifter, die Herumtreiber, die auf Ranches bettelten oder sich als Satteltramps betätigten. Sie profitierten von der alten Sitte im Westen, daß man jedem Mann zu essen und zu rauchen gab, der zufällig auf eine Ranch kam. Mit der typischen Großzügigkeit der Frontiersmen nagelte ein Rancher folgende Einladung an seine Haustür, wenn er fort war: „Essen Sie soviel Sie wollen – füttern Sie bitte auch die Hühner."

Und es gab Männer, die sich vor dem Zugriff des Gesetzes verbargen und Pseudonyme wie Bronco Jim oder Wyomin' Pete benutzten. Für diese Männer war es ein leichtes, sich im Rinderland zu verstecken, denn unter Cowboys galt es als unhöflich, sich allzu genau nach der Vergangenheit eines anderen zu erkundigen. In seinen Memoiren erzählt ein Cowboy von einem Vorfall aus seiner Kindheit, als ein Fremder ins Lager ritt. „Wir aßen zu Abend, und dann fragten mein ältester Bruder und ich den Fremden nach seinem Namen. ‚Jones', sagte er. Er war noch nicht ganz losgeritten, als Mutter uns auch schon ausschimpfte, weil wir so schlechte Manieren hatten, einen Mann nach seinem Namen zu fragen."

Der gemeinsame Nenner all dieser verschiedenen Typen war der Dienst, den sie den riesigen Rinderherden des Westens erwiesen – die Arbeit, die ihnen ihren Namen gab. In Wirklichkeit ist der Begriff „Cowboy" ungewisser Herkunft. Im Unabhängigkeitskrieg verwendete man ihn für Torys, die mit Kuhglocken läuteten, um patriotische Farmer auf der Suche nach entlaufenen Rindern ins Unterholz zu locken – wo die Torys sie aus dem Hinterhalt angriffen. Später bezeichnete er texanische Banditen, die den Mexikanern ihr Vieh stahlen und manchmal die Viehhüter ermordeten. Erst nach dem Bürgerkrieg nannte man allmählich jeden, der im Westen Rinder trieb oder hütete, Cowboy.

Die Arbeit mit Rindern umfaßte eine Vielzahl einzelner Aktivitäten, Stile und Techniken, je nachdem, in welchem Teil des Wilden Westens ein Mann gerade lebte. In den sechziger Jahren des vorigen Jahrhunderts konnte es zu den Pflichten eines texanischen Cowboys gehören – er trug vielleicht nur eine alte Uniform der Südstaaten, Marschierstiefel der Armee und einen Schlapphut aus Wolle, dessen Krempe mit Dornen hochgesteckt war –, halbwilde Longhornrinder zusammenzutreiben und 1500 Kilometer weit durch ein zaun- und praktisch besitzerloses Gebiet zum Markt zu bringen. Dreißig Jahre später lebte in Montana ein Cowboy der zweiten Generation mit der inzwischen standardisierten Ausrüstung von Nietenhosen, hochhackigen Stiefeln und einem wundervoll handgearbeiteten Stetson – er war aber größtenteils mit Heumähen oder Pflege der preisgekrönten Shorthornrinder seines Ranchers beschäftigt. Manchmal brachte es die Arbeit des Cowboys mit sich, daß er eine Zeitlang überhaupt nicht mehr mit Rindern in Berührung kam. Im Winter sammelte er vielleicht Feuerholz oder jagte Präriewölfe, die das schwächere Vieh anfielen und auf deren Kopf Prämien ausgesetzt waren. Viele Cowboys arbeiteten in den Wintermonaten überhaupt nicht, da die Rancher mehr als die Hälfte ihrer Leute entließen, wenn die Roundups und Viehtrecks der warmen Jahreszeit vorbei waren. In der arbeitslosen Zeit taten sich viele Cowboys mit Freunden in der Stadt zusammen und schlugen sich mit Gelegenheitsarbeiten wie Häuseranstreichen durch. Doch solange sie sich Cowboys nannten – was sie im Durchschnitt nur sieben Jahre taten, bevor sie sich für immer in der Stadt oder auf einer eigenen Ranch niederließen –, drehte sich ihr Leben um jene unliebenswürdigen, dickköpfigen, leicht in Panik geratenden Geschöpfe, die sie als „cows" (Kühe) bezeichneten, ob es sich nun um wenige Tage alte Kuhkälber oder um zehnjährige Bullen handelte.

Wendepunkt und in mancher Hinsicht Höhepunkt der Cowboy-Ära war wohl das Jahr 1876. Doch in diesem Jahr wußten die meisten der 44 Millionen amerikanischen Bürger kaum etwas vom Cowboy oder der blühenden Rinderwirtschaft, die ihn erhielt. 1876 wurde in Philadelphia der hundertste Jahrestag der Unterzeichnung der Unabhängigkeitserklärung mit einer großen Ausstellung gefeiert. Zu diesem spektakulären Anlaß hatte man im Westen nur wenig gefunden, das man der Beachtung wert hielt. Diese Einstellung wurde von vielen prominenten Persönlichkeiten jener Zeit schon lange geteilt *(siehe Kasten S. 19)*. Die Ausstellungsabteilung „Rinder" war vollgestopft mit schottischen Hochlandrindern und Herefords, aber Longhornrinder gab es nicht zu sehen – und auch sonst kaum etwas, das westlich vom Mississippi zu Hause war. Der Tenor der Ausstellung galt dem verarbeitenden Sektor, dem wichtigsten Wirtschaftszweig des industrialisierten Ostens.

Tatsache war, daß die Vereinigten Staaten damals immer noch aus zwei Ländern bestanden. Von der Atlantikküste bis zum Gebiet genau westlich des Mississippi erstreckte sich ein besiedelter, mächtiger und produktiver Staat. In diesem Amerika schmiedete man in Pittsburgh Stahl, spann in den

Spinnereien von New England endlose Kilometer Garn, und ein Eisenbahnnetz von 80000 Kilometern – weit mehr als in jedem anderen Land der Erde – verband alle Häfen, Industriestädte und Farmzentren. Es war ein Land dichtbevölkerter Städte, in denen es von Kutschen und Pferdebahnen wimmelte; ein Land gasbeleuchteter Wohnungen mit Linoleumfußböden; ein Land rußgeschwärzter Gettos, wo jedes Jahr eine halbe Million europäischer Einwanderer ankam. Es war ein Land der Diners mit neun Gängen im New Yorker Restaurant Delmonico und der Whiskeys zu zehn Cent pro halben Liter im Saloon an der Ecke; ein Land der vor nichts zurückschreckenden Finanzjongleure wie Jay Gould und Jim Fisk und des ehemaligen Fährenkapitäns Cornelius Vanderbilt, der jetzt 82 Jahre alt war und langsam an Altersschwäche starb. Er hatte das größte Vermögen der Welt angehäuft – 103 Millionen Dollar.

Dieses schnelle Wachstum führte aber auch zu steigender Not. 1876 kämpfte das Land immer noch mit einer schrecklichen Wirtschaftskrise, die drei Jahre vorher zum Zusammenbruch des Banksystems geführt hatte. Florida, Louisiana und South Carolina hatten die Schläge des Bürgerkriegs noch nicht überwunden und standen weiterhin unter Kriegsrecht. Die von Skandalen erschütterte Administration des Präsidenten Ulysses S. Grant war kurz vor der Ablösung, und Rutherford Hayes, ein farbloser Mann aus Ohio, würde bald Grants Platz im Weißen Haus einnehmen.

Im Vergleich zu der überschäumenden Kraft des zivilisierten Amerika wirkte der Westen in der Tat wie ein anderes Land, wie eine gewaltige Einöde. Zwischen Kalifornien und dem ersten Staatengürtel westlich des Mississippi wurde ein Drittel des Kontinents von riesigen und verlassenen, durch unwirtliche Bergketten unterbrochenen Ebenen bedeckt, wo es nur ein halbes Dutzend Städte mit über 5000 Einwohnern gab. Diese Leere wurde 1876 nur von einer einzigen Eisenbahnlinie überbrückt: von der Union Pacific, die sich 1869 mit der Central Pacific vereinigt hatte, um Kalifornien mit dem Osten zu verbinden, und nun manchmal nur einen einzigen ratternden Zug am Tag über den wackligen Gleiskörper schickte. Einige alte Geographiebücher bezeichneten dieses Gebiet als „Große Amerikanische Wüste“ – ein Name, der mehr als nur ein Körnchen Wahrheit enthielt. Von Kanada bis zum Rio Grande, vom 98. Längengrad, der Kansas zerschneidet, bis zu den Hängen der Sierra fielen in den Niederungen pro Jahr nur durchschnittlich 50 Zentimeter Regen, und starke Verdunstung sowie hohe Windgeschwindigkeit ließen anscheinend keine landwirtschaftliche Nutzung zu. Im Osten der Rocky Mountains wuchsen als einzige Bäume an den Flüssen Pappeln und Zürgelbäume, in den Canyons einige Zedern und Kiefern. Die Ebenen bestanden meist aus Lehm, Sand und Kieselsteinen, die Flüsse wie der Platte und der Arkansas an den östlichen Hängen der Rockys ausgewaschen hatten.

Ein halbes Jahrhundert lang hatten Amerikaner, die in den Westen gingen, vergebens nach Mitteln und Wegen gesucht, die Große Amerikanische Wüste auszubeuten, doch das ganze Gebiet schien hoffnungslos unwirtlich. Der Bostoner Historiker Francis Parkman, der es 1846 durchquerte, schrieb düster: „Außer den Eidechsen, die über den Sand, durch das harte Gras und die Feigenkakteen zu unseren Füßen schossen, bewegte sich in der weiten Landschaft kein lebendes Wesen... Vor und hinter uns wurde ihre Monotonie durch nichts unterbrochen, soweit das Auge reichte. Manchmal glänzte in der Sonne eine heiße, nackte Sandfläche; manchmal wurde sie von hohem Gras verdeckt. Überall lagen Schädel und Büffelknochen.“

Doch Parkman und anderen entging die Bedeutung eines wichtigen Bestandteils – des Grases. Die halbverdörrten Ebenen waren von Gräsern bedeckt, und diese waren bemerkenswert reich an Nährwerten. Die beiden Hauptarten waren Gramma- und Büffelgras, und das letztere wuchs sogar in den noch trockeneren Gebieten, wo pro Jahr weniger als 40 Zentimeter Regen fielen. Beide Grasarten konnten lange Dürrezeiten überstehen; von der Sonne verbrannt, nahmen sie am Boden heuähnliche Beschaffenheit an und blieben den ganzen Winter über nahrhaft. In früheren Zeiten hatte dieses Land ungefähr 75 Millionen Büffel ernährt. Doch in den Jahren nach dem Bürgerkrieg wurden die Büffel wegen ihres Fells abgeschlachtet – und nun lag das Gras ungenutzt da, auf ein grasendes Tier wartend, das dem entbehrungsreichen Klima gewachsen war.

Texas lieferte dieses Tier – das abgehärtete Longhornrind, dessen Vorfahren von den Spaniern ins Land gebracht worden waren. Und das war 1876 die große Neuigkeit im Westen. Es war übrigens eine wichtige Neuigkeit für ganz Amerika, die durchaus der großen Ausstellung zur Hundertjahrfeier würdig gewesen wäre. Zwischen April und Oktober dieses Jahres kamen 321 998 Longhorns auf den Viehtrails nach Norden, um von den Eisenbahnstationen von Kansas in den Osten verladen zu werden oder den Grundstock für Herden auf neuen Ranches zu legen, die überall in den nördlichen Ebenen aus dem Boden schossen. Daheim in Texas nahm die Zahl der Rinder immer weiter zu. In den zwei Jahrzehnten zwischen 1867 und 1887 wurden insgesamt 5,5 Millionen Rinder nach Norden gebracht, und diese Flut von Tieren, Menschen und Geld zog wiederum Händler und Siedler in ein Gebiet, das man lange als wertlos betrachtet hatte. Diese Kolonisierung war in erster Linie das Werk der berittenen Viehhüter des Westens, der Cowboys.

Dieser Treckführer hat alles bei sich, was er zum Leben und zur Arbeit im Freien braucht. Bei der Arbeit mit den Rindern pflegte er aber normalerweise kein Gewehr mitzunehmen, da es sich leicht im Lasso oder im Zaumzeug hätte verheddern können.

Die Kleidung des Cowboys

Voll ausgerüstet fur die Arbeit auf der Range, war ein Cowboy von Kopf bis Fuß mit einer schützenden Kleidung versehen. Jedes einzelne Kleidungsstück diente einem nützlichen Zweck, vom breitkrempigen Hut, der seinen Kopf vor Sonne und Regen bewahrte, bis zu den Sporen. Sogar die schmuckvolle Bandanna, ein taschentuchähnliches, großes Halstuch, hatte verschiedene Funktionen – sie diente dem Cowboy als Maske, die Staub und Sand der Trails fernhielt, sie schützte vor der sengenden Wüstensonne, wenn sie zusammengeknüllt in die Hutkrone gesteckt wurde, und bei Klapperschlangenbissen wurde sie sogar als Aderpresse benutzt

Unter dieser auffälligen, aber nützlichen Tracht war der Cowboy angezogen wie jeder andere Arbeiter. Sein Hemd hatte meist keinen Kragen und bestand aus Baumwolle oder Flanell. Seine Wollhosen waren manchmal am Gesäß und der Innenseite der Schenkel mit Hirschleder verstärkt, um an den Stellen, wo sie gegen den Sattel rieben, nicht durchzuscheuern. Gürtel trug er nur selten, es sei denn, er war – wie in späteren Tagen – Rodeoreiter und wollte mit einer Gürtelschnalle prunken, die er in der Arena gewonnen hatte. Die Hosen waren so steif, daß man sie auf den Boden stellen konnte, und saßen an der Hüfte sehr eng. Weil es unbequem war, beim Reiten etwas in den Hosentaschen zu haben, trug der Cowboy meist eine Weste mit geräumigen Taschen, in denen er seinen Tabak und sein Tally-Buch, sein Rinderzählbuch, mit sich führte.

Die Tracht variierte je nach Gegend und persönlichem Geschmack der einzelnen Cowboys. Im Südwesten trugen viele Männer schwere Jacken aus segeltuchähnlichem Stoff, um sich gegen Dornen zu schützen; die Cowboys aus dem Norden hatten knielange, pelzgefütterte Mäntel. Manche Männer trugen feste Lederhandschuhe, damit ihre Hände nicht vom Lasso wundgerieben wurden oder durch das ständige Hantieren mit dem Zügel Blasen bekamen. Andere gingen diese Risiken ein und lehnten Handschuhe aller Art kategorisch ab, da sie einem Mann angeblich das richtige Gefühl für das Lasso raubten.

Es gab allerdings ein Kleidungsstück, das alle trugen – den Hut. Neben dem Sattel und den Stiefeln war der Hut stolzester Besitz des Cowboys. Er wehrte nicht nur von Hagelkörnern bis zu tiefhängenden Zweigen alles ab, sondern konnte auch benutzt werden, um ein Feuer anzufachen oder Wasser zu holen. Ein Cowboy konnte so wenig ohne seinen Hut sein, daß die Etikette des Westens erlaubte, ihn auch beim Essen im Haus oder beim Tanz mit einer Schönen im Saloon aufzubehalten. Manchmal ließ er den Hut sogar auf dem Kopf, wenn er schlafen ging *(S. 96–97)*.

VIER FORMEN DES COWBOYHUTS

Obgleich sich die Cowboys vom Strohhut bis zur Melone alles auf den Kopf setzten, trugen die meisten Hüte wie die hier gezeigten. Der Zuckerhut-Sombrero mit seiner breiten Krempe und hohen Krone bot guten Schutz vor der Wüstensonne, während der tiefkronige Plainsman gut für windige Gebiete war. Ebenso wichtig wie funktionelle Merkmale waren feine stilistische Besonderheiten wie die viereckige Krone des Montana-Peak oder der Stern auf dem Texashut.

Zuckerhut-Sombrero

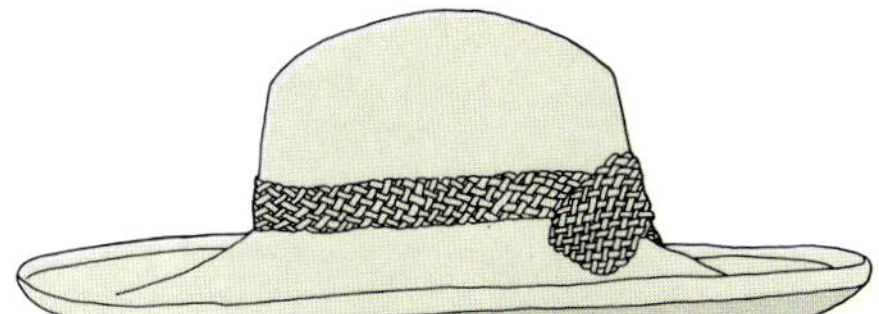

Plainsman

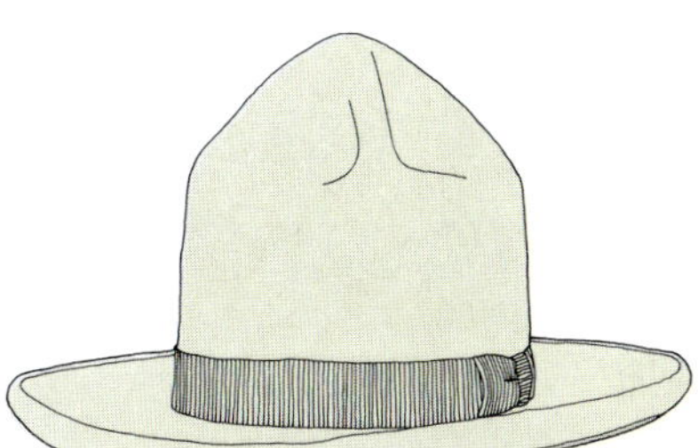

Montana-Peak

Texashut

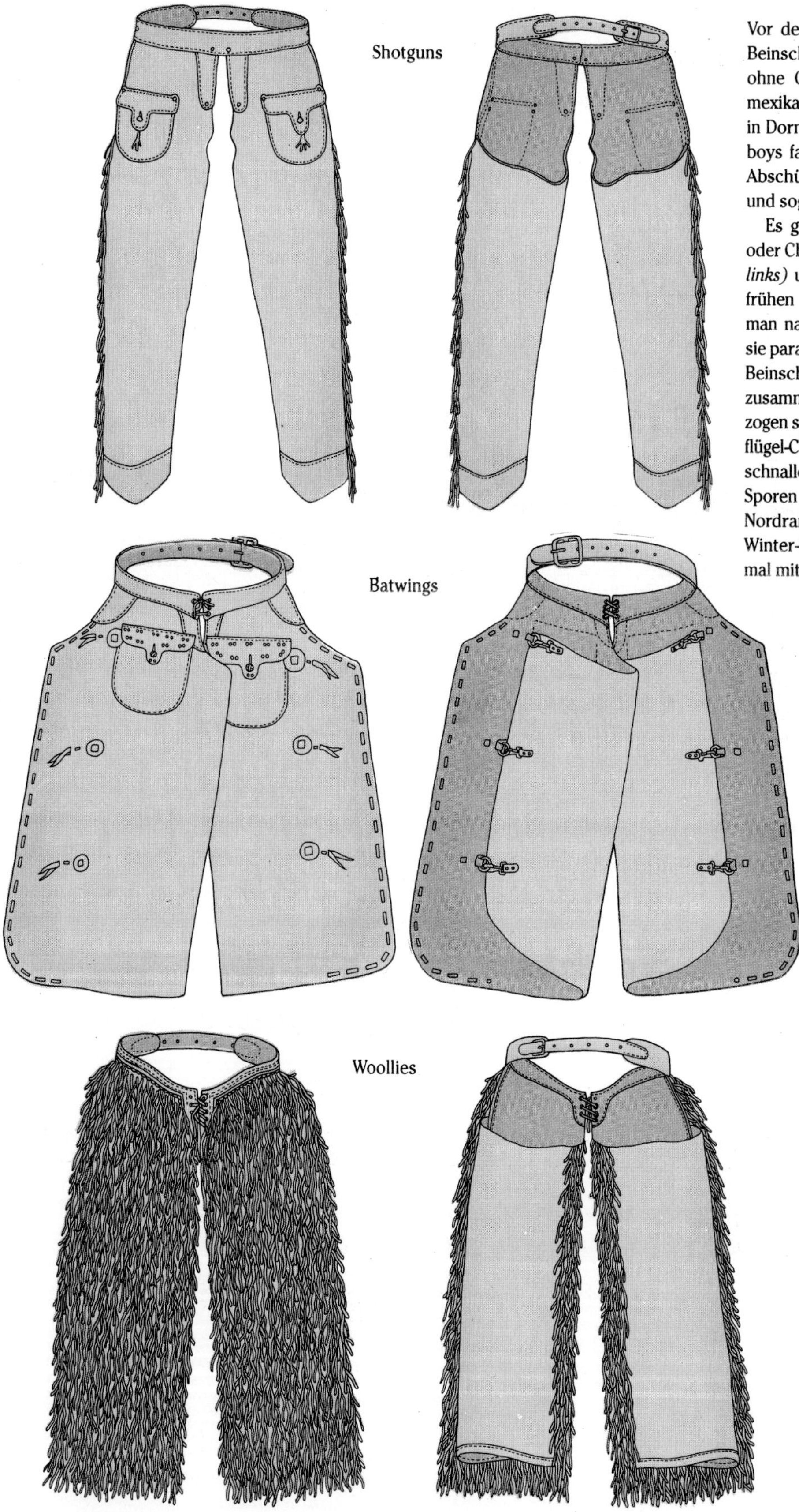

Vor dem Aufsitzen zog ein Cowboy oft seine Beinschützer an. Es waren Kleidungsstücke ohne Gesäßteil. Sie wurden zuerst von den mexikanischen Vaqueros benutzt, die das Vieh in Dornbuschgebieten jagen mußten. Die Cowboys fanden heraus, daß sie auch Schutz vor Abschürfungen durch Lassos und Corral-Pfähle und sogar vor Pferdebissen boten.

Es gab drei Hauptarten von Beinschützern oder Chaps, die hier in der Vorderansicht *(ganz links)* und Rückansicht gezeigt werden. In die frühen Chaps mußte man hineinsteigen, und man nannte sie Shotguns (Flinten-Chaps), weil sie parallelen Röhren ähnelten. Wie die späteren Beinschützer, wurden auch sie in Hüfthöhe zusammengeschnallt oder gegürtet. Viele Reiter zogen später sogenannte Batwings (Fledermausflügel-Chaps) vor, Chaps, die man um die Beine schnallen konnte, ohne Stiefel ausziehen und Sporen ablegen zu müssen. Auf den kalten Nordranges trugen die Cowboys „Woollies“, Winter-Chaps, die außen mit Wolle und manchmal mit Fellen bezogen waren.

DIE ENTWICKLUNG DES COWBOYSTIEFELS

Die frühen Cowboys trugen Stiefel mit flachen Absätzen und runden Spitzen, die sie aus dem Bürgerkrieg mitgebracht hatten. Um 1860 hatten die echten Cowboystiefel meist einen verstärkten Spann und höhere Absätze. Später erhielten die Stiefel halbfunktionelles Beiwerk wie spitzer zulaufende Fußpartien und weiche Schlaufen, die man Maultierohren nannte und mit deren Hilfe man die Stiefel leichter anziehen konnte. Die prunkvollsten Stiefel, die ungefähr ab 1885 gemacht wurden, bestanden aus weichem Leder mit dekorativen Stickereien.

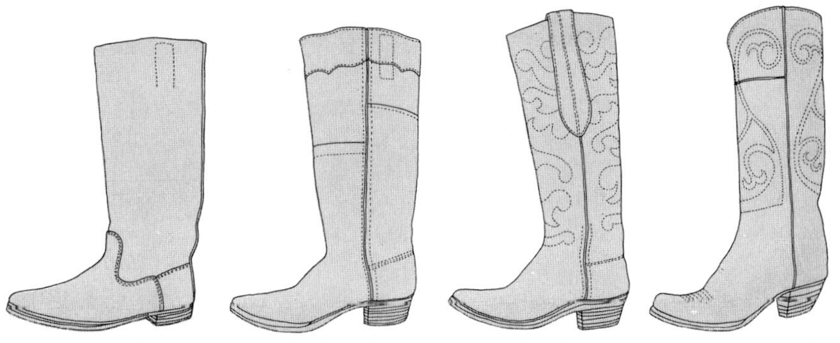

Früher Stiefel — Cowboyabsatz — Maultierohr — Prunkstiefel

DIE SPOREN: ARBEITSGERÄT UND SCHMUCK

Sporen waren nicht nur äußerst praktisch, sondern gehörten als wesentlicher Bestandteil zum Image des Cowboys; er legte sie nur selten ab. Der Absatzbügel paßte um den hinteren Teil des Absatzes, während das Spornleder über den Spann gelegt wurde. Die Absatzkette sollte den Sporn nicht nur beim Reiten am Hochrutschen hindern, sondern rief auch zusammen mit den Klimperanhängern ein Geräusch hervor, das Musik in den Ohren jedes Cowboys war. Die meisten Amerikaner lehnten die mexikanischen Sporen mit ihren Dornrädern ab und benutzten Modelle wie den OK-Sporn, dessen Spornräder abgefeilt waren, damit sie nicht die Flanken der Pferde verletzten. Der einfachst Typ war der Arbeitssporn. Viele Cowboys besaßen aber auch ein Paar silberne Prunksporen.

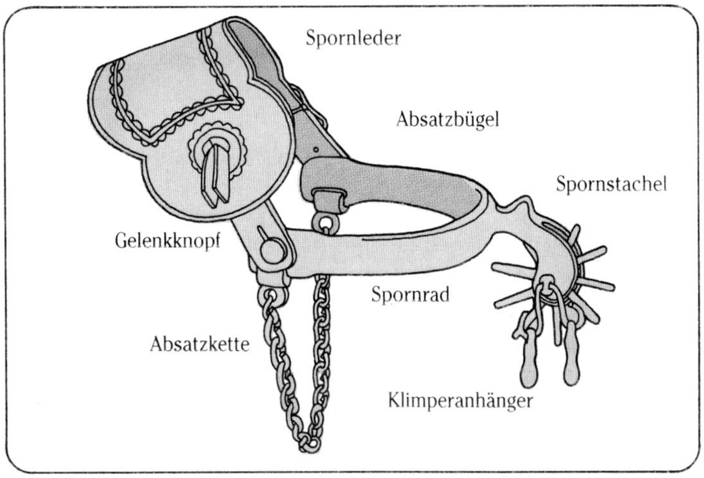

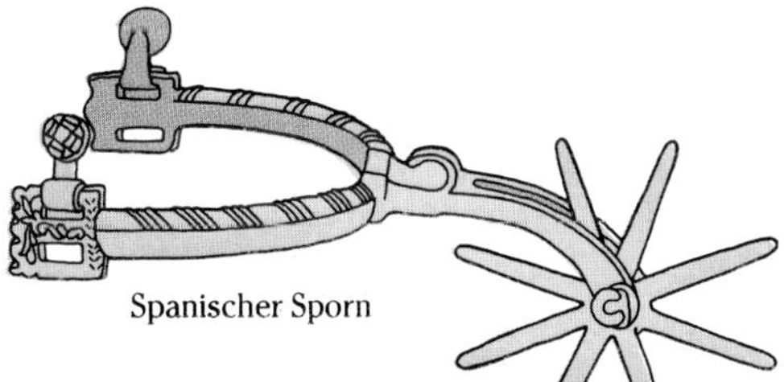

Spanischer Sporn

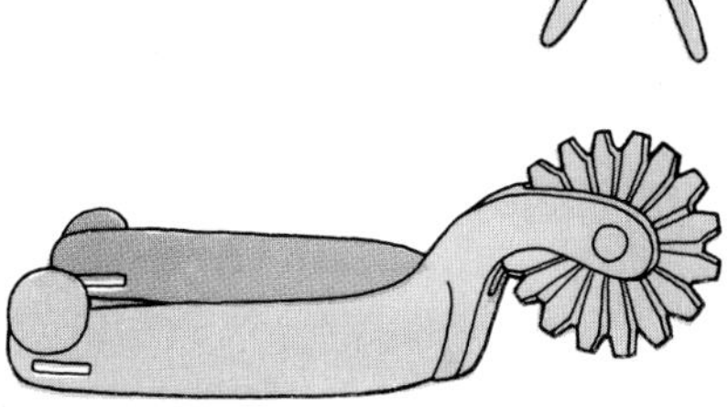

OK-Sporn

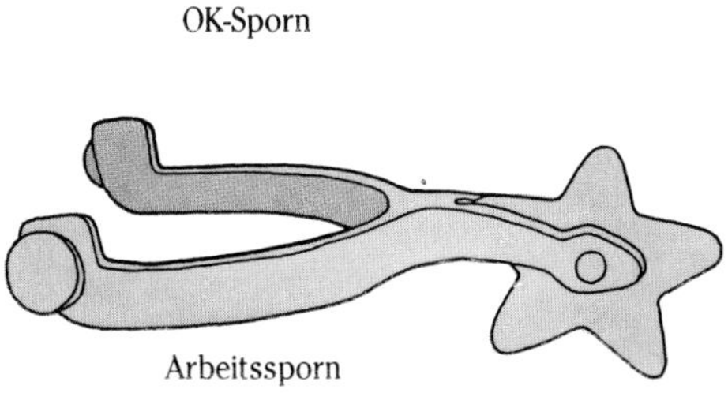

Arbeitssporn

SCHMUCKSPOREN

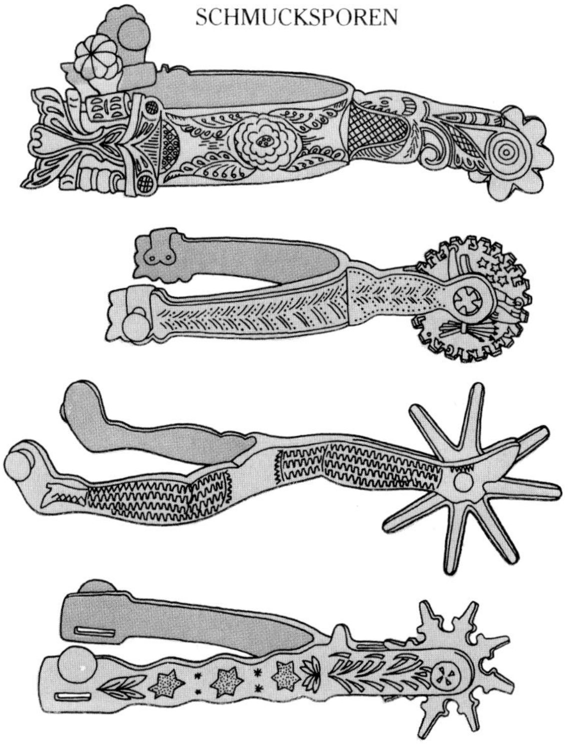

Zwei Farmjungen betrachten die Leiche des Pferdiebes George Ammong, der bei Cañon City, Colorado, von Ranchern verfolgt und erschossen wurde. Der Todesschütze mußte 1500 Dollar Strafe zahlen, weil er eigenmächtig gehandelt hatte.

Von grundlegender Bedeutung für Funktion und Identität des Cowboys war das Pferd. Ein früher Chronist der Rinderindustrie sprach geheimnisvoll über „die seltsame Macht, die der Berittene schon immer über die gehörnten Geschöpfe der Grassteppe ausübte". Daran war jedoch nichts besonders Merkwürdiges. Das Pferd war einfach ein nützliches Instrument, das Muskelkraft und Beweglichkeit des Reiters außerordentlich vergrößerte. Die Range war kein Ort für Fußgänger. Die Entfernungen waren zu groß, und ohne Pferde hätte man unmöglich Millionen von Longhornrindern sammeln, bränden und über die riesigen Ebenen treiben können. Nur wenige Cowboys besaßen ein eigenes Pferd, aber sie ritten alle. Die Tiere wurden von der Ranch gestellt, für die man arbeitete. Hatte ein Cowboy zufällig doch ein eigenes Pferd, stellte er es zum Zeichen seiner persönlichen Bindung an die Ranch in den gemeinsamen Pferdestall. Und er behandelte es immer als Werkzeug, fütterte es, wenn es gefüttert werden mußte, und ritt es sieben harte Jahre lang zuschanden. Bei strapaziösen Roundups oder auf langen Trecks wurden die Pferde bisweilen regelrecht zu Tode geritten.

Obgleich die Beziehung zwischen Reiter und Pferd ein rein praktisches Arrangement war und sich fast nie zu einer gefühlsmäßigeren Bindung zwischen freundlichem Herrn und treuem Tier entwickelte, wurde das Pferd zum Hauptelement in der Selbstdarstellung des Cowboys. Cowboyveteranen wurden allmählich so stolz auf das Gefühl der Größe und Macht, das ein Pferd ihnen verlieh, daß sie ihre Abneigung gegen das Zufußgehen offen zur Schau stellten und unberitten keine Entfernungen mehr zurücklegten, die größer waren als die paar Schritte vom Corral zum Bunkhaus, dem Schlafhaus der Cowboys. In einer beliebten Prärie-Geschichte wird von drei Cowboys berichtet, die ihre Pferde in einen Wüstensaloon ritten, wo gerade ein Mann aus dem Osten seinen Drink an der Theke nahm. Der Fremde wurde angerempelt und beklagte sich beim Barkeeper, zufällig ein ehemaliger Cowboy. Der Barkeeper sagte nur kühl: „Was, zum Teufel, machen Sie hier überhaupt zu Fuß?" Die meisten Cowboys waren der Ansicht, daß ein Mann zu Fuß gar kein Mann sei. Und es stimmt, was der Cowboy Jo Mora einmal so ausdrückte: Ohne Pferd und objektiv gesehen sei der Cowboy „nur ein ganz gewöhnliches krummbeiniges menschliches Wesen, das manchmal stark nach Pferd riecht, in seiner Unterwäsche schläft und zu Furunkeln und Verdauungsstörungen neigt".

Das zweite für Arbeit und Image des Cowboys unbedingt erforderliche Werkzeug war das Lasso. Geschickt geworfen, konnte ein Lasso ein Rind bei den Hörnern oder ein Pferd am Hals oder beide bei den Hufen erwischen und dadurch einen 65 Kilogramm schweren Mann in die Lage versetzen, ein 450 Kilogramm schweres Tier einzufangen und zu bezwingen. Ein Lasso konnte schnell zu einem Seil-Corral werden, wenn mehrere Männer es straffzogen. Es ließ sich als Fesselschlinge benutzen, um zu verhindern, daß ein Pferd nachts davonlief. Um ein Sattelhorn geschlungen, konnte man damit Feuerholz befördern oder ein Rind aus dem Morast ziehen. Und obgleich es im Westen längst nicht so oft zu Gewalttätigkeiten kam, wie die Legende vermuten läßt, machte man bei bestimmten, seltenen Anlässen aus dem Lasso eine Henkerschlinge, um Schnelljustiz zu üben, wenn jemand bei einem absolut unverzeihlichen Verbrechen wie Pferdediebstahl ertappt wurde.

Ein weiterer Besitz, auf den jeder Cowboy stolz war, war der Revolver, der allerdings lange nicht so häufig benutzt wurde wie Pferd und Lasso. Viele Cowboys benutzten ihre Revolver als Spielzeug und schossen zum Zeitvertreib auf Ziele, die ihnen gerade vor Augen kamen. Wenn ein Cowboy hinausritt, um sich eine Antilope oder einen Hasen fürs Abendessen zu schießen, nahm er gewöhnlich eine Flinte oder eine andere Langfeuerwaffe mit. Er nahm sie aber nicht weit mit, denn Gewehre ließen sich nicht gut lange mit der Hand halten und scheuerten die Pferde, wenn sie am Sattel hingen, so daß die Tiere Entzündungen bekamen. Der berühmte Colt-Revolver des Cowboys, den er allerdings oft im Bunkhaus zurückließ oder in der Bettrolle verstaute, war bedeutend vielseitiger als das sperrige Gewehr. Zwar war er jämmerlich ungenau, ließ sich aber leicht bei sich führen und diente dazu, Klapperschlangen zu töten, einem Pferd, das sich ein Bein gebrochen hatte, den Gnadenschuß zu geben, oder eine in Panik geratene Herde auf Kreiskurs zu bringen, indem man direkt vor den Leitrindern in die Luft feuerte.

In den frühen Tagen wurde der Revolver auch bei Auseinandersetzungen mit Indianern oder Mexikanern benutzt – zu blutrünstigen Schießereien mit anderen Cowboys kam es dagegen selten. Homer Grigsby, der viele Jahre lang als Cowboy auf der Range von Arizona und New Mexico arbeitete, erklärte, er habe niemals gesehen, daß eine Waffe auf einen anderen Mann gerichtet war – nur einmal habe ein aufgeregtes Greenhorn auf jemanden gezielt, weil man ihm erzählt hatte, im Westen werde der Mut mit dem Revolver bewiesen. Natürlich gab es andere Ausnahmen. Manche Cowboys waren mit der in den Südstaaten verbreiteten Ansicht aufgewachsen, ein Gentleman hätte nicht nur das Recht, sondern sogar die Pflicht, seine Ehre mit dem Revolver zu verteidigen. Und ob aus dem Norden oder aus dem Süden – wenn Cowboys am Ende eines Trecks in der Rinderstadt zechten, unterlagen sie manchmal dem Schnaps und dem Drang, ihr Mannestum mit Sechsschüssern

In den achtziger Jahren parodierten die Cowboys den Ruf des „gesetzlosen“ Wilden Westens. Oben inszenieren Cowboys aus Montana eine vorgetäuschte Lynchjustiz. Auf dem unteren Bild markieren vier Männer bei einem Kartenspiel Schnellschützen.

zu demonstrieren. Das Viehgeschäft zog auch eine Reihe von Strolchen an, die sich als Cowboys verdingten, wenn sie nicht gerade abgekommene Rinder stahlen oder als Revolvermänner für selbstherrliche Rancheigentümer arbeiteten.

Die Cowboys waren sich der Aura todbringender Männlichkeit bewußt, die ihnen die Revolver verliehen, und sie beluden sich jedesmal mit Schießeisen, wenn sie ein Mädchen besuchten, weil sie damit rechneten, daß die Schöne beeindruckt sein würde. Doch bei dem Versuch, männlich zu wirken, machten sie sich häufig eher lächerlich. Ein Mann aus Montana erinnerte sich an einen Verwandten, der Cowboy war und mit einer verbundenen Hand aus der Stadt zurückkam. Die Hand hatte einen Schuß abbekommen – offenbar in einer Saloon-Schießerei. In Wirklichkeit jedoch hatte sich der arme Cowboy selbst verletzt, wenn auch nicht ernstlich, als ein Photograph ihm den Revolver gab, damit er sich seinen Leuten zu Hause in wilder Pose zeigen konnte.

Auch in anderer Hinsicht legten die Cowboys außerordentlichen Wert auf ihr Äußeres und waren mit all ihrem Zubehör aus Stahl und Leder richtige Dandys. Sie gaben bisweilen bis zu vier Monatslöhne für einen Hut mit luxuriösem Hutband aus. Ihre Stiefel waren meist handgefertigt und kosteten manchmal über 50 Dollar pro Paar – zwei Monatslöhne. Wenn ein Cowboy nicht selbst zu einem Stiefelmacher gehen konnte, legte er eine Blankobestellung auf den Boden des Bunkhauses und zeichnete die Umrisse seiner Füße darauf. Das Oberleder der Stiefel mußte hauteng sitzen, damit die Füße klein wirkten – in diesem Punkt waren die Cowboys ganz besonders eigen, da sie nicht mit den plattfüßigen Leuten verwechselt werden wollten, die mehr zu Fuß gingen als ritten. Aber die Stiefel waren ansonsten außerordentlich zweckmäßig gearbeitet. Die Sohle bestand aus dünnem Leder, damit man den Steigbügel gut mit dem Fuß spüren konnte, und der Schaft war im allgemeinen mindestens 45 Zentimeter hoch, damit keine Steine in den Stiefel gelangten. Die Hacken waren hoch, schmal und abgeschrägt, um den Steigbügel fest zu halten, und vorn waren die Stiefel spitz, damit der Reiter schnell in die Steigbügel schlüpfen konnte – und wieder hinaus, wenn er abgeworfen wurde (am häufigsten kamen Cowboys dadurch ums Leben, daß sie von ihrem Pferd mitgeschleift wurden).

Wie es sich für berittene Kavaliere gehört, trugen die Cowboys einen gewissen unnahbaren Stolz zur Schau, waren sie doch zutiefst davon überzeugt, daß sie die Aristokraten unter den Werktätigen des Westens waren. Ein Engländer, der einen Freund auf einer Ranch in Wyoming besuchte, entdeckte diese Eigenschaft, als er sich beim Vormann erkundigte: „Ist Ihr Chef zu Hause?“ Der Vormann blickte ihn eisig an und antwortete: „Dieser Hurensohn ist noch nicht geboren.“ Ein New Yorker, der die Great Plains bereiste, schrieb: „Es hat keinen Zweck, wenn man versucht, sie von oben herab zu behandeln, denn sie werden auch nicht die kleinste Anmaßung von Überlegenheit dulden.“

Der Stolz der Cowboys hatte auch seine häßliche Seite. Wie andere Männer des späten 19. Jahrhunderts, waren auch die Cowboys zum überwiegenden Teil hemmungslos rassistisch. Schwarze bezeichneten sie abfällig als „Nigger“ Mexikaner als „Greaser“ – Fettköpfe. Und sie äußerten diese Einstellung manchmal nicht nur in Worten, sondern auch in Taten. Einmal betrat ein Schwarzer ein Hotel in Cheyenne, Wyoming, und setzte sich im Speisesaal neben einen Treckführer. Ohne ein Wort zu sagen, stand der Treckführer auf und zerschlug einen Stuhl auf dem Kopf des Schwarzen. Er wurde später verhaftet und aufgrund eines kurz nach dem Bürgerkrieg verabschiedeten Gleichberechtigungsgesetzes zu einer erheblichen Geldstrafe verurteilt.

Cowboys neigten auch zu einem etwas derben Humor. Treckköche banden oft die Sporen der schlafenden Cowboys an einen Baumstamm und weckten die Männer dann mit dem Ruf, das Frühstück sei fertig. Ein anderer Streich bestand darin, den Bart eines Schlafenden mit Sauerteig einzuschmieren. Und es gab nichts Lustigeres als den Anblick eines Greenhorns, das sich beim Sturz vom Pferd einen Knöchel verstaucht oder die Schulter verrenkt hatte.

Cowboys waren auch erstaunlich grausam zu Tieren. In den frühen Tagen der Rinderzucht in Texas wandten sie manchmal die Praktiken der mexikanischen Vaqueros an und rieben widerspenstigen Kühen Sand in die Augen oder bogen ihre Schwänze so lange, bis der Knochen aus den Gelenken zu springen drohte. Die Pferde waren für den einzelnen natürlich wertvoller als die Rinder, aber auch sie mußten oft für den Sadismus ihrer Reiter herhalten. Ein junger Treiber namens Pinnacle Jake erinnerte sich daran, wie er seiner Wut auf einen wilden Fuchs, der sich nicht aufzäumen ließ, Luft machte. Er bestieg ein großes Pferd namens Smoky, das bekannt war als „ein gutes Lassopferd, nur daß es allen Tieren das Genick brach, die man auf seinem Rücken mit dem Lasso einfing“. Pinnacle Jake fing den Fuchs mit mörderischen Absichten ein: „Er sprang in die Schlinge und fing an zu rennen. Ich legte das Lasso schnell zwei- oder dreimal ums Sattelhorn, und der alte Smoky stemmte sich genau in dem Augenblick gegen das Lasso, als der Fuchs es straff gespannt hatte. Der kleine Bronco stieg förmlich senkrecht in die Luft, überschlug sich und landete genau auf dem Kopf. Sein Genick krachte wie ein Pistolenschuß. Es schien, als sei alles eine Sache von 20 Sekunden gewesen.“

Aber die rauhen Sitten der Cowboys hatten auch eine angenehme Seite – den Gleichmut. Klagen verstießen gegen die Berufsehre. Sie irritierten andere und weckten keinerlei Mitgefühl. Der Engländer John Baumann, der viel am Wilden Westen auszusetzen hatte, war erstaunt über die Fähigkeit seiner Kameraden, Schmerzen ohne viel Aufhebens zu ertragen. Mit besonderer Bewunderung erinnerte er sich an den Cowboy, der eines Morgens losritt, um einen wilden Truthahn zu schießen. Man hörte einen fernen Schuß, und eine Weile darauf kam der Cowboy wieder ins Lager, setzte sich hin und fing an, einen Stab zu schnitzen. Als er damit fertig war, machte er sein Bein frei und zeigte eine tiefe Schußwunde im Schenkel. Das Pferd sei gestrauchelt, erzählte er den Zuschauern, und dabei sei der Sechsschüsser in seiner Hand zufällig losgegangen. Nachdem er alle Erklärungen abgegeben hatte, die er für notwendig hielt, umwickelte er den Stab mit einem Stoffetzen, stieß ihn in das Einschußloch, um das Pulver aus der Wunde zu kratzen, und ritt dann mit dem verwundeten Bein über dem Sattelhorn 50 Kilometer weit zum nächsten Arzt.

Diese Fähigkeit, Schmerzen und Beschwerden zu ertragen, war für das Überleben des Cowboys wesentlich, denn kaum ein anderer Beruf bot soviel Anlaß zu Klagen. An einem einzigen Tag konnte sich der Cowboy plötzlich von einem Steppenfeuer, von Treibsand oder von einer Stampede umgeben finden. Und er mußte täglich damit rechnen, von einem Pferd abgeworfen oder getreten zu werden, von einem Stier angegriffen zu werden oder im Winter auf der Suche nach abgekommenen Rindern halb zu erfrieren. Seine Kraftreserven wurden durch diese – und andere – Strapazen des Berufs schwer mitgenommen. Bei einem Treck mußten die Treiber unter Umständen sieben Tage in der Woche jeweils 18 Stunden arbeiten und fast 3000 Kilometer zurücklegen, ohne andere Annehmlichkeiten als ein Lagerfeuer und eine Bettrolle zu genießen. Das permanente Stöhnen des Steppenwindes zehrte an den Nerven der Männer. Manchmal war es so heiß, daß ein Cowboy die Kandare seines Pferdes im Wasser kühlen mußte, damit das heiße Metall nicht das Maul des Tieres verbrannte.

Solche Plagen gehörten jedoch dazu, und wenn man sie überhaupt erwähnte, dann nur mit verständnisheischendem Understatement. Nachdem ein bitterkalter Winter, der das Vieh zu Tausenden getötet hatte, von glühender Hitze abgelöst worden war, beobachtete man einen Cowboy, der die folgenden Worte an die Sonne richtete: „Wo, zum Teufel, warst du letzten Januar?" Ein typischer Kommentar zu einer langen Dürrezeit lautete: „Der nächste Regen wird schneller kommen als je zuvor." Und über den Wind der Great Plains hieß es: „Häng' eine Kette an einen Pfosten. Wenn der Wind die Kette einfach vom Pfosten weht, ist es ein ruhiger Tag. Wenn aber die Kettenglieder springen, mach dich auf schlechtes Wetter gefaßt." Diese Art von Humor verdeckte eine grausame Tatsache, mit der jeder Cowboy rechnen mußte: Die klimatischen Extreme führten oft zu Lungenentzündungen – nach Unfällen zu Pferd die zweithäufigste Todesursache der Cowboys.

Das Understatement der Mühen und Strapazen spiegelte lediglich einen allgemeineren Hang zur Schweigsamkeit wider. Bei den Mahlzeiten sprach man gewöhnlich nicht, und wer viel redete, wurde geringschätzig Sabbelmaul genannt. Eine alte Anekdote berichtet von zwei Gefährten in einem einsamen Rindercamp, die mitten in der Nacht ein Muhen hörten. Einer von ihnen meinte: „Bulle." Der andere sagte: „Kommt mir eher wie ein alter Ochse vor." Am nächsten Morgen begann der eine Cowboy, seine Sachen zu packen. „Du haust ab?" fragte sein Kamerad. Der andere antwortete: „Ja, zuviel Streit hier."

Cowboys ließen ihrer Zunge wohl nur dann freien Lauf, wenn sie fluchten. Cowboygespräche bestanden etwa zu einem Drittel aus Gotteslästerungen und Obszönitäten, die entweder gegen das Vieh gerichtet waren oder die allgemeinen Unterhaltungen würzten. Besonders der Ausdruck „Hurensohn" scheint in jedem zweiten Satz aufgetaucht zu sein. Fluchen, sagte man, „entkrampft die Leber". Es war allerdings nicht überall erlaubt; eine Reihe von Viehbesitzern verbot Gotteslästerungen auf der Ranch und entließ alle Männer, die ihre Zunge nicht im Zaume hielten.

Das Verbot lastete auf manchen Cowboys nicht sehr schwer, waren doch viele als gute Christen erzogen worden und blieben ihr Leben lang gottesfürchtige Menschen. Einige wurden sogar Prediger, nachdem sie die Range verlassen hatten. Die meisten wollten jedoch nicht als Sonntagsschüler gelten und benahmen sich dementsprechend. Der Cowboy Teddy Blue Abbott sagte über seine Bekannten: „Sie waren zu neunzig Prozent ungläubig." Die Titel erhalten gebliebener Pamphlete der Zeit stützen diese Schätzung: „Helft den Cowboyheiden des Westens!"

Seine intensivste Verehrung brachte der Cowboy in dieser viktorianischen Epoche dem weiblichen Geschlecht entgegen – das heißt dem Teil des weiblichen Geschlechts, der aus netten Mädchen bestand. Es war beinahe eine platonische Verehrung. Die Ehe gehörte nämlich zu den Lebensformen, die den meisten Cowboys nicht möglich waren, weil sie immer unterwegs waren, weil es nur wenig nette Mädchen gab und weil sie überhaupt zuwenig verdienten, um eine Familie zu ernähren. Doch immer, wenn sie sich auf dem Treck befanden und sich dann und wann mit einer Prostituierten aus der Rinderstadt zusammentaten, sehnten sie sich nach der Gesellschaft tugendhafter Frauen. Ein einsamer junger Cowboy, so wird berichtet, konnte

Der Auszug dieses Briefes, der bei einem Außenposten namens Fred im Indianerterritorium (später Oklahoma) aufgegeben wurde, schildert einige Vorfälle (wie Trockenheit, Krankheit), von denen Cowboys während des Trecks heimgesucht wurden.

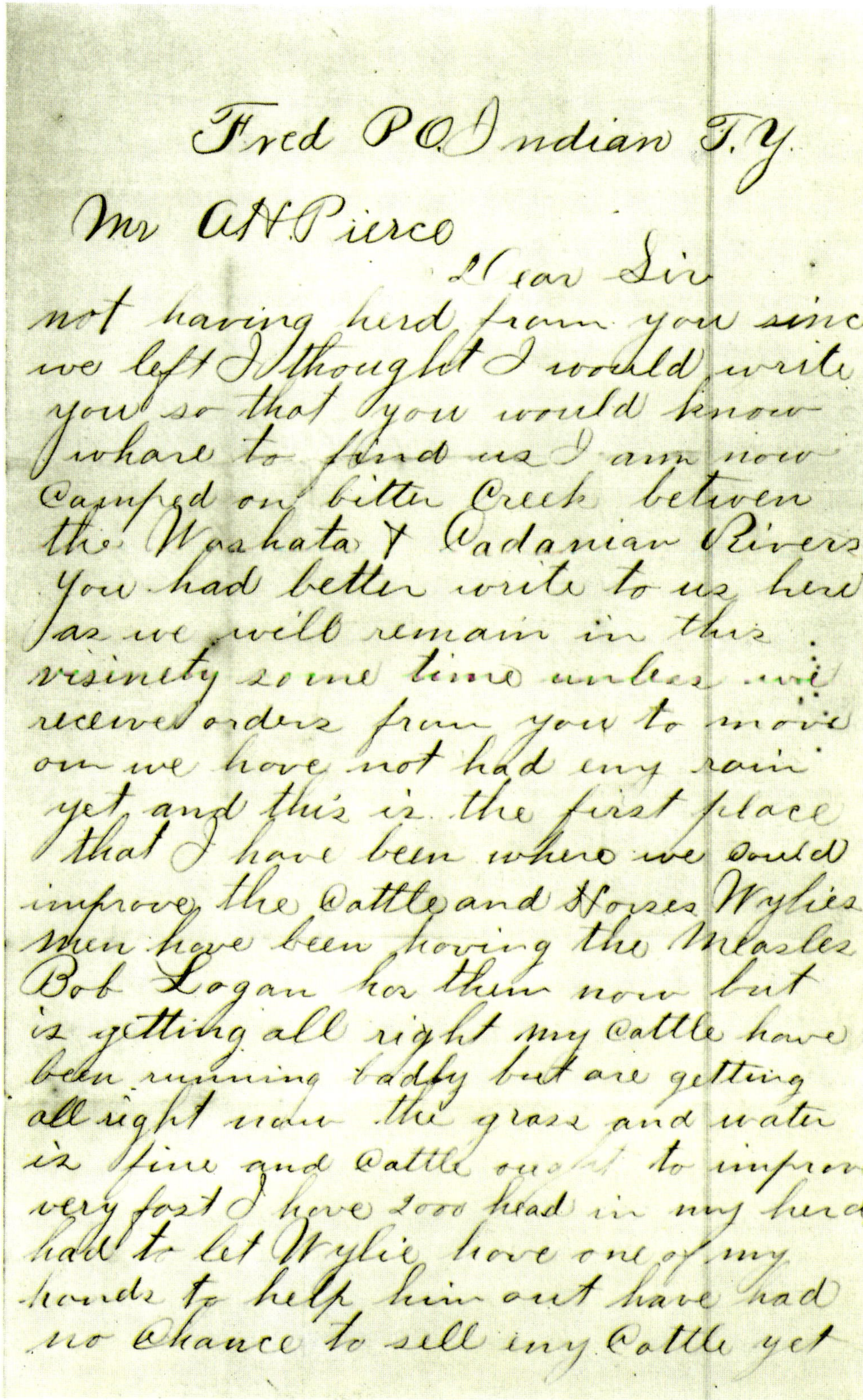

Fred P.O. Indian T.Y.

Mr A.H. Pierce

Dear Sir

not having herd from you since
we left I thought I would write
you so that you would know
whare to find us I am now
Camped on bitter Creek betwen
the Washata & Cadanian Rivers
You had better write to us here
as we will remain in this
visinety some time unless we
receive orders from you to move
on we have not had eny rain
yet and this is the first place
that I have been where we could
improve the Cattle and Horses Wylies
men have been having the Measles
Bob Logan has them now but
is getting all right my Cattle have
been running badly but are getting
all right now the grass and water
is fine and Cattle ought to improve
very fast I have 2000 head in my herd,
had to let Wylie have one of my
hands to help him out have had
no Chance to sell eny Cattle yet

Aus Gründen, die nur ihnen selbst bekannt waren, legten diese Cowboys stolz ihre Sporen zusammen, als sie sich um 1880 auf einer Range in Colorado vor dem Chuckwagen versammelten.

meilenweit reiten, „nur um eine oder zwei Stunden auf irgendeiner Veranda zu sitzen und zuzuschauen, wie die rotgesichtige Tochter eines Heimstätters in ihrem Schaukelstuhl wippte und sich am Ellbogen kratzte – kein Küßchen und keine Umarmung". Der in Denver erscheinende *Republican* kommentierte: „Lassen Sie einen Cowboy mit einer Dame allein, und Sie werden sehen, daß es keinen besseren Gentleman unter der Sonne gibt." Bei einem Prozeß in Randall County, Texas, im Jahre 1889 bewies eine Cowboy-Jury ihre Ritterlichkeit nicht nur dadurch, daß sie einen Heimstätter von der Anklage des Wildsiedelns freisprach, sondern auch dadurch, daß sie ihm ein Stück Land zusprach, weil er „anmutige Töchter" habe.

Cowboys waren stolz auf ihre Tüchtigkeit bei der Arbeit und prahlten viel damit. Mehr noch prahlten sie mit Bekannten, die noch tüchtiger waren als sie – und niemand übertraf den Cowboy Ed Lemmon, der nach eigener Schätzung mit mehr als einer Million Rinder zu tun hatte. Lemmon kannte jedes wichtige Brandzeichen des Westens und stellte den Rekord im Bränden auf – an einem einzigen Tag sonderte er 900 Rinder von der Herde ab und versah sie mit dem Brandzeichen. Ein Rancher aus Arizona rühmte sich, er habe Reiter, die sich in aller Ruhe eine Zigarette drehen und anzünden könnten, während sie einen wilden Mustang einritten – ein Vorgang, so erklärte er einem Freund, der das Pferd einsehen lasse, wie aussichtslos es sei, weiter zu bocken. Der Freund, ein Mann aus Montana antwortete feierlich, seine Reiter brächen den Widerstand der Pferde mit einer ganz ähnlichen Methode, nur daß die Pferde beim Umblicken sähen, wie sich der Cowboy „seelenruhig rasierte, wobei er in der einen Hand einen Spiegel und in der anderen das Rasiermesser hielt, während sich der Rasiernapf, das heiße Wasser und der Alkohol zum Kühlen in einem kleinen Korb auf seinem Arm befanden".

All diese launigen Prahlereien brachten zwar ein paar heitere Augenblicke, konnten aber nichts an der grundlegenden Tatsache ändern, daß das Cowboyleben oftmals äußerst hart und grausam war. In dieser Härte erkennt man unschwer die Quellen der Westernlegende. Die beste Charakterisierung des entbehrungsreichen, einsamen und manchmal gewalttätigen Lebens auf der Range bietet vielleicht der Jahresbericht, den ein Cowboy seinem im Osten lebenden Ranchbesitzer schickte. „Liehber Härr", schrieb er (die abenteuerliche Rechtschreibung läßt sich im Deutschen nur annähernd wiedergeben), „haben diesen Roundup 800 Käber gebrendet haben genuch Heu gemacht Kartofelernte guht. Der Englender den Sie das andre Lager übertruhgen wurde zu fräch und wihr musten den Hurensohn töhten. Seit Ihrer Abreise is nich viehl passiert. Ihr ergehbener Jim."

Ein weites, rauhes Land

Kein Volksheld spielte seine Rolle auf einer so spektakulären Bühne, wie sie der Wilde Westen dem Cowboy lieferte. Westlich des Mississippi erstreckte sich die Prärie über 1600 Kilometer, und dann stieg das Land zu den kühlen Sommerweiden der Rocky Mountains an. Hinter den Rockies fiel es zum Zwischengebirgsbecken ab, das aus rotbraunem Schwemmland bestand, und wurde an den Vorbergen der kalifornischen Sierra wieder zu Weideland.

Wenige Gebiete waren für die Viehzüchter attraktiver gewesen – „Land für nichts!", wie einer von ihnen jubelte. Doch obwohl der Westen den Viehinvestoren und Ranchbesitzern wie ein Paradies vorgekommen sein mag, gab es Tage, an denen er für gewöhnliche Cowboys die Hölle war. Der Höhenunterschied zwischen Bergen und Ebene erzeugte unerträgliche Temperaturschwankungen. In einer Winternacht in Montana konnte ein Rind bei – 45° C in seinen eigenen Spuren festfrieren, während in der Wüste Arizonas zur Mittagszeit häufig +45° C herrschten. Die Winde, die von der Hudson Bay bis Texas über die Prärie hinwegfegten und das Thermometer manchmal an einem Tag um zehn Grad fallen ließen, waren oft tödlich. Die Cowboys nannten sie „Blue Northers", blaue Nordwinde. Diese unerbittlichen Elemente halfen das Land formen. Und mit dem Land formten sie auch den Charakter der Cowboys, der ausdauernden Burschen, die ebenso rauh waren wie die endlosen Steppen, die sie durchritten, und in ihrer Standfestigkeit faszinierender als die Helden der Westernlegende, die großenteils Phantasiegestalten waren.

Berittene Cowboys stellen sich auf der Range der Pima County, Arizona, in einer Reihe auf. Selbst hier am Rand der Wüste wuchs bei einer Niederschlagsmenge von zehn Zentimetern pro Jahr noch genügend Gras für die Longhorns.

Die breite Ebene, die der Sweetwater River manchmal ganz überflutet, beginnt am Devil´s Gate Pass in den Bergen von Wyoming. Bis zum Ende des Bürgerkriegs wurde das Land des Sweetwater hauptsächlich von Pelztierjägern und ein paar Auswanderern durchquert. Um 1880 war es ein wichtiges Weidegebiet. Damals zählten die Rinderherden Wyomings mehr als eine halbe Million Stück Vieh.

Die Zwillingsschwestern-Felsen im Green River Valley dienten auf den langen Trecks den Treckführern oft als Orientierungshilfen. Aber die erodierende Kraft des Sandes, den der Wind mit sich führte, und des zu Eis erstarrenden Regens konnte die Umrisse kleinerer Felsen in wenigen Jahren so sehr verändern, daß Cowboys, die sich auf dem Trail verirrt hatten, sie nicht mehr wiedererkannten.

Ein Plateau mit Beifußbüschen westlich von Craig, Colorado, bietet den öden Anblick, der frühe Entdecker dazu veranlaßte, solche Gebiete als „im wesentlichen unbewohnbar" zu verurteilen. Viehzüchter bemächtigten sich dieses unwirtlichen Landes, da sie wußten, daß der geringe Anteil von Borstengras und Balsamwurzeln zwischen den Beifußbüschen die genügsamen Longhorns ernähren konnte, wenn jedes Rind durchschnittlich etwa 15 Hektar Land zur Verfügung hatte.

Halbwilde Pferde sammeln sich nahe dem Kamm der Rocky Mountains an einem Wasserloch. Schnee und Kälte machten die Hochweiden von November bis Mai unzugänglich, doch im Sommer, wenn die Gewässer der Ebene austrockneten und das Präriegras völlig abgefressen war, wurden sie wichtige Weidegründe.

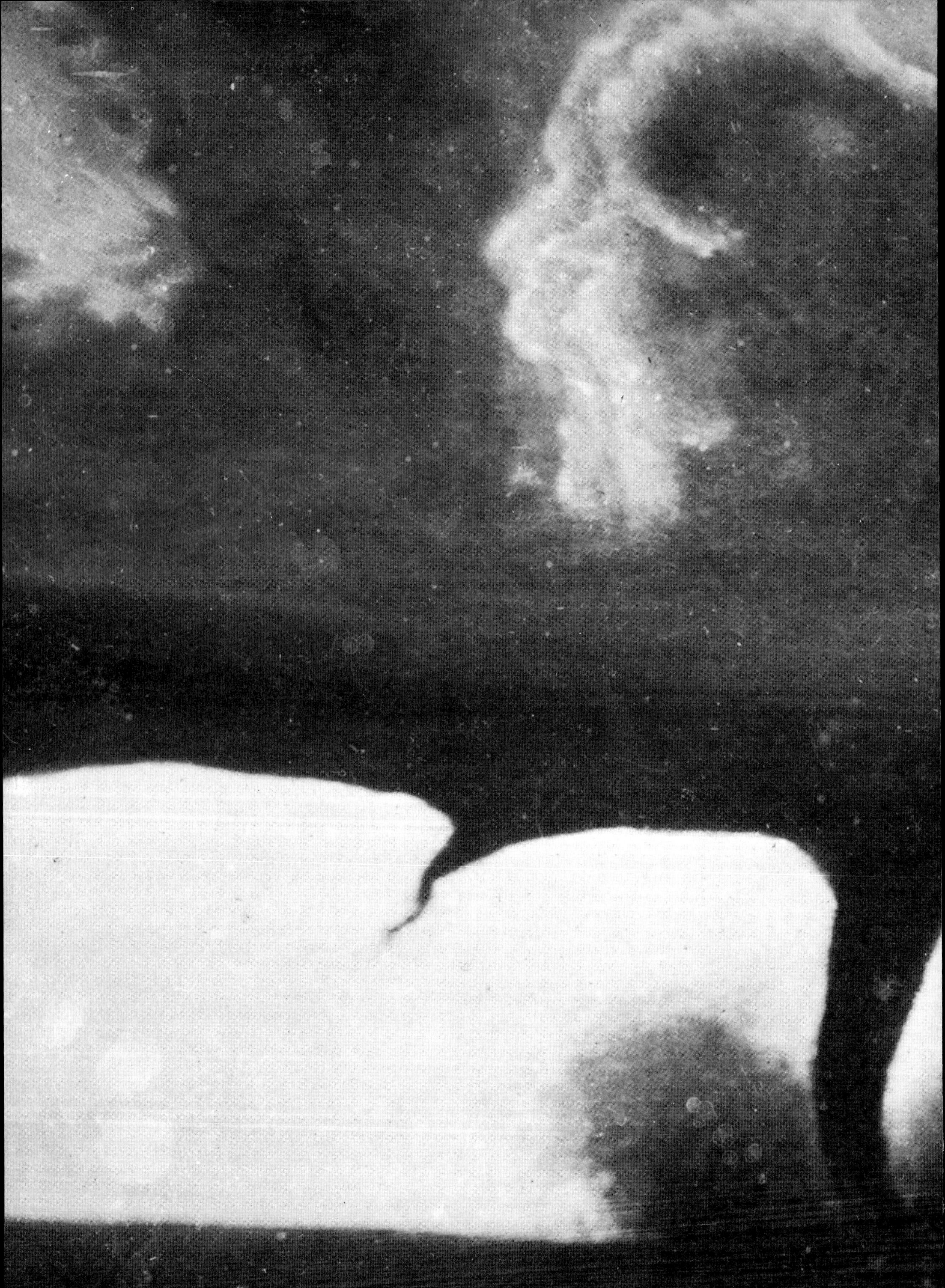

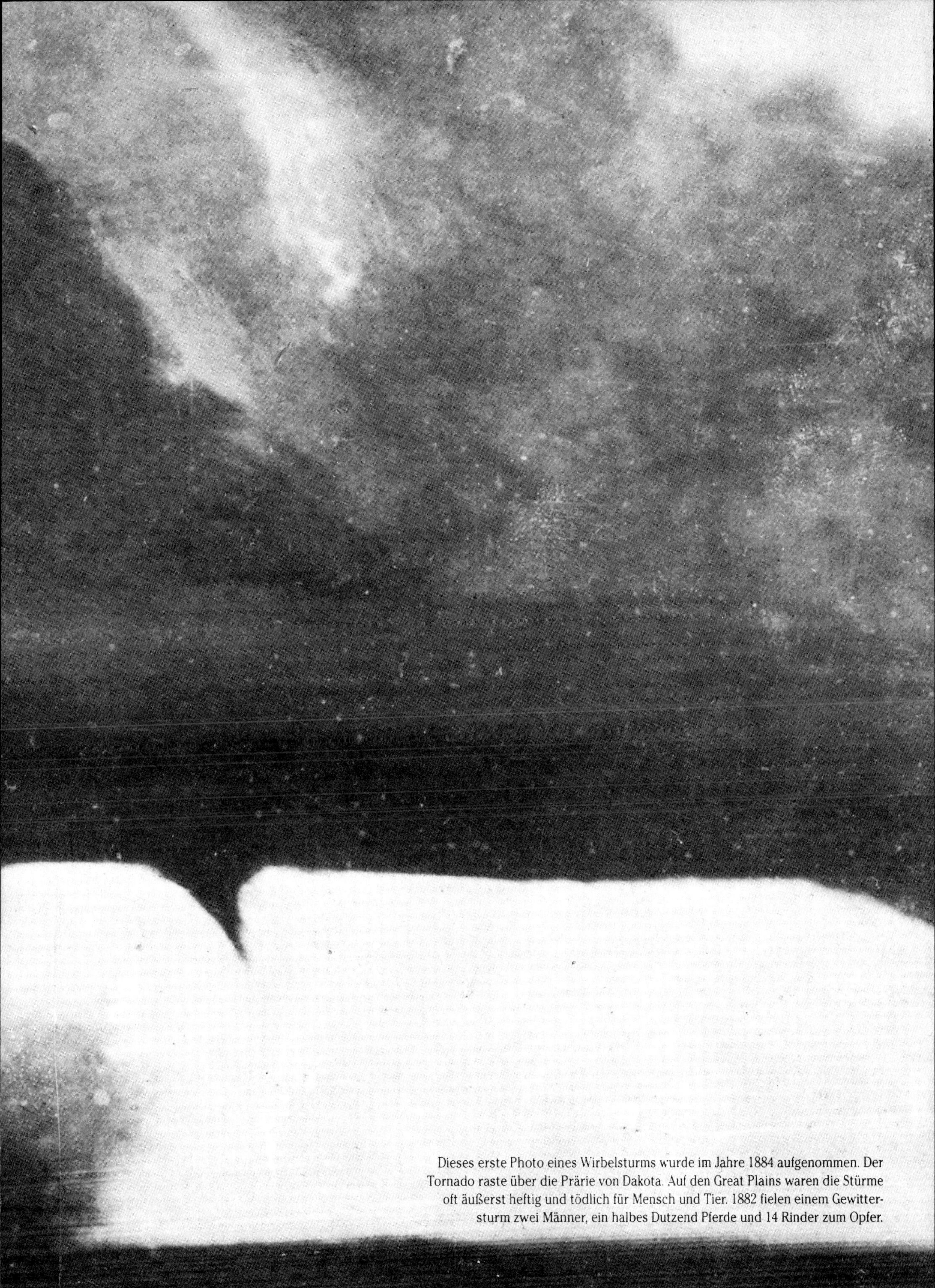

Dieses erste Photo eines Wirbelsturms wurde im Jahre 1884 aufgenommen. Der Tornado raste über die Prärie von Dakota. Auf den Great Plains waren die Stürme oft äußerst heftig und tödlich für Mensch und Tier. 1882 fielen einem Gewittersturm zwei Männer, ein halbes Dutzend Pferde und 14 Rinder zum Opfer.

2 | Die Rinderbarone

Der Grund, weshalb die amerikanischen Cowboys auf die Prärien zogen, war die Arbeit für eine Gruppe entschlossen dreinblickender Unternehmer wie die links abgebildeten. Von diesen Geschäftsleuten wurde die Viehindustrie des Westens, das Milieu, in dem der Cowboy lebte, aufgebaut. Man nannte sie Rinderbarone (eine Bezeichnung, die sie haßten), denn sie herrschten über riesige Besitze, auf denen 1883 etwa die Hälfte der 23 Millionen Rinder grasten, die es im Westen gab.

Die hier gezeigten vier Männer leiteten die Prairie Cattle Company, Limited, deren 156 000 Rinder auf über zwei Millionen Hektar Land grasten. Diese Prärieranch – wie auch andere, zum Beispiel die Matador, die XIT und die King Ranch – war so groß, daß ein alter Cowboy das jährliche Roundup mit „einem Farmer in Massachusetts" verglich, „der ein Rind auf die Weide treibt und es Monate später in Delaware wiederfindet". Einige Rinderbarone fingen als Cowboys an; zu ihnen gehörte Charles Goodnight *(nächste Seite)*. Die meisten lernten aber nie, wie man einen Colt oder ein Brandeisen hält. Murdo Mackenzie zum Beispiel, der links gezeigte Herr mit Vollbart und ohne Hut, verabscheute Revolver und mied im allgemeinen das schmutzige Leben auf der Range. In einer Hinsicht glichen sich die Rinderbarone jedoch alle: Sie ließen nie die Erfolgsrechnung aus den Augen. Und dabei schafften sie es dann, eine Industrie – und einen Lebensstil – zu etablieren, die die Welt nur einmal erleben sollte: im Wilden Westen.

Rinderbaron Murdo Mackenzie *(vorn Mitte)* posiert mit drei Kollegen von der mächtigen Prairie Cattle Company, Limited, für ein Firmenporträt; es stammt aus dem Jahre 1886.

Das große Geschäft mit dem Vieh

Im Sommer 1876 trieb eine Gruppe von Reitern eine Herde von 1600 Rindern durch den „Pfannenstiel“, den Panhandle, in Texas. Die Reiter suchten ein neues Eden, von denen mexikanische Freunde ihnen erzählt hatten – ein großes Tal mit saftigem Gras und gutem Wasser, wo sie sich mit ihrem Vieh niederlassen konnten. Die Männer waren nun schon mehrere Monate unterwegs, und in dieser Zeit hatte sich der Panhandle als öde, unwirtliche Gegend gezeigt. Das flache Land schien endlos, eine ausgedörrte Ebene, wo es nur graue Erde und vertrocknetes Gras gab. Dann erblickten die Reiter einen dunklen Einschnitt, der sich quer über die Steppe zog, und standen plötzlich am Rand einer Schlucht, des wilden und zerklüfteten Palo Duro Canyon, der mitten im Panhandle von den Quellflüssen des Red River 200 Meter tief ins Land geschnitten wird.

Charles Goodnight, ein krummbeiniger und bärtiger Bulle von Mann, starrte in den Canyon hinab. An diesem oberen westlichen Ende war die Schlucht schmal und von Klippen besetzt und wurde von Zedern und wilden Zedrachbäumen gesäumt; aber im Osten erweiterte sie sich und wurde zu einem wahren Paradies für einen Rinderbesitzer – zu einer riesigen, geschützten Weidefläche mit viel Wasser, im Norden und Süden durch ihre himmelstürmenden Felswände natürlich umzäunt. Goodnight entschied sich blitzschnell. Der Palo Duro Canyon war bereits sein. Er würde das Land mit allen nötigen Mitteln erwerben – sei es legal oder illegal. Er würde jeden Comanche hinaustreiben, der dort lagerte; er würde die Büffel, die am Grund des Canyons grasten, verjagen oder töten und durch seine Rinder ersetzen; wenn es soweit war, würde er einen finanzstarken Geldgeber finden, der ihm das notwendige Kapital beschaffte. Er war schon jetzt als Pionier unter den Treckführern und als Viehzüchter berühmt und würde es noch weiter bringen und dieses weite und kostbare Land beherrschen.

Goodnight tat all das und noch mehr. Nach fünf Jahren beherrschte er nicht nur den Palo Duro, sondern auch die gesamte Ebene. Er war Herr einer Herde von mehr als 100 000 Rindern, von denen er in einer durchschnittlichen Saison etwa 30 000 verkaufte, was ihm ein Bruttoeinkommen von ungefähr einer halben Million Dollar brachte.

Die Einzelheiten von Goodnights Erfolgsgeschichte sind in vieler Hinsicht einmalig – und gehören wohl zu den faszinierendsten im Rindergeschäft des Westens, denn das Vermögen, das Goodnight im Palo Duro machte, war nicht sein erstes, sondern sein zweites. Und doch entsprach sein *modus procedendi* dem klassischen Muster jener Handvoll außergewöhnlicher Männer, die die Rinderbarone des Westens wurden und die den Hintergrund schufen, vor dem die Cowboys lebten und arbeiteten. Es ist eine historische Tatsache, daß der Cowboy nicht im Sattel saß, weil er eine Legende schaffen oder den Westen erobern wollte, sondern, weil hartgesottene Geschäftsleute – zuerst meist aus Texas – beschlossen hatten, mit Rindern Geld zu machen. Und sie taten es. Um 1885 waren Fleischrinder mit Abstand das größte Geschäft im gesamten Westen. Und in dieser Zeit beherrschte ein Klüngel von nicht mehr als vielleicht drei Dutzend Rinderbaronen mehr als acht Millionen Hektar privaten und öffentlichen Bodens der Vereinigten Staaten, und ihnen gehörte mindestens ein Drittel aller Rinder, die auf den Prärien des Westens weideten.

Diese Geschäftsleute hatten einen sehr unterschiedlichen Hintergrund. Ein zukünftiger Rinderbaron fing oft selbst als Cowboy an – vielleicht gehörte er zu den Männern, die nach der Teilnahme an der Revolution in Texas von 1836 in die Prärie verschlagen wurden. Oder er war von einer

Ein Cowboy, der es bis zum mächtigen Rinderbaron brachte: Charlie Goodnight, Gründer der berühmten JA-Ranch, stahl, wenn er wollte, lynchte, wenn er mußte, und herrschte schließlich über etliche Millionen Hektar Weideland in Texas.

abgewirtschafteten Farm des Südens geflüchtet, einer der sogenannten GTT's, deren Spitzname sich von der Nachricht „Gone to Texas" (nach Texas gegangen) ableitete, die die Flüchtlinge zurückließen. Oder er war vielleicht ein Mann aus dem Osten, der als Frontiersman ein neues Leben beginnen und sein Glück machen wollte. Jedenfalls war er wahrscheinlich ein abenteuerlustiger Mann, an harte Arbeit und Gewalt gewöhnt und zu beidem bereit.

Meist fing ein zukünftiger Rinderbaron klein an und warb ein paar Cowboys an, die auf freiem Land wilde Rinder zusammentrieben, manchmal auch entlaufene oder angeblich entlaufene Rinder nahmen und brändeten und auch nicht vor bereits gebrändetem Vieh zurückschreckten, wenn sie die Brandzeichen mit einem geschickt placierten Eisen ändern konnten. Dann trieben er und seine Männer diese Rinder zum Markt. Hatte er ein paar Jahre Glück – das heißt, wenn das Wetter gut und die Preise hoch und tausend andere Faktoren günstig blieben –, erweiterte er sein Tätigkeitsgebiet. Vielleicht versuchte er, große Weidegründe unter seine Kontrolle zu bringen, indem er zunächst – entweder durch legalen Anspruch oder durch den einfachen Machtspruch des Sechsschüssers – die Wasserstellen oder Flüsse in seinen Besitz brachte, von denen die gesamte Viehzucht abhing. Dann ging er daran, die noch schwierigeren Fertigkeiten des Ranchmanagements und Rindermarketings zu erlernen. Um seinen Besitz zu konsolidieren und seine Geschäfte weiter auszudehnen, bemühte er sich schließlich auf jede nur mögliche Art und Weise um neues Kapital und ging zu diesem Zweck häufig so weit, ausländische Investoren anzulocken. Amerika war nämlich reich an Land und Vieh, aber immer noch relativ arm an Geld.

Charles Goodnight, der seinen Weg durch alle diese Stadien des Wachstums erzwang, war der Prototyp des erfolgreichen Rinderbarons. Er wurde 1836 auf einer Farm im südlichen Illinois geboren, wo er auch die einzige Ausbildung seines Lebens erhielt. 1845 setzte seine Familie ihn auf eine weißgesichtige Stute – ohne Sattel –, kletterte selbst auf einen Wagen und treckte etwa 1300 Kilometer weit zum Brazos-River tief in der Ebene von Texas. Das war damals, kurz nach der Aufnahme von Texas in die Vereinigten Staaten, der ganz ferne Westen, Grenzland. Der kleine Charlie begegnete mehr als genug Büffeln und Indianern, um das Herz eines Jungen aus Illinois höher schlagen zu lassen, doch ihn konnten nur die Longhornrinder begeistern, die überall im Lande umherstreiften.

Diese Rinder waren wirklich wilde Tiere, lebten wie Jagdwild im Dickicht und wurden auch oft wie Jagdwild geschossen. Beinahe ebenso wild und sogar noch zahlreicher waren die Rinder im Gebiet südlich von San Antonio, die von ihren mexikanischen Besitzern nach dem Krieg mit Amerika und den anschließenden Grenzkämpfen aufgegeben worden waren. Insgesamt liefen 1845 nahezu 300 000 Rinder in Texas frei herum. „Man braucht nur ein paar Kilometer in ein Sumpfgebiet zwischen dem kleinen und dem großen Brazos zu reiten, um so viele Rinder zu finden, wie man nur will", schrieb ein Besucher des Gebiets, in dem sich Goodnights Familie niederließ.

Als Charles Goodnight an den Brazos kam, gab es bereits Leute, die ein Vermögen mit diesem Vieh machten. In der Vergangenheit hatten die Amerikaner meist eine Vorliebe für Schweinefleisch gehabt; plötzlich jedoch zeigten sie größeren Gefallen an Rindfleisch. Um die Nachfrage zu befriedigen, hatten Unternehmer in Texas begonnen, Rinder zusammenzutreiben und auf die reichen Märkte des Ostens zu schicken. 1842 zogen bereits Herden nach New Orleans und Missouri, und 1846 brachte ein Treiber namens Edward Piper tausend Stück Vieh bis nach Ohio. Für einen Teil des Trecks benutzte Piper den ersten der langen Trails, den Shawnee Trail, der vom Gebiet des Brazos bis zu einer Eisenbahnstation bei St. Louis führte. Der Treiber Tom Candy Ponting begann ebenfalls auf diesem Trail und schaffte sein Vieh zu Fuß und mit der Bahn bis in die Sammelgatter an der Ecke 44. Straße und Fourth Avenue in Manhattan. Selbst in diesen frühen Tagen interessierten sich die New Yorker mehr für die Qualität des Rindfleischs als für den ersten Anblick einer Longhornkuh. So kommentierte die *New York Tribune* am 4. Juli 1854: „Das Fleisch ist feinfaserig und fest, ein wenig wie Wildbret. Es kann aber etwas zäh sein."

Der junge Charlie wuchs im Gebiet des Brazos auf und wurde Cowboy, bevor er auch nur daran dachte, jemals mit Rindern zu handeln. Auf der Familienranch wurde er mit den Verhaltensweisen der Rinder vertraut – er „bekam Rinderverstand", um den im Westen üblichen Ausdruck zu gebrauchen. Er bewies auch bald seine Geschicklichkeit beim Einreiten von Mustangs, beim Bullenzähmen, Zaunbauen und bei Pferderennen. Die ganze Zeit sah er zu, wie die Herden nach Norden zogen. Dann, 1856, versuchte Goodnight sich selbst zum erstenmal im Viehgeschäft. Mit einem Stiefbruder übernahm er die Verantwortung für 430 Rinder, die das Brandzeichen der benachbarten CV-Ranch trugen. Dafür durften die Jungen jedes vierte Kalb behalten, das geboren wurde; nach vier Jahren besaßen sie 180 Stück Vieh.

In diesen Jahren erwarb sich Goodnight auch einige Fertigkeiten eines Frontiersman, was äußerst wichtig für den Viehtreck war. Er lernte, wie man Wasserstellen aufspürt, indem man die Schwalben beobachtet; wenn sie schlammähnliches Material für den Nestbau im Schnabel hatten, lag eine

Wasserstelle in der Richtung, aus der sie kamen. Er lernte, wie man Durst durch Saugen an einer Kugel überwindet, wie man Hunger durch Tabakkauen vertreibt und wie man nahrhafte Suppen bereitet, indem man Präriehunde mit Mehl kocht. Er entdeckte, daß er einen ausgezeichneten Orientierungssinn besaß, und fand heraus, daß man das Alter eines Hufabdrucks im Sand feststellen kann, indem man die darüberführenden Insektenspuren zählt.

Er lernte auch die wertvollen Gräser der Ebenen kennen, Gräser, die ein Vier-Dollar-Kalb in einen Zwanzig-Dollar-Ochsen oder eine Zwanzig-Dollar-Färse verwandeln konnten. Er entdeckte, daß ein Rind pro Jahr vier Hektar von diesem Gras benötigte, wenn der Boden darunter gut war – und die Hälfte mehr, wenn das Land trocken und von Gestrüpp bedeckt war. Doch ganz gleich, wie saftig oder schlecht das Gras sein mochte, der entscheidende Faktor war immer das Wasser. Ein Rind konnte am Tag bis zu 110 Liter trinken. Die Kontrolle über das Wasser bedeutete Kontrolle über ein ganzes Gebiet. Ein Rancher, der einen Fluß oder eine Wasserstelle mit Beschlag belegt hatte, konnte das umliegende Weideland bis mindestens 15 Kilometer im Umkreis beanspruchen (so weit, wie ein Rind zum Wasser laufen kann), dazu noch „Ellbogenfreiheit“ – insgesamt 25 bis 40 Kilometer. Sobald er also seinen Anspruch auf das Wasser durchgesetzt hatte, gehörte das gesamte Weideland automatisch ihm; und niemand konnte es ihm streitig machen.

Die Zeit war recht günstig, um Tatsachen wie diese kennenzulernen. Um 1860 waren die Herden in Texas auf 3,5 Millionen Stück Vieh angewachsen, und die neue Rinderwirtschaft des Westens begann zu florieren. Aber dann kam ein Einschnitt, der fünf Jahre dauern sollte: Während sich ihre Rinder ohne Aufsicht und ohne Treiber weiterhin auf der offenen Range vermehrten, zogen die Rancher und Cowboys in den Bürgerkrieg.

Seinen Militärdienst für die Konföderierten, die Südstaaten, verrichtete Charles Goodnight bei den Texas Rangers, deren Hauptaufgabe darin bestand, an der Westgrenze die Comanche und Kiowa abzuwehren. Er diente als Scout und Führer und drang manchmal nach Westen in die praktisch unerforschten Staked Plains vor. Goodnight verließ die Texas Rangers im Frühjahr 1864 und machte sich mit seinem Stiefbruder auf, um ihren Anteil an den CV-Rindern zusammenzutreiben. Sie schätzten, daß ihre Herde inzwischen auf 5000 Stück angewachsen war. In ganz Texas hatte die Zahl der Longhornrinder erstaunlich zugenommen – sie belief sich bei Kriegsende auf etwa fünf Millionen. Es waren diese Longhorns und ihre Nachkommen, die quer durch den Westen in die 16 neuen Staaten und Territorien getrieben wurden und den Grundstock für die Herden fast aller Rinderbarone bildeten – und somit für die gesamte Rinderwirtschaft des Westens.

Unmittelbar nach dem Krieg streiften die meisten Longhorns jedoch frei herum – verloren in der Weite der texanischen Prärie. Goodnight erinnerte sich später: „Es gab gewisse im Land versprengte Leute, die der Versuchung nicht widerstehen konnten, jene Rinder mit ihrem Brandzeichen zu versehen.“ In ganz Texas, so schätzte er, kamen auf jedes gebrändete Kalb zwei oder drei ungebrändete – sogenannte Mavericks. Schon die Bezeichnung „Maverick“ enthielt eine spezielle Warnung. Sie leitet sich ab von Sam Maverick, einem Viehbesitzer vom San Antonio River, der es versäumte, seine Tiere mit Brandzeichen zu versehen, und bereits ein Jahr nachdem er auf diesem guten und reichbewässerten Boden den Ranchbetrieb aufgenommen hatte, entdecken mußte, daß habgierige Nachbarn und Viehdiebe ihn aus dem Geschäft gedrängt hatten – sie hatten sich seine ungebrändeten Rinder angeeignet.

Aber Goodnight war zu zäh und schlau, um ein derartiges Schicksal zu erleiden. Zuerst kaufte er mit seinem Stiefbruder die gesamte CV-Herde auf Kredit. Dann kauften sie noch mehr Vieh (und – um die Wahrheit zu sagen – stahlen auch ein paar Rinder auf offener Range) und hatten auf diese Weise im Frühjahr 1865 eine stattliche Herde von 8000 Stück zusammengebracht.

Überall in ihrer Umgebung bauten sich ebenso harte und entschlossene Männer Herden auf und trieben sie auf die Märkte. George Webb Slaughter, schon vor dem Bürgerkrieg ein Nachbar von Goodnight, hatte eine florierende Ranch in der Nähe der Goodnight-Ranch am Brazos, wo er gelegentlich Indianer mit demselben Gewehr erschoß, das er jeden Sonntag an die Kanzel der Baptistenkirche stellte, der er als ordinierter Prediger diente. Bereits 1860 besaß Slaughter 1500 Longhornrinder.

Ein anderer Texaner, Abel (Shanghai) Pierce, der sich erst einen Namen als Zureiter von Wildpferden gemacht und sich schließlich zum Rancher hochgearbeitet hatte, vertrat einen lohnenderen Zweig der Branche. Zu Beginn seiner Laufbahn heuerte er drei Brüder an, Mavericks für ihn zusammenzutreiben; als die drei dann auf eigene Faust ein paar Mavericks zur Seite brachten, ließ er sie aufhängen. Das Flair seiner Persönlichkeit läßt sich an der Antwort ablesen, die er einem Nachbarn gab, der mit einer Kuh prahlte. „Ich kann dir sagen, wenn ich eine Kuh hätte, die 20 Liter Milch gibt, würde ich kein Euter mehr anrühren“, brüllte Shanghai. „Ich würde sie die Zunge rausstrecken lassen und die Milch mit einer langen Kürbisflasche rausholen.“

Dudley Snyder war genau das Gegenteil: ein nüchterner und aufrechter Mann, der garantiert alles einhielt, wozu er sich vertraglich verpflichtete. Als er 1862 der Armee der Südstaaten Rinder lieferte, brachte er die Tiere dazu, über den Mississippi zu schwimmen - eine erstaunliche Leistung. Nach dem Krieg entwickelte Snyder die merkantile Philosophie, man könne niemals mit dem Verkauf eines Pferdes Geld machen – es werde beim Kauf verdient. Er kaufte so billig, daß er schließlich nicht nur in Texas, sondern auch in Colorado und Wyoming Ranches erwarb.

Dudley Snyder war in seinen Vorhaben konservativ, was man von Charles Goodnight nicht sagen konnte. Im Frühling des Jahres 1866, als die meisten Treiber planten, ihre Rinder zu den Eisenbahnstationen in Kansas zu bringen und von dort aus in den Osten transportieren zu lassen, entschied Goodnight sich dafür, eine neue Route nach Colorado zu erschließen, wo er sich bei den dortigen Minen und Militärvorposten lukrative Absatzmöglichkeiten für sein Vieh erhoffte. Als er in einem Ort in der Nähe seiner Ranch Vorräte kaufte, lernte er den 54jährigen Oliver Loving kennen, von dem man allgemein wußte, daß er nicht nur Rinder, sondern auch das Land an der Grenze ausgezeichnet kannte. Loving, ein echter Pionier des Rindergeschäfts, war schon seit 1845 in Texas. 1855 hatte er eine Herde nach Illinois getrieben, und wenige Jahre später brachte er als erster Vieh nach Colorado. Um nicht das Comanche-Gebiet oberhalb der Nordgrenze von Texas durchqueren zu müssen, schlug Charlie einen Umweg nach Colorado vor: Statt nach Nordwesten solle das Vieh zunächst nach Südwesten getrieben werden, auf einem alten Treckpfad vom Brazos zum Pecos im westlichen Texas; dann müsse man durch New Mexico nach Norden vorstoßen. Loving zögerte wegen der Gefahren und Schwierigkeiten der Route, die Goodnight vorschlug. Doch er begriff, daß der grundlegende Plan vernünftig war, denn er erklärte ganz abrupt: „Wenn Sie mich haben wollen, gehe ich mit."

Der ursprüngliche amerikanische Cowboy, ein kalifornischer Vaquero aus der Zeit um 1830, wirft einen Stier im Stil eines Rodeohelden späterer Tage.

Im Juni 1866 sammelten die beiden Männer 2000 Rinder und 18 Reiter an einer bestimmten Stelle der Southern-Overland-Postkutschenroute. Diese Route führte sie nach 400 Kilometern zur Quelle des Concho. Dort ließen Goodnight und Loving die Herde so lange am Wasser, bis auch das durstigste Rind nicht mehr trinken konnte. Auf den nächsten 130 Kilometern kamen die Tiere an keinen einzigen Fluß, und das Feuchteste, was sie erblickten, war der von der Sonne ausgedörrte Schlamm ehemaliger Wasserlöcher. Immer häufiger blieben erschöpfte Rinder hinter dem Treck zurück und verendeten. In der dritten Nacht witterten die Tiere um zwei Uhr morgens Wasser, und Goodnight ließ die stärksten von ihnen die letzten Kilometer zum Pecos laufen.

„Als sie den Fluß erreichten, stießen die hinteren Tiere die ersten weiter, bevor sie Zeit hatten, stehenzubleiben und zu trinken", erinnerte sich Goodnight später. In der Hetze nach Wasser wurden etliche Rinder zertrampelt, ertränkt und in den Treibsand gestoßen, wo sie versanken. Man verlor mehr als hundert Tiere – außer den 300 Kadavern, die die Strecke hinter ihnen säumten.

Doch trotz der Viehverluste brachte der Treck Geld – und zwar viel Geld. Mit zwei Abschlüssen wurde die gesamte Herde verkauft. In Fort Sumner, einem Navajo- und Apache-Reservat, zahlte die Regierung für die Ochsen acht Cent pro amerikanisches Pfund (etwa 450 Gramm). Die Kühe und Kälber brachte Loving weiter in die Nähe von Denver und verkaufte sie an einen Mann namens John Wesley Iliff. Goodnight belud ein Maultier mit 12 000 Dollar in Gold und ritt auf demselben Weg nach Texas zurück.

Die Partnerschaft sollte nicht viel länger dauern. Ein Jahr nach jenem ersten Treck kam Oliver Loving bei einem Indianerangriff ums Leben.

Goodnight jedoch lebte und prosperierte weiter. In den nächsten paar Jahren trieb er eine Herde nach der anderen auf

Das spanische Erbe des Cowboys

Ein gutes halbes Jahrhundert bevor in Texas die Fleischrinder-Industrie blühte, hatte eine einmalige Schar von Berufsreitern, die sich Vaqueros nannten, bereits den Stil geschaffen, die Ausrüstung und Techniken entwickelt *(links)* und sogar einen großen Teil des Vokabulars geprägt, das später so typisch für den amerikanischen Cowboy werden sollte. Die Range des Vaquero war Spanisch-Kalifornien. Dort entstand ungefähr zwischen der Zeit, da George Washington den Delaware überquerte, und dem Jahre 1848, als die Vereinigten Staaten Nordkalifornien annektierten, eine einzigartige Hirtengesellschaft, die auf der Lehre Christi errichtet wurde und von der Rinderzucht lebte.

Als Franziskanermissionare um 1769 nach Kalifornien kamen, brachten sie ein paar bescheidene Herden Hausrinder als Milch- und Zuchtvieh mit. In den warmen, grasbedeckten Tälern Kaliforniens gediehen die Rinder und wurden für ihre Herren unerwartet zur lohnenden Geldquelle. In San Diego und anderen kalifornischen Häfen hatten sie begonnen, Handel mit Yankeeschiffen zu treiben.

Dasselbe geschah in bescheidenerem Umfang in den Missionen am unteren Rio Grande. Es gab allerdings einen wichtigen Unterschied zwischen dieser auf Kalifornien konzentrierten Rinderwirtschaft und der, die sich später auf den Prärien der Vereinigten Staaten entwickelte. Für die Padres war das Fleisch nur ein Nebenprodukt. Die Gewinne stammten aus Häuten und Talg, dem Rohmaterial, das die Fabriken in New England zu Lederwaren, Kerzen und Seife verarbeiteten. Und die Gewinne waren von Anfang an sehr gut.

Infolgedessen hatten die Missionsväter bald ebensoviel Pesos wie Seelen auf den rechten Weg gebracht, und die eingesessenen Indianer lernten über Rinder genausoviel wie über die Heilige Dreifaltigkeit. Denn als das Geschäft und die Herden wuchsen, brauchten die Priester, viele unter ihnen Söhne spanischer Aristokraten und von Geburt an zu erstklassigen Reitern ausgebildet, Hilfe bei der Versorgung des Viehs. Die einzigen verfügbaren Arbeitskräfte waren ihre indianischen Konvertiten. Die von den Padres ausgesuchten Indianer wurden selbst erstklassige Reiter, da sie mit großen Viehherden auf der offenen Range fertig werden mußten.

Der Bedarf an berittenen Indianern führte zu einem Dilemma, weil ein altes spanisches Kolonialgesetz, das noch aus der Zeit der Konquistadoren stammte, den Indianern den Gebrauch von Pferden untersagte, die man damals in erster Linie als Kriegswerkzeuge betrachtete. Doch die Padres, die sich im Grenzland ihre Gesetze selbst machten, beschlossen, den alten Erlaß im Interesse des höheren Nutzens zu ignorieren. Sie gingen auch daran, den Indianern beizubringen, wie man ein laufendes Rind mit Hilfe einer geworfenen Schlinge aus geflochtenen Rohhautstreifen einfängt. Dieses Rohhautseil wurde in Spanien *la reata* genannt, woraus das amerikanische *lariat* (Lasso) wurde.

Die indianischen Reiter benutzten eine mit einem Horn ausgestattete Abwandlung des alten spanischen Kriegssattels *(S. 105)*. War ein Rind eingefangen, brachten sie es langsam zum Stehen, indem sie das Seil schnell um ihr Sattelhorn wickelten. Das nannten sie *dar la vuelta* (eine Drehung machen), was zum *dally* des amerikanischen

dem Goodnight-LovingTrail von Texas nach Colorado. Gegen 1870 war er schließlich soweit, vom Treiber zum soliden Rancher aufzusteigen, und zu diesem Zweck wollte er Texas verlassen. Auf seinen Rindertrecks hatte er an einem Stück Land bei Pueblo, Colorado, Gefallen gefunden. Nun kaufte er die strategisch wichtigen Parzellen dieses Landes, die sich 40 Kilometer am Arkansas River entlang erstreckten. Er heiratete, baute ein Haus, pflanzte Apfelbäume, ließ Gräben ausheben. Sein Vieh bestand aus Rindern, die er aus Texas hertrieb.

Sein neues Hauptquartier lag in einem Teil des Westens, den Viehzüchter die „Nordrange" nannten – ein breiter Streifen für die Viehzucht geeigneten Landes, der sich vom nördlichen Colorado durch Wyoming, Montana, South und North Dakota hochzog. Hier fing Goodnight an, das Viehgeschäft auf eine neue Weise zu betreiben. Er war ein Nachbar von John Wesley Iliff, der 1866 einen Teil seiner ersten Herde gekauft hatte. Unter dem Management von Männern wie Iliff begann das Geschäft zu wachsen. Iliff selbst war bereits auf dem Weg, sich als anerkannter Rinderbaron zu etablieren. Später sollte er so viele Ranches am South Platte River gründen, daß er eine Woche lang jede Nacht in einem anderen Hauptquartier schlafen konnte, wenn er wollte. Iliff hatte damit angefangen, schwache und abgemagerte Ochsen zu kaufen, die er mästete und in Denver als vollwertiges Rindfleisch verkaufte. Später sammelte er das Vieh herdenweise und verkaufte es so an Minenbesitzer, Indianeragenturen und die Union Pacific Railroad. Iliff hatte nie einen Revolver bei sich, doch kraft seiner Persönlichkeit und seines befehlsgewohnten Auftretens machte er sein Wort in weitem Umkreis zum Gesetz.

Auf den nördlichen Ranches entwickelten sich ganz andere Arbeitsmethoden als auf den weiten Landgebieten von Texas. Die langen Viehtrecks zu entfernten Eisenbahn-

---

Cowboys wurde. Wer ein Rohhautseil benutzte, wurde „Dally-Mann" genannt. Um ihre Beine zu schützen, wenn sie durch Dornbüsche ritten, trugen die Missionshelfer dicke Lederhosen, genannt *chaparreras* – später zum amerikanischen *chaps* verkürzt. Sich selbst nannten diese Rinderhirten Vaqueros (abgeleitet von spanisch *vaca*, Kuh), woraus die amerikanischen Erben *buckaroo* machten.

Mexiko wurde 1821 unabhängig, und 12 Jahre später nahm die neue Republik den spanischen Padres das Weideland ihrer Missionsstationen weg. Es wurde Eigentum privater Rancheros, der ersten richtigen Rinderbarone des Westens. Die Vaqueros warfen ihr Dienstjoch ab und arbeiteten für die Rancheros. Im Laufe der Zeit wurden stolze und unabhängige Rinderhirten aus ihnen. Ihre Kleidung wurde enganliegend und schmuckvoll, während ihre Sättel und Zaumzeuge vor Silberbeschlägen blitzten. Und sie waren natürlich ausgezeichnete Reiter. Beim jährlichen *rodeo* (Roundup, Zusammentrieb) trieben sie ihre Pferde durch wogende Massen von Vieh, sonderten die Rinder ihrer Rancheros von denen der Nachbarherden ab und versahen sie mit dem Brandzeichen.

Nach dem Roundup fanden die *matanzas*, die Massenschlachtungen, statt. Die Vaqueros ritten an ein Rind heran und töteten es mit einem einzigen Stich des langen Messers, das sie in einer Scheide trugen. In den Ruhepausen vergnügten sie sich bei Wettkämpfen: Ein beliebtes Kunststück bestand darin, sich in vollem Galopp aus dem Sattel zu beugen und einen Hahn, den man bis zum Kopf in der Erde vergraben hatte, herauszureißen.

Ein französischer Kapitän, der Kalifonien besuchte, beschrieb all das in seinem Tagebuch und fügte hinzu, die kalifornischen Reiter seien „so wenig an den Gebrauch ihrer Beine gewöhnt, daß sie beim Gehen das gesamte Körpergewicht von einer Seite auf die andere verlagern, als wären sie lahm". So hatte der Vaquero auch den typischen krummbeinigen Cowboygang entwickelt.

Seine Tage waren allerdings gezählt. 1846, als der Krieg zwischen Mexiko und den Vereinigten Staaten ausbrach, zogen sich die mexikanischen Truppen hinter den Rio Grande zurück und lieferten die Ranchos auf Gnade und Ungnade den weißen und indianischen Marodeuren aus. Das Vieh wurde abgeschlachtet oder zu Tausenden fortgetrieben. Die Trockenheit tötete weitere Rinder, und die überlebenden Tiere wurden nach Norden gebracht, um hungrige Goldgräber auf den Goldfeldern um San Francisco zu ernähren. Auf den Ranges, die früher vor Vieh strotzten, gab es nun nicht einmal mehr Zuchtrinder. Als die Herden Jahrzehnte später wieder größer wurden, ging es in der Rinderwirtschaft nicht mehr in erster Linie um Häute und Talg, sondern um Fleisch. Und ihr Mittelpunkt hatte sich nach Texas verlagert, in größere Nähe der Eisenbahnstationen, wo das Vieh zu den Märkten im fleischhungrigen Osten transportiert wurde. Die Männer, die mit Fleischrindern zu tun hatten, sprachen englisch und nannten sich Cowboys. Doch jedesmal, wenn sie ein Lasso schwangen, ein Rodeo veranstalteten oder ihre ledernen Chaps anlegten und ihre breitrandigen Hüte aufsetzten, zollten sie dem Vaquero, mit dem alles angefangen hatte, stummen Tribut.

stationen waren hier im Norden nicht so wichtig; die Hauptarbeit dieser Rancher bestand darin, die Rinder für den Markt zu mästen und auch in den kältesten, von heftigen Schneestürmen heimgesuchten Wintern gesund zu halten. Dementsprechend heuerte ein Goodnight oder ein Iliff keine Cowboys mehr an, die nur vorübergehend oder aushilfsweise arbeiteten, sondern besonnene und weitsichtige Angestellte auf Dauer - Männer, die die Zuchtrinder sorgfältig aussuchten und sortierten, die wußten, wie man eine Herde versorgt, damit sie möglichst schnell und gut wächst, die Gras mähten und das Heu für den Winter lagerten. Und die großen Rancher arbeiteten jetzt mit ganz anderen Maßstäben, handelten mit Zehntausenden von Rindern und managten Hunderttausende von Morgen Land.

Die Probleme waren ebenfalls anders als die in Texas. Auf der VVV Ranch in South Dakota beispielsweise hatte man in einer Saison paradoxerweise Schwierigkeiten wegen des guten Wetters. Das Weideland war so saftig und hoch bewachsen, daß die Rinder noch nicht einmal ihre Nacken zu bewegen brauchten, um die fetten Samengarben zu erreichen, die wie Weizenähren an den Präriegräsern baumelten. Eines Morgens stand John Clay, der Chef der Ranch, schließlich vor der schwerwiegenden Entscheidung: Sollte er seine Rinder weiterhin mit dem reichen Futter mästen und damit Pfunde gewinnen, die sich in Dollar niederschlagen konnten, oder sollte er die Tiere sofort auf die Märkte transportieren, die im Augenblick sehr gute Preise zahlten? Er beschloß, noch zwei Wochen zu warten, und in dieser Zeit gab es auf dem Markt in Chicago einen katastrophalen Preissturz. „Jener Morgen kostete die Firma 10 000 Dollar", schrieb er später. Den günstigsten Verkaufszeitpunkt zu erraten war aber nur eine der Schwierigkeiten des Geschäfts. Die Aufzucht eines Rinds war ein komplexer Vorgang, und zwischen (Geburt und Schlachthaus konnte das Vieh ein

Vaqueros treiben Rinder an einer der 21 spanischen Missionen vorbei, die durch den Verkauf von Häuten und Talg an Yankees zu Wohlstand kamen.

halbes Dutzend Mal den Besitzer wechseln. Manche Rancher kauften einjährige Ochsen und verkauften sie nach dem Mästen als lukrative vierjährige Fleischrinder. Andere spezialisierten sich auf die Zucht und Kälberproduktion. Wieder andere verkauften das Vieh zur Mast an Rancher aus dem Mittelwesten, die noch mehr Pfunde draufpackten, indem sie den Tieren Getreide zu fressen gaben.

Die Geschichte des Ranchers James Haft, der 1881 eine kleine Parzelle am Box Elder Creek in South Dakota kaufte, zeigt, wie geschickt man in der Branche sein mußte, welche Risiken man eingehen und wieviel Glück man haben mußte. Als Viehbestand kaufte er 1000 Rinder im Territorium Washington, und als Finanzierungshilfe suchte er sich einen stillen Teilhaber, einen Farmer aus Kansas. Jeder der beiden verpflichtete sich, bis zu 8000 Dollar zu investieren. Als Hafts Treckführer seine Vorbereitungen traf, das Vieh von Washington nach Dakota zu treiben, beliefen sich die Ausgaben auf 15 947 Dollar und 20 Cent.

Sechs Monate lang trieb der Treckführer mit seinen 20 Leuten das Vieh nach Osten. Die Briefe des Vormanns waren eine Litanei von Scherereien mit der Mannschaft („Jim Stewart schon lange abgehauen, er ist ein Hurensohn") und Bitten um Geld, aber den Rindern ging es gut. Inzwischen baute Haft in Dakota ein viereinhalb mal fünf Meter großes Ranchhaus, brachte 100 Tonnen Heu ein und nahm am 30. Oktober seine Rinder in Empfang, von denen allerdings 100 beim Treck umgekommen waren. Er engagierte drei Männer, die ihm bei der Versorgung der Tiere im Winter helfen sollten. Die Temperatur fiel bis auf minus 38° C; Haft mußte Erfrierungen an Fingern, Ohren und Nase hinnehmen. Aber im August ergab die Zählung der gebrändeten Rinder 1508 Stück, einschließlich der Frühjahrskälber. 1883 brachte Haft 271 Ochsen in die Schlachthöfe von Chicago und verkaufte sie für 10 656 Dollar – eine erstklassige Rendite auf die ursprüngliche Investition, wenn man bedenkt, daß Haft und sein Teilhaber immer noch 1200 Stück Vieh hatten.

Während dieser Transaktionen benutzte Haft oft Bankkredite, um Rechnungen zu bezahlen, obgleich er es haßte, jeden Monat zwei Prozent Zinsen hinzublättern. Früher, in den Tagen der ersten Viehtrecks, waren Kredite meist Sache von Treu und Glauben. Herdenbesitzer in Texas gaben den Männern, die das Vieh nach Norden brachten, einen einfachen Verkaufsauftrag mit. Der Auftrag genügte für den Treiber, die Rinder an einen Spediteur zu verkaufen, und schließlich sickerte das Geld vom Schlachthaus zum Spediteur, vom Spediteur zum Treiber und vom Treiber zum Viehzüchter zurück, alles in Beträgen, auf die man sich durch Handschlag geeinigt hatte. Dann begannen die Viehzüchter, sich gegenseitig Schuldscheine zu geben, die von den Banken unter Einbehaltung von Gebühren eingelöst wurden – der Anfang der direkten Rinderdarlehen. Schließlich wurden Kredite so wichtig wie das Gras auf der Range.

Charles Goodnight war 1873 einer der reichsten Viehzüchter in Colorado, aber er benutzte immer noch in großem Umfang Kredite und haßte es, den hohen Bankzins zu entrichten – oft waren es, wie bei James Haft, bis zu zwei Prozent im Monat. Um den Bankiers ein Schnippchen zu schlagen, beschloß Goodnight, selbst in diese Branche einzusteigen, und er wurde Teilhaber der Stock Growers Bank von Pueblo. Dieses unglückliche Unternehmen ging mit dem Bankenkrach von 1873 in die Binsen, der – so Goodnight – „mich von der Erdoberfläche fegte". (Ein anderer Rancher, der in derselben bösen Lage wie Goodnight war, erklärte Freunden: „Mir geht's gut, ich komme wieder. Als ich vor 50 Jahren herkam, hatte ich nur 65 Cent und Asthma, und das Asthma habe ich immer noch.") Um sich von seinen Verlusten zu erholen, nahm Goodnight zuviel Vieh auf seine Range – und verlor infolgedessen die meisten Rinder und Dollar, die ihm geblieben waren.

Langsam kam Goodnight zu dem Entschluß, noch einmal eine neue Range zu suchen und vielleicht ein neues Glück zu finden. Sein Auge wanderte in Gedanken nach Südosten, zurück zum Panhandle in Texas, in ein Gebiet, das offenbar so wenig einladend war, daß die erste Welle der Westsiedler achtlos daran vorbeigezogen war. Dort entdeckte er 1876 den Palo Duro Canyon – ein Ereignis, das den entscheidenden Schritt auf dem Weg vom bankrotten Rancher zum reichen Rinderbaron bedeutete. Zu diesem Canyon brachte er die Reste der Herde seiner alten Ranch in Colorado und führte sie auf einem alten Indianerpfad an den Wänden der Schlucht hinunter. In den folgenden Monaten baute er Corrals und ein kleines Haus an einem Bach.

Im nächsten Frühjahr lud Goodnight ein wohlhabendes junges Ehepaar, John und Cornelia Adair, zum Palo Duro ein. Er hatte die beiden in Denver kennengelernt, und sie hatten den Wunsch geäußert, in die Geheimnisse des Lebens auf einer Ranch im Westen eingeweiht zu werden. Charlie, der allerdings einen Hintergedanken hatte, zeigte sich als vollkommener Gastgeber. Er ritt nach Denver, um die Adairs abzuholen. Ihre Ankunft im Palo Duro vollzog sich in eindrucksvoller Weise. Voran galoppierte John Adair, ein munterer Ire, der ein Vermögen geerbt hatte. Es folgte, graziös im Damensitz, seine Frau Cornelia, die Tochter eines New Yorker Bankmagnaten und Schwester eines Senators. Den Wagen dahinter lenkte Mary Ann, Goodnights biedere Gemahlin. Goodnight bildete mit einer Herde von 100 Shorthornbullen den Abschluß.

Eine in der kurzlebigen (1836 – 1845) Republik Texas gedruckte Zweidollarnote zeigt einen Cowboy, der einen Longhornstier mit dem Lasso einfängt. Damals wurde die texanischen Rinder vorwiegend wegen ihrer Häute und ihres Talgs gezüchtet.

Sobald sie sich auf der Ranch häuslich niedergelassen hatten, genossen die temperamentvollen Adairs die gute Luft des Westens, gingen auf Büffeljagd – redeten aber auch vom Geschäft. Als Charlie die Adairs zum Palo Duro einlud, hatte er nämlich vor allen Dingen die Absicht, sie dahin zu bringen, durch eine genügend hohe Investition eine enorme Expansion der Ranch zu finanzieren. Das gelang ihm auch. Endergebnis des Besuchs war die erste einer langen Reihe von Transaktionen, die der amerikanischen Rinderindustrie ausländisches Kapital brachten.

Charles Goodnight benutzte Adairs Investition von fast einer halben Million Dollar (und nahm seine Initialen JA als Brandzeichen), um sich an die landraffenden Praktiken zu machen, die bei den Rinderbaronen gang und gäbe waren. Er kaufte nämlich nur wenig, um viel zu bekommen. Er erwarb 10 000 Hektar öffentliches Land zu 75 Cent den Hektar – aber das Land lag so günstig an Wasserläufen, Heufeldern und bestehenden Ranches, daß er den gesamten Palo Duro Canyon unter seine Kontrolle brachte. Auf diesem Land baute er eine ganze Siedlung mit beinahe 50 Häusern auf. Hauptquartier war ein kleines Dorf mit einer Residenz für die seltenen Besuche der Adairs, einem zweigeschossigen Haus für die Goodnights, einem großen Gebetshaus, einer Molkerei, einer Schmiede für Hufeisen und Wagenreparaturen und einer Zinnwerkstatt, die Teller und Becher herstellte. Mit Bullen im Werte von 150 000 Dollar – 2000 Stück – baute Goodnight seine Herden auf, bis sie 100 000 Tiere umfaßten. Bis 1882 hatte John Adair mit Hilfe von Charlies Talent als Viehzüchter (und Landraffer) einen Reingewinn von 512 000 Dollar gemacht.

Wie Charlie Goodnight sich den Palo Duro angeeignet hatte, so brachten auch andere expansionslüsterne amerikanische Rinderbarone auf jede nur mögliche Weise Land in ihren Besitz. Eine ihrer Lieblingsmethoden wird in einer Anzeige angedeutet, die am 12. April 1884 in der *Glendive Times* (Montana) erschien: „Ich, der Unterzeichnete, tue der Öffentlichkeit hiermit kund und zu wissen, daß ich das Tal, das sechs Kilometer östlich des Allard vom Glendive Creek abzweigt und bis zu dessen Quelle auf der Südseite der Northern Pacific Railroad reicht, als Viehrange in Besitz nehme. Chas. S. Johnson." In den siebziger und achtziger Jahren brachten die Zeitungen im Westen ganze Kolumnen mit derartigen Anzeigen. Sie lasen sich wie gesetzliche Bekanntmachungen. In Wirklichkeit entbehrten sie jeder juristischen Grundlage, aber sie erfüllten ihren Zweck.

Wenn er sich – wie Goodnight – einen Streifen Land an einem Fluß oder einem Wasserloch gesichert hatte, pflegte der typische Rinderbaron das gesamte Land zu beanspruchen, das sich bis zu irgendeiner natürlichen Grenze zu seinem Nachbarn erstreckte – vielleicht bis zu einer Bergkette, häufig bis zum höchsten Punkt zwischen der Wasserscheide seines und des nächsten Flusses. Um den Besitz des Landes zu legalisieren, beantragte er unter Umständen sogar den vorschriftsmäßigen Heimstätteranspruch auf die 65 Hektar um sein Wasserloch. Den Rest nahm er illegal in Besitz. Selbst Theodore Roosevelt, der Neuankömmling aus dem gesetzestreuen Osten, unterließ es, seine Ländereien in North und South Dakota legal in Besitz zu nehmen; seine beiden Ranches Maltese Cross und Elkhorn standen auf öffentlichem Boden.

JOHN WESLEY ILIFF

JOHN B. KENDRICK

ABEL (SHANGHAI) PIERCE

C. C. SLAUGHTER

GEORGE LITTLEFIELD

DUDLEY H. SNYDER

Die großen Rancher

JOHN WESLEY ILIFF, Sohn eines Viehzüchters aus Ohio, lehnte die 7500-Dollar-Beteiligung an der Familienranch ab, die sein Vater ihm anbot, nahm statt dessen 500 Dollar in bar, ging in den Westen und machte dort ein Vermögen mit Rindern. Er verwendete einen großen Teil seiner Besitzungen für die Gründung der Iliff School of Theology in Denver.

JOHN B. KENDRICK ging mit 15 Jahren von der Schule in Texas ab, trieb die Rinder des Ranchers Charles Wulfjen nach Cheyenne, Wyoming, heiratete Eula, die Tochter des Ranchers, und errichtete drei der größten Besitzungen auf der Nordrange. Dann begann er eine politische Karriere, zunächst als Governor und später als Senator für Wyoming.

ABEL (SHANGHAI) PIERCE, einem Nachbarn zufolge „so ungestüm wie die Rinder, die er trieb", wurde durch reines Raubrittertum zum Rinderbaron. Zu einem frühen Zeitpunkt seiner Laufbahn besaß er mehr als 50 000 Rinder, aber nur vier Hektar Land; im Laufe der Zeit brachte er mehr als eine halbe Million Hektar Weidegebiet in seine Hand.

CHRISTOPHER COLUMBUS SLAUGHTER erlernte das Rindergeschäft von seinem Vater George. C. C. war ein notorischer Geizhals und wurde später der größte private Landbesitzer in ganz Texas. Nachdem er ein wahrhaft fürstliches Vermögen angehäuft hatte, gab er beinahe widerwillig zu, daß „wir allem Anschein nach finanziell gesehen in Ordnung sind".

GEORGE LITTLEFIELD, ein verarmter Aristokrat aus den Südstaaten, wurde nach dem Bürgerkrieg ein erfolgreicher Viehzüchter, schließlich auch Bankier und Senatsmitglied der Universität Texas. „Das einzige praktische Wissen, das ich beim Ranchgeschäft erworben habe", erklärte er einmal, „besteht darin, daß eine Kuh ein Kalb bekommt."

DUDLEY H. SNYDER, sicher der sittenstrengste aller Rinderbarone, war berühmt für die Moralgesetze, denen er seine Cowboys unterwarf: „Erstens kannst du nicht Whiskey trinken und für uns arbeiten. Zweitens kannst du nicht Karten und Glücksspiele spielen und für uns arbeiten. Drittens kannst du in unseren Lagern nicht fluchen und für uns arbeiten."

PIERRE WIBAUX

ALEXANDER H. SWAN

GRANVILLE STUART

MORETON FREWEN

CONRAD KOHRS

MARQUIS DE MORES

PIERRE WIBAUX brachte sein Geld aus Frankreich auf die Nordrange mit. Er war gerissener als alle anderen Rancher in seiner Nachbarschaft. Er besaß auch die Selbsteinschätzung eines richtigen Barons: Die Kunden seiner Bank wurden von einer Bronzestatue des Besitzers und von einer Photographie begrüßt, die Wibaux auf seinem Pferd Tic-Tac zeigte.

ALEXANDER H. SWAN – Viehzüchter, Geschäftsmann und Promoter par excellence – stieg hoch auf und fiel dann um so tiefer. Er war Gründer der Swan Land and Cattle Company, Ltd., die in ihrer Glanzzeit das erste Rodeo von Wyoming veranstaltete. Swan führte jedoch seinen Besitz in den Ruin und endete schließlich völlig mittellos in einem Armenhaus.

GRANVILLE STUART hatte das erste Gold in Montana gefunden und legte damit den Grundstein zu seinem Vermögen. Er wurde ein eiserner Patriarch unter den Rinderzüchtern der Nordrange. Er duldete später kein anderes Unternehmen auf der Prärie als die Rinderzucht und ließ die Hunde der Schäfer vergiften und Heimstätter von der Range vertreiben.

MORETON FREWEN wurde ein „großartiger Versager" genannt – und er versagte dauernd, in Indien, Australien, Kanada und den Vereinigten Staaten. Bei seinem Gastspiel als Rinderbaron im Wilden Westen kaufte er einmal angeblich eine Viehherde zweimal: Der Verkäufer hatte die Rinder um einen Hügel getrieben und als zweite Herde zurückgebracht.

CONRAD KOHRS kam aus der Schlachterbranche. Er war der erste, der in Montana die sehnigen Longhorns durch Herefordrinder ersetzte, und er überredete seine Nachbarn, andere Shorthornrassen einzuführen. Aber nicht alle Experimente gelangen ihm gleichermaßen. Kohrs sagte einmal: „Ich glaube, ich war öfter pleite als jeder andere Mann in Montana."

MARQUIS DE MORES, ein stattlicher Mann mit schwarzem Lockenhaar und gewichsten Schnurrbartspitzen, war der Dandy und Gesellschaftslöwe der Badlands von Dakota – doch als Rinderbaron war er ein Versager. Als er schließlich im Jahre 1889 in seine französische Heimat zurückkehrte, war sein geschäftlicher Ruin spektakulärer als der von Frewen.

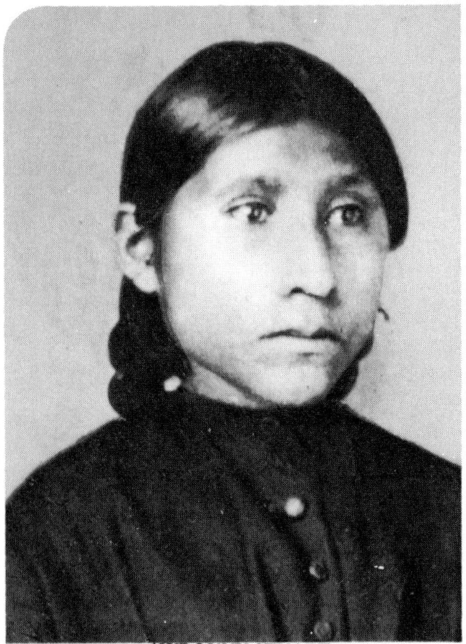

AWBONNY STUART

EULA KENDRICK

ELISABETH ILIFF

NELLIE WIBAUX

AUGUSTA KOHRS

MARY ANN GOODNIGHT

... und ihre Frauen

AWBONNY STUART und ihr Mann Granville führten zu einer Zeit, da die Feindschaft zwischen Weißen und Indianern auf dem Höhepunkt stand, eine ungewöhnliche, aber glückliche Ehe. Awbonny, eine vollblütige Shoshonin, schenkte Granville nicht weniger als elf Kinder und adoptierte und erzog später noch zwei Kinder seines verstorbenen Bruders James.

EULA KENDRICK lebte und kleidete sich sogar im Grenzland immer stilvoll. Eine Freundin sagte, ihre „schlanke, gerade Figur bringt ihre Kleider, die immer der Inbegriff der Feinheit und Eleganz sind, vollkommen zur Geltung". Doch sie führte auch die Bücher ihres Mannes und teilte später mit ihm den Ruhestand in ihrem Heim in Wyoming.

ELIZABETH ILIFF war eine junge Verkäuferin für Singer-Nähmaschinen, als John Iliff sie kennenlernte. Sie entwickelte sich zu einer perfekten Rinderbaronin und wurde mit jeder Krise fertig. Als ihr Mann mit 48 Jahren starb, telegraphierte sie zuerst dem Vormann seiner Ranch, er möge die Herdenwachen verdoppeln, bevor die Viehdiebe kämen.

NELLIE WIBAUX hatte die Lebensart, die zu ihrem Gatten paßte. Obgleich ihr erstes Heim lediglich eine Blockhütte mit Grasdach war, gab es zu Weihnachten Truthahn, Plumpudding und eine Pastete – sie hantierte im Abendkleid am Herd, er half ihr bei der Arbeit mit einem Glas Champagner in der Hand und einem Mehlsack über dem gestärkten Frackhemd.

AUGUSTA KOHRS führte ein strenges Regiment im Haushalt ihres Gatten. Als erstes entließ sie den Koch und übernahm seine Pflichten selbst. Später, als sie die Angestellten genügend gedrillt hatte, unternahm sie Reisen nach Europa und besuchte einmal im Jahr die Metropolitan Opera in New York. 1942 wohnte sie dort zum letztenmal einer Vorstellung bei.

MARY ANN GOODNIGHT war genauso zäh und hartnäckig wie ihr Mann. Sie wartete mit der Hochzeit, bis sie 31 Jahre alt war und Charlie seinen Besitz in Colorado konsolidiert hatte. Später half sie ihm, seine Finanzkrise zu überstehen; zuletzt leitete sie den Besitz im Palo Duro, wo sie die einzige weiße Frau in einem Umkreis von Hunderten von Kilometern war.

Da überall die Konkurrenz auf der Lauer lag, entwickelten die Viehzüchter diverse Faustregeln, um das erbeutete Land zu teilen und Frieden zu halten. Es entstand ein Kodex ungeschriebener Gesetze, die man unterschiedlich als Rinderrecht, Rangeprivilegien, Besitzrechte und Rangerrechte bezeichnete. Alle diese Bezeichnungen waren im Grunde nur Euphemismen für Diebstahl, aber sie verliehen der Usurpation doch eine gewisse Formalität. Besitzrechte bedeuteten zum Beispiel, daß ein Rancher, der Regierungsland verkaufte, das Recht der Besitzergreifung mitverkaufte.

Von diesen außergesetzlichen Gewohnheitsrechten hingen immer mehr Vermögen ab. Als zum Beispiel die Brüder Coad im Westen Nebraskas Weideland für 912 853 Dollar verkauften, ging aus dem Grundbuch klar hervor, daß sie in Wirklichkeit nur einen Rechtstitel auf 210 Hektar Land verkauften. Die große Masse der im Grundbuch übertragenen Ländereien bestand aus Besitzrechten auf den größten Teil einer County sowie auf „eine Hauptweide von 58 000 Hektar", auf das die Brüder Coad, wie im Grundbuch vorsichtig hinzugefügt wurde, „außer einem Besitzrechtstitel keinerlei anderen Rechtstitel haben".

Der Wettbewerb im großen Landraffen führte auch zu anderen üblen Machenschaften. Um ihre Besitzansprüche zu konsolidieren, umzäunten die Rinderbarone das öffentliche Land, auf dem ihr Vieh weidete, mit Stacheldraht. Und wie sie zäunten! Allein in Colorado umgab die schnell wachsende Arkansas Valley Cattle Company fast eine halbe Million Hektar öffentliches Land mit Stacheldraht. Ganze Ortschaften wurden eingezäunt und auf diese Weise unzugänglich gemacht; Postreiter beklagten sich schriftlich in Washington, daß sie alle möglichen Umwege machen müßten, um Briefe abgeben zu können. „Ich muß durch die Tore reiten, die sie gnädigerweise offenlassen", schrieb der Postreiter des Loup River Valley in Custer County, Nebraska. „Eines Morgens", schimpfte die *Wyoming Sentinel* „werden wir aufwachen und feststellen müssen, daß ein Unternehmen ganz Wyoming mit Stacheldraht eingezäunt hat und alle Leute, die innerhalb der Grenzen des Territoriums leben, aufgefordert werden, zu verschwinden."

Washington wurde von Klagen überschwemmt. Vier Farmer aus Stratton, Nebraska, schrieben, daß 12 Rancher 35 Kilometer Zaun um Regierungsland gezogen hätten. „Sie erklären, wenn sich jemand an ihrem Zaun zu schaffen macht, müsse er sich darauf gefaßt machen, niedergeschossen zu werden." B. A. Arnold aus Walsenburg, Colorado, fragte: „Will die Regierung uns schützen, wenn wir Armen uns zusammentun und ihre Zäune abreißen und auch unsere Rinder neben ihren auf Uncle Sams Weiden grasen lassen?"

Die Regierung wollte. Mit einiger Verspätung forderte der Innenminister in gutem Glauben handelnde Siedler auf, illegale Zäune einzureißen. Die Viehzüchter schrieben daraufhin Warnungen wie diese, die an einem Zaun in Nebraska befestigt und dem Minister zur Kenntnis gebracht wurde: „Wer diesen Zaun beschädigt, sollte lieber auf seinen Skalp aufpassen." Das Kongreßkomitee für öffentliche Ländereien zürnte: „Auf der ganzen Welt gibt es kein anderes Volk, das solche Auswüchse dulden würde." Präsident Grover Cleveland war der gleichen Meinung. Er gab Bundesbeamten Anweisung, Viehzüchter, die illegal Land einzäunten, strafrechtlich zu verfolgen; langsam begann der Stacheldraht um öffentliches Land zu verschwinden.

Die Reaktion der Rinderbarone bestand darin, ihren Cowboys zu befehlen, zeitweilige Heimstättenansprüche auf öffentliches Land zu beantragen. Diese Ansprüche wurden dann gegen kleine Vergütungen an die Rancher abgetreten. Ein Cowboy brachte mit fiktiven Namen 3000 Hektar öffentliches Land für Rinder im Territorium New Mexico zusammen. Die Landagenten der Viehzüchter suchten sogar Soldatenwitwen im fernen Boston auf und überredeten sie, die ihnen nach den vom Kongreß verabschiedeten Landbonus-Bestimmungen zustehenden Heimstättengüter zu beanspruchen. Die Witwen übereigneten den Viehzüchtern dann diese Heimstättengüter und bekamen von ihnen als Aufstockung ihrer mageren Pensionen 200 bis 400 Dollar.

Auch Lokalpolitiker und bundesstaatliche gesetzgebende Körperschaften wurden eifrig ausgenutzt, und nirgends erfolgreicher als in Wyoming. Das Parlament von Wyoming übernahm für die Verteilung und Bewirtschaftung des öffentlichen Weidelands praktisch die Vorschriften und Regeln des Viehzüchterverbands Wyoming und machte sie zum Gesetz in diesem Territorium.

Um das große Diebesgut zu verteidigen, schreckten einige zum Letzten entschlossene Viehzüchter auch nicht vor Gewaltandrohungen ohne jeden gesetzlichen Vorwand zurück: Sie machten Widersachern Angst, indem sie ihnen ein getrocknetes Menschenohr an die Haustür nageln oder eine Schlinge vor den Eingang werfen ließen. Zuletzt waren freies Weideland und der Sechsschüsser nicht mehr voneinander zu trennen, kommentierte Charles Goodnight. Der Manager der gut geführten, mit britischem Kapital finanzierten, über 200 000 Hektar großen Spur Ranch machte folgenden Eintrag in das Hauptquartiers-Tagebuch: „Lomax und Davis ritten hinunter, um dafür zu sorgen, daß die Siedler am Catfish rausgeschossen werden." Ein paar Jahre später erschoß der Spur-Angestellte Pinckney Higgins einen kleinen Rancher, den man in Verdacht hatte, sich abgekommene Rinder auf dem Land des Unternehmens angeeignet zu haben. Und in Montana und im westlichen Dakota organisierte und finanzierte der hochrespektable Viehzüchter Granville Stuart zusammen mit einigen Freunden heimlich eine Truppe von Law-and-Order-Reitern, die man Strangler (Würger) nannte. Mit Hanfstricken ausgerüstet, pflegten die Strangler nachts auszureiten, und am Morgen fand man dann ihre Opfer – oft friedliche Heimstätter und kleine Viehzüchter – an Pappeln aufgehängt.

Goodnight war nicht besser als die anderen. Als seine Frau einmal ihr Entsetzen über die Morde der Truppe ausdrückte („Ich verstehe", rief sie aus, „man hat sie an einem Telegraphenmast erhängt!"), antwortete Charlie gelassen: „Also, ich glaube nicht, daß es dem Telegraphenmast weh getan hat." Sie wußte allerdings nicht, daß man die Opfer mit Goodnights uneingeschränkter Billigung aufgeknüpft hatte.

Der Grund für diese chaotischen Zustände war, daß die Viehzüchter um gigantische Einsätze spielten: Zum erstenmal in der Weltgeschichte war Viehzucht das ganz große Geschäft geworden. Gegen 1880 weideten allein in Texas und auf der Nordrange 11 Millionen Rinder. War das Weideland erst einmal erschlossen, erforderte die Nutzung dieser riesigen Herden konstante Geldspritzen. Das bedeutete natürlich, daß man pausenlos Investoren zusammentrommeln mußte. Goodnight hatte seine Adairs gefunden, und die anderen Rinderbarone machten sich genauso daran, ihre Schutzengel zu suchen, und behandelten sie häufig genauso, wie sie das Land behandelt hatten – als unerschöpfliche Quelle, die man bedenkenlos ausnutzen konnte. Und die Rinderbarone scherten sich wie üblich nicht sonderlich um moralische und ethische Fragen.

In einer von Viehzüchtern aus Westtexas zusammengestellten Werbebroschüre waren Dampfschiffe abgebildet, die gemächlich den Pecos durchpflügten, während der Pecos in Wirklichkeit ein reißender, flacher, gerade 30 Meter breiter Fluß war. Auch der Governor des Territoriums Wyoming leistete seinen Beitrag zu dieser verzerrten Darstellung, indem er öffentlich verkündete, die Trockenheit der Luft im Westen gäbe ihr „die Eigenschaft eines Nichtleiters für Hitze und Elektrizität, so daß die ihr ausgesetzten Tiere besser ihre animalische Hitze stauen und ihre Lebenskräfte in Reserve halten können".

Der begabteste Prahlhans war wohl der deutsche Einwanderer Baron Walter von Richthofen, ein echter geistiger Nachfahre des Barons Münchhausen und ein Onkel des Roten Barons aus dem Ersten Weltkrieg. Der wohlhabende und einfallsreiche ehemalige Offizier der preußischen Armee kam Mitte der siebziger Jahre des neunzehnten Jahrhunderts nach Denver und stürzte sich in zahlreiche Unternehmungen (offenbar aber nie in das Viehgeschäft). 1885 schrieb er das einflußreiche Buch *Cattle-Raising on the Plains of North America* (Viehzucht auf den Ebenen Nordamerikas), in dem er behauptete, „es gibt bei der Viehzucht nicht das geringste Element der Ungewißheit". Nach Richthofens Grundthese, die er mit Beispielen für riesige Gewinne untermauerte, wuchs eine Herde von 100 Kühen in zehn Jahren auf 2856 Rinder an, wenn vier von fünf Kühen jedes Jahr warfen und wenn die Jungtiere nach zwei Jahren selbst trächtig waren. Seine Zahlen waren richtig, ließen jedoch die Realität der Viehzucht auf der offenen Range großenteils außer acht – Realitäten wie totgeborene Kälber, tödliche Wetterbedingungen, verschiedene Rinderkrankheiten und eine ganze Reihe anderer Naturkatastrophen. Um ebenso phantastische Schätzungen der Gewinne zu erhalten, die man mit Viehzucht erzielen konnte, verschwieg er notwendige Aufwendungen, verharmloste unvermeidliche Verluste und übertrieb die möglichen Profite hemmungslos.

Der Baron stand mit seinen Phantasien nicht allein da. In *The Beef Bonanza; or How to Get Rich on the Plains* (Die Rindfleischgoldgrube; oder Wie man auf der Prärie reich wird) präsentierte ein gewisser James S. Brisbin Zahlen, die belegten, daß 250 000 Dollar, zu zehn Prozent geliehen und in Rindern angelegt, in fünf Jahren einen Reingewinn von 810 000 Dollar einbrachten.

Wer kaufte ihnen diese phantastischen Gewinnrechnungen ab? Unter anderem viele der angeblich so gerissenen Leute aus dem Osten: William Rockefeller, Bruder von John D. und selbst Mitbegründer der Standard Oil; James Gordon Bennett, Herausgeber des *New York Herald;* Marshall Field aus Chicago; Teddy Roosevelt; Russell B. Harrison, der Sohn von Präsident Benjamin Harrison; August Busch, der Brauereimagnat aus St. Louis; Nelson Morris, der Verpakkungskönig aus Chicago, der sich noch nicht einmal die Mühe machte, seine 100 000 Hektar große Ranch zu besuchen; Alexander Agassiz, der Sohn des schweizerisch-amerikanischen Naturforschers Louis Agassiz; William K. Vanderbilt; und viele andere. „Man kann praktisch sagen, daß die Mitglieder des New Yorker Union League Club, des Bostoner Harvard Club und des Union League Club von Chicago den größten Teil des östlichen Kapitals der Rinderindustrie des Westens kontrollierten", sagt Professor Gene M. Gressley von der University of Wyoming.

Mit den reichen Investoren aus dem Osten kam eine Horde schwerreicher Schotten, Engländer und anderer Europäer. Quellen wie dem Bericht zweier britischer Parlamentsabgeordneter hatten sie entnommen, daß eine Ranch einen durchschnittlichen Jahresprofit von 33 Prozent abwarf. Gezielter und noch weitaus wirksamer wurde das ausländi-

Ein mißglückter Zuchtversuch

Charles Jones bewundert Cattalo-Jungkühe, die ein Büffelbulle mit Longhornkühen zeugte.

Es sollte das vollkommene Tier sein und der Range die größten Gewinne bringen – fleischiger als das Longhorn, stärker als ein Ochse, genügsam und ausdauernd. Seine zähe, dicht behaarte Haut sollte zu feinem Schuhleder gegerbt oder zu üppigem Pelzwerk verarbeitet werden. Dieses großartige Geschöpf sollte noch vom dürftigsten Gras fett werden und selbst die schlimmsten Winter und Dürrezeiten überstehen. Es war halb Rind und halb Büffel, wurde „Cattalo" genannt und schien ein wahres Wundertier zu sein.

Die Range des Westens hatte Ende der achtziger Jahre ein solches Wundertier bitter nötig. Nach einem verheerend trockenen Sommer hatten im Winter 1886 heftige Blizzards überall erfrorene Rinder hinterlassen. Die Rancher suchten Nachschub von der widerstandsfähigsten Sorte. Aber wo sollte man ihn finden?

Die Anwort schien einfach, als sie erst einmal jemandem eingefallen war: Ein ganz neues Tier schaffen und dabei vom ausdauerndsten Geschöpf der Range, dem einheimischen amerikanischen Büffel, ausgehen. Über Jahrhunderte hatte der Büffel den Blizzards und Dürreperioden auf den Hochebenen widerstanden. Aber das Tier war praktisch unzähmbar, schwer in Herden zusammenzuhalten und fast unmöglich mit dem Lasso einzufangen und zu bränden, wenn man dabei nicht ernste Verletzungen riskieren wollte Der Büffel war ein entfernter Verwandter des fügsameren Rindes. Warum die beiden also nicht paaren, die gutmütigere Natur des Longhorns mit der Widerstadsfähigkeit und dem Gewicht des Büffels kombinieren?

Der erste Mann, der öffentlich die Urheberschaft an diesem Einfall beanspruchte, war der ehemalige Büffeljäger Colonel Charles J. (Buffalo) Jones *(oben).* Er verkündete 1888, es sei ein Geschöpf auf die Welt gekommen, das die Viehwirtschaft des Westens retten könne; er pries es als erstes Cattalo der Erde an. Als andere Viehzüchter das Tier jedoch näher in Augenschein nahmen, erklärten sie, es sei nichts als ein großer Irrtum. Und überdies sagte einer der Rinderbarone, Charles Goodnight, das Geschöpf sei noch nicht einmal neu. Goodnight war nämlich ein paar Jahre vorher versehentlich zum Cattalozüchter geworden, nachdem sein zahmer Büffelbulle Old Sikes starke romantische Neigungen zu einigen seiner Longhornkühe gefaßt hatte.

Man konnte kaum begreifen, weshalb Goodnight und Jones sich die Urheberschaft an einem so mißglückten Geschöpf streitig machten. Das Cattalo war nicht nur außerordentlich häßlich, sondern konnte darüber hinaus noch nicht einmal als Spezies überleben – geschweige denn sich vermehren. Bei der Geburt starb oft das Kalb oder das Muttertier. Stierkälber, die am Leben blieben, waren sehr häufig unfruchtbar. Was aber am schlimmsten war – das Cattalo schien so wenig von seiner unverbesserlichen Büffelnatur eingebüßt zu haben, daß selbst Colonel Jones, sein überschwenglichster Promoter, zugeben mußte, es neige „irgendwie zur Verdrießlichkeit".

Das wunderbare Geschöpf, das Jones einst als „vollkommenes Tier für die Prärie" gepriesen hatte, besaß letzten Endes keinerlei gewinnbringende Eigenschaften. Und so geriet es schon nach wenigen Jahren in Vergessenheit.

Dieser passende Sitz für einen Rinderbaron, der dem Rancher David Mills aus Kansas gehörte, bestand aus den Hörnern von Stieren aus Texas, Asien, Europa, Afrika und Südamerika.

sche Kapital durch Werbefeldzüge jenes fabelhaften alten Westerntyps, des glattzüngigen amerikanischen Viehzüchters, auf die Prärien gelockt. Viele dieser redegewandten Männer, reisten bis Edinburgh, bis Dundee und bis in die City von London und fanden dort zahlreiche finanzkräftige Interessenten, die zwar nicht das mindeste von Rindern verstanden, aber nach immer mehr Reichtum gierten.

Eine beliebte Methode, die Europäer übers Ohr zu hauen, bestand darin, eine dubiose Buchzählung des zum Verkauf stehenden Viehs vorzuweisen. Die Rinder auf Ranges, die fast so groß waren wie ganz Schottland, zusammenzutreiben und zu zählen war gewöhnlich undenkbar; die Tiere würden dabei zuviel Gewicht verlieren. Die Käufer mußten sich deshalb mit dem Wort des Verkäufers begnügen – „ganz zugunsten des Verkäufers und außerordentlich katastrophal für den Käufer", wie das *Scottish Banking and Insurance Magazine* kummervoll vermerkte.

Eine riesige Gesellschaft, die man fast gänzlich auf maßlos übertriebenen Zahlen erbaut hatte, war die Swan Land and Cattle Company, die einen Teil Wyomings einnahm, der größer war als ganz Connecticut, und die nach ihrem Hauptbrandzeichen, zwei Balken, gewöhnlich „Two Bar" genannt wurde. Die faszinierende Hauptperson dieser Geschichte war der Rinderbaron Alexander Hamilton Swan. Der in Pennsylvania geborene Swan war nach einer erstklassigen Ausbildung und nach einigen Zwischenstationen als Farmer und Viehzüchter in Ohio und Iowa 1873 in das Tal des Big Laramie River nach Wyoming gekommen. Er kaufte eine Herde auf, die am Chugwater Creek graste, und brachte es innerhalb von zehn Jahren fertig, drei große Rinderunternehmen mit wertvollem Landbesitz an den Ufern des Chugwater Creek und des Sybille Creek aufzubauen. In der typischen Art der Rinderbarone ließ Swan seine Rinder auf dem öffentlichen Land zwischen diesen beiden Nebenflüssen des Big Laramie weiden.

„Wir sind in unserem Geschäft oft gezwungen, gewisse Dinge zu tun, die unerfahrenen Leuten nicht ganz astrein vorkommen", sagte Swan einmal – und es ist erwiesen, daß er potentiellen Investoren frisierte Buchzählungen seines Viehs präsentierte. Als er sich 1883 entschloß, den Besitz an schottische Investoren zu verkaufen, wollte er im Grunde genommen keinen Betrug begehen. Swan wußte vielmehr, daß eine weitere Expansion neues Kapital erforderte und daß die Kapitalzinsen in den Vereinigten Staaten unerschwinglich waren. Um das Geld zu bekommen, malte Swan, wie auch andere Rinderbarone es taten, ein gewagtes optimistisches Bild von seinen Herden. Außerdem sorgte er dafür, daß er selbst einen sicheren Posten bekam. Er schlug vor, als Geschäftsführer angestellt zu werden. Er und einige seiner Partner aus Wyoming wollten ein Sechstel der Anteile der schottischen Gesellschaft übernehmen. Die Herren in den düsteren Büroräumen der Castle Street Nr. 16 in Edinburgh erklärten sich einverstanden, und damit hatte die „Swan Land and Cattle Company Ltd." das Licht der Welt erblickt. Der Prospekt verkündete „Das Viehzuchtgeschäft in den westlichen Staaten Amerikas ist heute anerkanntermaßen außerordentlich lohnend."

Die Gesellschaft kaufte Swans Besitz für 2 387 675 Dollar auf und begann sogleich kräftig zu expandieren. Swan und der schottische Verwaltungsvorsitzende erwarben drei kleine Nachbarranches, wodurch die Gesellschaft die Kontrolle über den gesamten Lauf des Chugwater Creek und des Sybille Creek erhielt. 1884 kauften sie der Union Pacific für 2,3 Millionen Dollar 220 000 Hektar Land im Westen ab, und da die betreffenden Gebietsstreifen mit regierungseigenem Land alternierten, brachte die Gesellschaft mehr als 400 000 Hektar in ihre Hand, was ihren Gesamtbesitz auf 1 300 000 Hektar vergrößerte.

Durch Zukauf anderer Herden kam die Swan Land and Cattle Company zu so vielen Brandzeichen, daß sie zur Information ihrer Vormänner einen eigenen Brandzeichenkatalog veröffentlichen mußte. Eine Zeitlang sah das ganze Unternehmen tatsächlich so solide und einträglich aus, wie Alec Swan versprochen hatte. Die Cowboys rissen sich darum, für jemanden zu arbeiten, der bis zu 45 Dollar im Monat zahlte, jedem Mann einen „String", eine Gruppe von neun Pferden, zur Verfügung stellte und als Nachtisch Reispudding mit Rosinen servieren ließ. Die Two-Bar Ranch galt bald als Unternehmen, das „keinen Ochsen verkaufte, der noch nicht fett und faltenlos war“. 1883, 1884 und 1885 lagen die Dividenden bei 25 Prozent – weit höher, als bei einer Rinderranch normalerweise zu erwarten war. Die Arbeit, die Rinder und die Profite waren aber noch nicht alles. Für die Anteilseigner veranstaltete Swan ein dreitägiges Rodeo, und ein Two-Bar-Cowboy, der Butch Cassidy hieß und damals noch nicht berühmt war, unterhielt die Gäste mit seinen unglaublichen Revolverkunststücken.

Doch in der Zwischenzeit hatte der Anteilseigner James Tait in Edinburgh störrisch – und mit Recht – behauptet, daß in der ursprünglichen Buchzählung des Viehbestands eine weit höhere Zahl von Rindern gestanden hätte, als die Gesellschaft später tatsächlich erhielt. Und, noch schlimmer, der strenge Winter 1886–1887 kostete einer erheblichen Zahl von den Rindern, die es tatsächlich auf Swans Gebiet gegeben hatte, das Leben. Schließlich erklärte der Vorstand 1887, man habe es „nach Konsultation Mr. Swans dementsprechend für angemessen und ratsam erachtet ... 200 Bullen, 2200 Ochsen und 5500 Kühe abzuschreiben“.

Zwei Jahre später machte Swan selbst, der sich nebenbei noch ein persönliches Finanzimperium errichtet hatte, einen spektakulären Bankrott, der nicht nur die Wall Street, sondern auch Edinburgh erschütterte.

Die empörten Direktoren der Gesellschaft enthoben ihn umgehend seines Postens als Geschäftsführer und schickten einen Schotten namens Finlay Dun, um der quälenden Frage auf den Grund zu gehen, die der Jahresbericht 1887 aufgeworfen hatte: „Entspricht die Zahl der Rinder in den Büchern der Zahl auf den Weiden?“ Dun hatte den großartigen Einfall, die Flanke jedes neu registrierten Rinds mit einer Mischung aus Lampenruß, Lack und Terpentin bestreichen zu lassen. „Daddy Dun ist ein Dandy. Aber seine Farbe hält nicht!“ sangen die Cowboys. Und sie hatten recht. Als er 29 008 Stück Vieh gezählt hatte, wurde klar, daß die Farben vieler Rinder durch Regen und Abscheuern verschwanden. Die Käufer verklagten Swan trotzdem, aber die Frage der Zählung wurde nie beantwortet, weil der Richter den Fall wegen einer verfahrenstechnischen Einzelheit abwies. Man kann mit einiger Sicherheit sagen, daß eine korrekte Zählung der Rinder 32 000 Stück Vieh weniger ergeben hätte als die ursprüngliche Buchzählung. So hatte man die Schotten um einen Wert von etwa einer halben Million Dollar betrogen. Doch sie erwiesen sich als weit zäher und gewitzter als Swan, der total verarmte, denn Dun und seine Leute fügten die Reste der Rindergesellschaft wieder zu einem solventen Unternehmen zusammen.

Die Swan-Saga offenbart nur einen kleinen Teil der Risiken, denen sich Ausländer gegenübersahen, die Geld in die gigantischen Rinderunternehmen des Westens investierten. Eine Ranch wurde von einer regelrechten Euterepidemie heimgesucht – der Schnee hatte das Sonnenlicht so stark reflektiert, daß die Euter der Kühe verbrannten. Das Resultat: Die Tiere wollten ihre Kälber nicht mehr säugen. Rinderdiebe stahlen den gesamten Viehbestand der Ausländer, Indianer entfachten auf ihrem Weideland Steppenbrände, giftiges Unkraut schoß plötzlich aus dem Boden, wo es vorher nie gewachsen war. Und das amerikanische Wetter war geradezu scheußlich. „Wenn der Winter gut war, war der Sommer schlecht“, klagte der *Dundee Advertiser* 1888. „Wenn die Dürre das Land verschonte, richteten die Blizzards überall auf den Ebenen Verwüstungen an. Was sich als einziges nicht geändert hat“, schloß die Zeitung düster, „ist das schnelle Sinken der Preise.“

Doch die Ausländer hielten aus und schufen auf dem Höhepunkt der goldenen Investmentzeit einige der größten Viehbesitze aller Zeiten. Die Maxwell Cattle Company, Ltd., die sich an der Grenze zwischen New Mexico und Colorado über eine Fläche von 700 000 Hektar erstreckte, war so groß, daß die Atchison, Topeka and Santa Fe Railway Company auf der Strecke durch das Ranchgebiet sechs Bahnstationen bauen mußte. Die Texas Land and Cattle Company besaß und verpachtete 1885 ein Gebiet, das größer war als Long Island; ein Teil ihres Weidelands gehörte später zur berühmten King Ranch. Und die riesige Matador Land and Cattle Company, Ltd., operierte unter der Leitung des Schotten Murdo Mackenzie in Texas, Montana und Dakota. Mackenzie hielt mit eiserner Faust die Kosten niedrig; ein Angestellter sagte: „Wir auf der Matador können nicht einmal eine Fesselschlinge kaufen, ohne daß die in Dundee darüber unterrichtet sind.“ Unterdessen führte Mackenzie selbst ein aufwendiges Leben mit Landhäusern in Denver und Trinidad, schickte einen seiner Söhne nach Princeton und unternahm ausgiebige Reisen. Mackenzie war übrigens ein beispielhafter Viehzüchter, der es fertigbrachte, den Boom auf seine Weise auszunutzen: 1911 verließ er die Matador, um die Leitung einer noch größeren Ranch in Brasilien zu übernehmen.

Wenn Mackenzie Talent im Umgang mit Geld bewies, so besaßen andere Ausländer ein größeres Flair. Der aus Deutschland stammende Conrad Kohrs hatte sich zunächst als Schiffsjunge, als Holzflößer auf dem Mississippi und Goldsucher in Kalifornien durchgeschlagen. Kohrs kam von der Schlachterbranche ins Rindergeschäft. Er zog eine Lehre aus der Tatsache, daß der Mann, der an den Goldsucher verkauft, meist mehr verdient als der Goldsucher selbst und

Ein Club im Lande der Kojoten

Keine Institution symbolisierte Aufstieg und Macht der Rinderbarone besser als der außergewöhnliche Cheyenne Club, den Rancher aus Wyoming 1880 erbauten, um sich die ihrem Status gemäßen Annehmlichkeiten zu verschaffen. Das dreistöckige Gebäude aus Ziegeln und Holz *(unten)* hatte Mansarden, Weinkeller, zwei große Treppen, einen Rauchsalon, einen Leseraum, einen Speisesaal, sowie Hartholz-Fußböden und Plüschteppiche.

Der Cheyenne Club, dessen Mitglieder per Satzung auf 200 ausgewählte Männer begrenzt war, behauptete mit einiger Berechtigung, den besten Butler Amerikas zu haben. Seine gewandten Diener wurden vom Gründerpräsidenten Philip Dater in Kanada angeworben, wo unter der britischen Flagge noch die Tradition der feinen und standesgemäßen Bedienung in Blüte stand. „Kein Wunder, daß sie den Club in Cheyenne lieben", schrieb ein Mitglied aus Philadelphia. „Er ist die Perle der Prärie."

Es war wirklich kein Wunder. Buchstäblich in Hörweite heulender Kojoten konnte man sehen und hören, wie Sir Horace Plunkett – Sohn von Lord Dunsany, der die EK-Ranch führte – auf den Clubplätzen Tennis spielte und gleichzeitig zwei Schachspielern auf der Piazza die richtigen Züge zurief.

Drinnen legten die Mitglieder an Gala-Abenden zum Dinner Frack und weiße Schleife an, eine Tracht, dem ein Mitglied aus Nebraska den Spitznamen „Herefords" gegeben hatte – zu Ehren der Herefordrinder mit ihrer weißen Brust und rötlichen Rückenpartie. Beim Dinner konsumierten die Herren Leckerbissen wie Kaviar, marinierten Aal, französische junge Erbsen und Roquefort, zusammen mit großzügigen Rationen passender Getränke und Tabake. Und wehe dem Lieferanten, der nicht die beste Qualität lieferte. Am 13. Februar 1882 erhielt das vornehme New Yorker Geschäft Park & Tilford eine kühle Nachricht: „Die Zigarren sind zu dunkel. Schicken Sie 500 Lazo Victoria, die hellsten, die es gibt." Später: „Dem Garvy Sherry mangelt es fast völlig an gutem Bouquet. Wenn Sie uns den Garvy Sherry nicht in guter Qualität schicken können, streichen Sie diesen Posten von der Auftragsliste."

Die Mitglieder mußten strikt auf ihr Benehmen achten: Sie durften nicht fluchen, sich nicht betrinken, beim Kartenspielen nicht betrügen, im Leseraum nicht trinken. Und als Harry Oelrichs einen Diener die Treppe hinunterwarf, warf der Club Oelrichs hinaus. „Ah, ja", schwelgte ein Mitglied aus England in Erinnerungen: „Von der Veranda des Cheyenne Clubs aus war das Cowboyhandwerk eine äußerst attraktive Sache."

Der exklusive Cheyenne Club konnte sich eines Kohleherds und eines Speiseaufzugs rühmen, der das Essen in den holzgetäfelten Speisesaal brachte.

begann, die Goldgräber in Bannack und Virginia City, Montana, mit Rindfleisch zu versorgen. Er erwarb immer mehr Vieh, übernahm eine 400 000 Hektar große Range im östlichen Teil des Staates und schickte seine Frau bald jedes Jahr zur Saisoneröffnung der Metropolitan Opera nach New York. Ein anderer Ausländer mit Lebensart, Pierre Wibaux, war mit 25 Jahren aus Frankreich emigriert, ließ sich an der Grenze zwischen Montana und Dakota in einer kleinen Hütte mit Grasdach nieder, brachte es auf 65 000 Stück Vieh und baute sich schließlich ein Haus mit geschnitztem Gebälk, einem Billardzimmer, einem Weinkeller und – Wunder aller Wunder – Tapeten.

Einer der exotischsten Abschnitte der ganzen Rinder-Saga war die kurze Herrschaft des Antoine-Amedee-Marie-Vincent Mance de Vallambrosa, Marquis de Mores, in den Badlands von North Dakota.

Der Marquis heiratete Medora von Hoffman, die Tochter eines reichen New Yorker Bankiers, und die beiden waren ein auffälliges und elegantes Paar. In drei hektischen Jahren errichtete der Marquis Schaf- und Rinderranches; eine Stadt – Medora am Little Missouri – ein Château mit 26 Zimmern, einer französische, englische und deutsche Werke umfassenden Bibliothek und zwanzig Dienern; ein 250 000-Dollar-Schlachthaus; eine Kühlwagengesellschaft mit Kühlhäusern an 12 Stützpunkten entlang der Northern Pacific Railroad; eine Ladenkette in New York, die das Rindfleisch aus dem Schlachthaus verkaufte, und eine 360 Kilometer lange Postkutschenstrecke, die Medora mit der neuen Metropole Deadwood verband.

Er interessierte sich auch für Gärtnerei, Molkereiwesen, Töpferei, Goldminen und das komplizierte Geschäft des Lachstransports vom Columbia River nach New York. Zur Zerstreuung ging der Marquis mit der Marquise auf Jagd. Er tötete einmal einen Bären mit dem Messer; sie „sauste im Galopp über die Prärie, eine Adlerfeder im Hut" (nach dem Biographen Arnold Goplen) und erlegte dabei mit dem Gewehr Präriehühner – keine geringe Leistung. Sie reisten in ihrem privaten Pullman-Waggon oder in einem Wohn-Jagd-Wagen mit Bett, Speisetisch und Schubladen für das Tafelsilber. Der Marquis geriet oft über Probleme der Viehzucht mit seinem Nachbarn Theodore Roosevelt *(S. 216)* in Streit – später, allein in seinem Château, pflegte er ihn zum Essen einzuladen.

Die Unternehmen des Marquis gingen samt und sonders bankrott, weil sie alle einen entscheidenden Mangel hatten; der Postkutschenstrecke zum Beispiel fehlte der unbedingt nötige Postkontrakt. Der kühne Ritter ging schließlich wieder in seine französische Heimat zurück, beteiligte sich an den antisemitischen Aktivitäten der Dreyfus-Gegner und fand ironischerweise den Tod durch ein paar arabische Mörder – die ihn gar nicht kannten – in Nordafrika.

Der luxuriöse Lebensstil, den der Marquis in North Dakota führte, war unter den ausländischen Investoren, besonders den Engländern, alles andere als ungewöhnlich. Sie bauten Landsitze, die von der britischen Zeitschrift *The Economist* „Prärieschlösser" genannt wurden, stellten Diener in roter Livree an, reisten häufig nach Europa. Moreton Frewen, Mitinhaber der Powder River Cattle Company, sorgte dafür, daß seine Ranchhäuser immer mit frischen Schnittblumen versorgt wurden. Ein adliger Engländer folgte der Einladung eines Ranchers aus Montana zum Weihnachtsschmaus, ritt 50 Kilometer im Smoking durch einen Schneesturm und kam halb erfroren, aber elegant an.

Es war englisches Kapital, das die beeindruckendste aller Ranches, die XIT in Texas, schuf. Sie lag im Panhandle-Gebiet westlich von Charles Goodnights JA-Ranch. Die XIT umfaßte 1 220 000 Hektar. Das Ranchgebiet erstreckte sich 320 Kilometer an der Grenze zwischen Texas und New Mexico, und zu ihr gehörten Teile von zehn Counties. Nach einer alten Cowboylegende standen die Buchstaben XIT für „Ten in Texas" (zehn in Texas); wahrscheinlicher ist, daß sie aus praktischen Gründen benutzt wurden, weil man sie mit fünf Bewegungen eines Zwölf-Zentimeter-Eisens einbrennen konnte und Viehdiebe sie nur schwer ändern konnten. Die XIT beschäftigte ständig bis zu 150 Cowboys. Sie verfügten über 1000 Pferde, hüteten 150 000 Rinder und brändeten 35 000 Kälber im Jahr.

In den späten achtziger Jahren gründete die XIT in Zusammenarbeit mit einem anderen mächtigen Rinderkonzern auf der Nordrange einen zweiten Ranchkomplex, der fast so groß war wie das ursprüngliche Ranchgebiet in Texas. Er lag in Montana und erstreckte sich über ein Gebiet von etwa einer Million Hektar zwischen dem Yellowstone und dem Missouri. Ein langer Trail verband die beiden Ranches, wie die Stange einer riesigen Hantel und so konnten die Herden der XIT-Rinder auf dem Trail zwischen ihren beiden gigantischen Weideländern sieben Bundesstaaten durchqueren – Texas, Oklahoma, Colorado, Nebraska, South Dakota, Wyoming und Montana. Das war die Art Sicherheit und Kontrolle, die sich ein guter Rinderbaron erträumte. Und sicher war die Stimme des XIT-Generalmanagers A. G. Boyce voller Stolz, als er seinen nach Norden ziehenden Treckführern unten auf der Texas-Ranch einen Marschbefehl gab, der bestimmt die längste Serie von Herdentrecks einleitete, die je auf privatem Grund und Boden begannen und endeten: „Behaltet den Polarstern im Auge und treibt die Herde immer geradeaus, bis ihr eure Füße im Wasser des Yellowstone baden könnt."

Die wichtigsten Märkte für das Vieh der Rinderbarone waren Verladegatter wie dieses in Kansas City, Missouri, wo sich die Rinder Tag für Tag auf einer Fläche von mehr als 40 Hektar drängten und wo in den achtziger Jahren des vorigen Jahrhunderts mehr als eine halbe Million Stück Vieh pro Jahr abgefertigt wurde.

Dieses Ranchgebäude in Dakota zeugt vom Erfolg seines Besitzers. Es hat eine Veranda und ein zweites Stockwerk, außerdem einen mechanischen Heurechen und eine Mähmaschine im Hof. Aber der wahre Luxus ist das viele Fensterglas.

3 Leben auf der Range

Während eine kleine Zahl von Rinderbaronen in luxuriösen, mit Walnußholz getäfelten Landhäusern residierte und den einen Stil des Ranchlebens im Westen prägte, lebte und arbeitete die große Masse der Cowboys auf den kleinen Familienbesitzungen, die das eigentliche Fundament der Fleischrinderindustrie bildeten. Die meisten dieser kleinen Ranches erreichten noch nicht einmal das bescheidene Wohlstandsniveau der hier abgebildeten Ranch in Dakota. Besonders in der ersten Zeit war das Führen einer Ranch ein rauhes Geschäft, das keine besonderen Annehmlichkeiten gestattete. Schon die Ranchgebäude zeugten vom dauernden Überlebenskampf und zähen Erfolgswillen ihrer Besitzer.

Manche Familien wohnten zunächst in Planwagen, andere in Zelten *(nächste Seiten)*. Häufiger fingen die Familien mit einem Raum in Hütten an, die an einen Hügel oder in einen Hügel gebaut waren. In diesen Unterkünften schliefen sie oft auf Matratzen aus zusammengenähten Futtersäcken mit einer Füllung aus Montanadaunen – ein anderer Name für Heu. Gewöhnlich bildeten 20 bis 30 Rinder, für die sie insgesamt vielleicht 600 Dollar investiert hatten, den Grundstock der Herde. Mit der Zeit bekam das Haus dann anstelle eines Erdfußbodens Holzdielen, und aus der Ranch wurde vielleicht ein Besitz mit vielen Gebäuden. Das Ranchleben war jedoch immer strapaziös und einsam. Charles Goodnights Frau gestand einmal, daß sie drei Küken, die ihr von einem freundlichen Cowboy gebracht worden waren, wie menschliche Freunde adoptiert habe: „Sie waren etwas, womit ich reden konnte.“

Das sind die Anfänge einer Ranch bei Miles City, Montana. Während die Zelte noch als Unterkunft dienen, haben die Männer mit ihrem im Laden gekauften Bauholz fast schon eine Hütte *(im Hintergrund rechts)* zusammengenagelt. Trotz ihrer Armut konnte sich die Familie einen Luxus leisten – ein Sulky.

Auf dem Hof einer Ranch in Dakota tauchen Wohlstandssymbole auf. Zum Schutz vor dem Wind hat man Kiefern gepflanzt, die Frauen und Kinder tragen Ausgehkleidung, und es gibt Pferde, die die landwirtschaftlichen Gefährte ziehen.

Dieser luftig gebaute Schuppen paßte zwar sehr gut zum Klima von Arizona, hatte aber seine Nachteile. Das Strohdach ließ den Regen bei Wolkenbrüchen durch und beherbergte Ungeziefer wie Taranteln, Skorpione, Ratten und Schlangen.

Eine Embryo-Ranch wie dieser unwirtliche Junggesellenbau bot kaum Komfort. Drinnen gab es vielleicht eine Pritsche mit Wolfsfell zum Schlafen und ein paar Büffelschädel zum Sitzen. Das Fell an der Ecke der Hütte diente wahrscheinlich als Tür.

Das Haus der Frying Pan Ranch im Panhandle war im traditionellen texanischen Stil erbaut. Die starken Mauern aus ungebrannten Ziegeln und das dicke Dach aus Grassoden lieferten eine erstaunlich komfortable, ganzjährige Unterkunft, die im Sommer kühl, im Winter warm und überdies nicht teuer war.

In einem Tal im nördlichen Hochland breitet sich eine ansehnliche Ranch mit Nebengebäuden aus. Für die große Pferdeherde gab es Weideland, Wasser und einen Corral *(im Hintergrund rechts)*; für die Familie und die Ranchhelfer ein zweistöckiges Haus, Küchenschuppen, Bunkhaus und Hufschmiedewerkstatt.

Der rauhe Alltag des Cowboys

Als der gefeierte Journalist Richard Harding Davis gegen Ende der Cowboy-Ära die Prärien bereist hatte, erklärte er: „Der bewohnte Teil einer Ranch, der Teil also, wo die Menschen, denen sie gehört, leben, verhält sich zur übrigen Ranch ungefähr so wie ein Leuchtturm zum umgebenden Ozean." Das war eine außerordentlich treffende Charakterisierung. Das Arbeitsgebiet um die Ranch erstreckte sich in endlose Fernen, und die wenigen Gebäude der Niederlassung standen verloren inmitten einer unendlichen, grasbedeckten Weite. Wie die Bilder auf den vorhergehenden Seiten zeigen, wirkten diese Gebäude oft noch roh und unfertig. Selbst wenn eine Ranch konsoldiert konsolidiert und so groß war, daß sie die Hilfe einer recht beträchtlichen Zahl von Cowboys benötigte, behielt sie weiterhin die Aura eines Lagers, in dem die Annehmlich keiten des täglichen Lebens in der Regel ganz unten auf der Bedarfsliste rangierten.

Der unwirtlichste Ort in dieser spartanischen Umgebung war der Platz, wo die angestellten Helfer lebten, das Schlafhaus oder Bunkhaus. Auf vielen Ranches hatte man das Bunkhaus nach dem sogenannten Satteltaschen-Plan gebaut – es war durch einen überdachten Gang oder „Hundeweg", der zum Aufhängen von Sätteln, Zaumzeug und Lassos sowie zur Unterbringung von Hunden diente, mit einer Kombination aus Küchenhaus und Kantine verbunden. Typischer war jedoch das freistehende Bunkhaus, oft nur ein Schuppen aus Schindelbrettern oder Pappelbalken. Manchmal zogen die Cowboys selbst eine Balkendecke über dem einzigen Hauptraum ein und hatten so einen Dachboden, den man mit der Leiter erreichte. Gelegentlich machten sie sich auch die Mühe, ihr Quartier mit einem weißen Anstrich, vielleicht auch mit einem richtigen Holzfußboden, mit Büffelfellen oder Wolfspelzen für die Schlafpritschen und mit einer improvisierten Feuerstelle zu verschönern.

Zwei Cowboys spielen vor ihrer Hütte in New Mexico ein Duo auf dem Banjo. Andere beliebte Cowboy-Instrumente waren Mundharmonika, Fiedel, Gitarre und Maultrommel.

Doch wie sie auch aussehen mochten – die Bunkhäuser hatten alle etwas Gemeinsames, woran man sie sofort erkennen konnte: den Geruch. Der Duft, der auf die Sinnesorgane jedes Besuchers einstürmte, war eine Zusammensetzung aus dem Schweiß der Männer, trockenem Kuhmist, Lakritzerückständen der Kautabakprieme, alten Arbeitsstiefeln und dem Rauch der Öllampen, die mit Petroleum oder sogar mit Talg gespeist wurden, den man aus den zahlreichen Stinktieren aus der Umgebung der Ranches gewann. Auch innen sahen die Bunkhäuser ziemlich gleich aus, da sie ständig unaufgeräumt waren.

Erstaunlicherweise fanden manche Ranchhelfer diese Atmosphäre absolut gemütlich, und ein paar Strophen des Lieds „Im Bunkhaus ist heut abend 'ne Pritsche frei" konnten, dargebracht von Bänkelsängern wie den beiden links abgebildeten, einem ansonsten stahlharten Auge tatsächlich eine Träne entlocken. Für die meisten Cowboys war das Bunkhaus jedoch ein anerkannter ländlicher Slum, wo das Leben aus einem permanenten Kampf gegen Schmutz und Langeweile bestand. Wie der Cowboy Charlie Siringo berichtet, machten es seine Bunkhausgenossen „zur eisernen Vorschrift, daß jeder, der dabei erwischt wurde, wie er sich Graurücken [große Läuse] absuchte und diese auf den Fußboden warf, ohne sie vorher zu töten, für jedes einzelne Tier eine Strafe von zehn Cent zahlen mußte. Die Bußgelder sollten zum Kauf von Büchern verwendet werden – für etwas, das uns dem durchschnittlichen Cowboy überlegen machen konnte". Die gehobene Literatur, die man kaufte, bestand hauptsächlich aus bebilderten Magazinen und Versandhauskatalogen. Sie wurden gelesen, zum zweitenmal gelesen, weitergegeben (zumindest an die Männer, die das Alphabet kannten) und endeten oft als Tapeten an Wänden und Decken. Cowboyveteran John Hendrix erinnerte sich an den Fall eines Kollegen, der einen ganzen Winter allein in einem Schuppen verbrachte, den man mit alten Zeitungen und Farmerzeitschriften tapeziert hatte; mit allen Kräften gegen die Langeweile ankämpfend, las er die Nord-, Süd-, Ost- und Westwand „und wollte gerade mit der Decke anfangen, als er ins Hauptquartier beordert wurde".

Strenge Vorschriften

In den turbulenten frühen Jahren der Rinderzucht hatten die Cowboys nur eine Grundregel für ihr Verhalten: die Loyalität gegenüber dem Rancher, bei dem sie wohnten und arbeiteten. Doch als die Großranches entstanden, führten die auswärts lebenden Besitzer, die Scharen von Cowboys unter Kontrolle haben mußten, harte Vorschriften ein, die jeden Aspekt des Ranchlebens festlegten. Unten stehen nur sieben der Vorschriften, die auf der fast anderthalb Millionen Hektar großen XIT Ranch in Westtexas galten:

Kein Angestellter des Unternehmens oder eines für das Unternehmen arbeitenden Vertragspartners darf Pistolen, Dolchmesser, Dolche, Zwillen, Schlagringe, Bowie-Messer oder ähnliche Instrumente zu Angriffs- oder Verteidigungszwecken bei sich oder in seinen Satteltaschen führen.

Karten- und Glücksspiele aller Art sind sowohl Angestellten als auch nicht im Dienst des Unternehmens stehenden Personen streng verboten.

Den Angestellten ist während ihrer Arbeit beim Unternehmen der Genuß von weinhaltigen, malzhaltigen, branntweinhaltigen und anderen berauschenden Getränken verboten.

Landstreicher, Hungerleider, Bettler, Vagabunden, Spieler oder Personen zweifelhaften Rufes dürfen in keinem Camp aufgenommen werden, und es ist den Angestellten verboten, genannten Personen Getreide oder Vorräte aller Art zu geben, leihen oder zu verkaufen, noch darf genannten Personen, unter welchen Umständen auch immer, der Aufenthalt auf dem Land des Unternehmens gestattet werden.

Es ist den Angestellten verboten, mit Pferden des Unternehmens Jagd auf Mustangs, Antilopen oder irgendeine andere Art von Wild zu machen.

Kein Angestellter darf auf der Ranch eigenes Vieh oder Zuchtpferde halten.

Es ist das Ziel der Besitzer dieser Ranch, sie nach dem Grundsatz von Recht und Gerechtigkeit für alle zu führen; und damit sie sich durch gutes Benehmen, unerschütterliche Rechtschaffenheit, Unbescholtenhei und durch den einwandfreien Charakter aller Angestellten hervortut, müssen die vorstehenden Vorschriften eingehalten werden, und jede Verletzung einer dieser Vorschriften wird ein berechtigter Grund zur Entlassung sein.

Dieser Cowboy hatte noch Glück. Ein anderer, Dennis Collins, hatte einmal nichts zu lesen „als die Werbebroschüre für eine Wundermedizin, und ich mußte sie oft und so gründlich lesen, daß ich schließlich einige der Svmptome von sieben verschiedenen Krankheiten hatte, die darin als tödlich bezeichnet wurden". Zahllose andere Ranchhelfer vertrieben sich die Zeit mit dem Auswendiglernen der Etiketten von Tomaten- oder Kondensmilchkonserven.

Uralte, schmierige Spielkarten halfen den Cowboys über viele Abende hinweg – und dicht bei der Tür stand ein Posten Wache, wenn die Ranch zufällig einen prüden viktorianischen Besitzer wie den im Kasten links zitierten hatte, der alles mißbilligte, was nicht Arbeit, Schlaf oder Gebet war. Der Einsatz bei den Marathon-Pokerturnieren (Domino war ein anderer beliebter Zeitvertreib) bestand häufig aus Wolfsskalps, die in Geldprämien eingetauscht werden konnten. Nur selten unterlag das Bunkhaus einem Einfluß, den man als kulturell bezeichnen könnte. Ein Ranchhelfer, dessen Bildung die des gewöhnlichen Cowboys um etliches übertraf, pflegte seine Gefährten – in begrenztem Maße – damit zu amüsieren, daß er den schottischen Dichter Robert Burns strophenweise zitierte.

Die meisten Versuche, sich im Bunkhaus über die Norm zu erheben, wurden buchstäblich niedergeschossen. Wenn ein Cowboy seine Kollegen mit einem besonders großen Wort imponieren wollte, rief meistens jemand: „Wo ist es denn – da ist es!" und schoß seinen Revolver in die dunkle Ecke ab, in der der extravagante Ausdruck zu schwirren schien. Solche Schießereien ohne echtes Ziel waren im Bunkhaus an der Tagesordnung, nicht nur, weil es so langweilig war, sondern auch, weil der Revolver für die meisten Cowboys, die den Kinderschuhen kaum entwachsen waren, ein Lieblingsspielzeug darstellte. Auf einer Ranch bei Trinidad, Colorado, betrachteten die Cowboys eines Abends die Bilder aus einem Magazin, die man an die Wände geklebt hatte. Die Revolver waren schnell gezogen. Der erste Schuß traf Benjamin Franklin genau ins Auge, berichtete einer der teilnehmenden Cowboys. Ein anderer stellte fest: „Dieses hübsche Mädchen hat eine zu lange Nase", und machte sich daran, den Stein des Anstoßes mit gutgezielten Schüssen stückweise zu verkürzen.

Trotz des fehlenden Komforts und der Langeweile schafften es die Cowboys, sich mit der rauhen Bunkhausroutine und der ihr zugrunde liegenden Rangephilosophie abzufinden. Jeder Cowboy war sich nämlich darüber im klaren, daß eine Ranch zum Wohl der Rinder und nicht der Menschen betrieben wurde. Wenn er sich nicht gerade die Zeit im oder beim Bunkhaus totschlug, verbrachte er den größten Teil seiner Stunden und Monate mit der Versorgung

Die Schlafstelle eines Cowboys im Bunkhaus war sein einziger privater Zufluchtsort. Der Cowboy, der auf dieser Pritsche schlief, war stolzer Besitzer von zwei Gewehren, einem Paar warmer Beinschützer aus Angorawolle und einem neuen Hut.

des Viehs oder Dutzenden von anderen schmutzigen oder eintönigen Arbeiten, die mit den strahlenden Visionen vom Cowboyleben kaum Ähnlichkeit hatten.

Draußen auf der Range mußte man auf die Rinder aufpassen und dafür sorgen, daß sie gesund blieben – und am Leben. Den ganzen Sommer zum Beispiel mußten die Rinder zu Tausenden gegen Schraubenwurmfliegen verarztet werden. Diese Insekten legten Eier in offene Wunden wie frische Brandzeichen oder Kastrationsnarben. Die Eier entwickelten sich zu Schraubenwürmern – ungefähr zwei Zentimeter lange Maden –, die den Tieren quälende Schmerzen und manchmal den Tod brachten. Um die Wunden zu salben und die Schraubenwürmer zu töten, führten die Männer Flaschen mit einer kräftigen Mixtur bei sich, die unter anderem Karbolsäure und Radachsenfett enthielt. Diese primitiven Medikamente waren manchmal jedoch tödlicher als die Leiden. Ein Cowboy namens J. W. Standifer bekam einmal Befehl, eine Reihe von Rindern zu behandeln, die unter einer räudeähnlichen Hautkrankheit litten. Er tat es, indem er sie aus einer Gießkanne mit Petroleum begoß. Das war die Standardtherapie, und sie hätte durchaus wirken können, doch leider lief eine Kuh durch ein Brändfeuer, das sie sofort in eine lebende Fackel verwandelte. Die Kuh floh zurück zu den anderen und steckte alle ihre Artgenossen in Brand. Zwanzig Tiere starben, einige, nachdem sie sich zwei oder drei Tage dahingeschleppt hatten.

Eine besonders harte Rangearbeit bestand darin, Rinder aus Sumpflöchern zu ziehen, in die sie häufig hineingerieten, wenn sie im Frühling Wasser oder Schutz vor den Bremsenschwärmen suchten, indem sie sich im Schlamm wälzten. Die Cowboys zogen sie mit Lassos heraus, deren

Das Magnesiumblitzlicht eines Photographen beleuchtet die Gesichter von acht Cowboys in ihrer unbeholfen dekorierten Hütte. Die Zeitungstapete sollte vor allem warm halten, diente aber auch als Lektüre. Auf den Zeitungen haben diese Männer andere typische Bunkhaus-Verschönerungen angebracht: die harmlosen Pin-up-Bilder des 19. Jahrhunderts, Postkarten, Cartoons, eine Landkarte und sogar eine mit Trauerquasten geschmückte Photographie.

Enden an den Sattelhörnern befestigt waren. Alte Tiere, die lange eingesunken waren, konnten gewöhnlich nicht mehr allein aufstehen, wenn sie wieder festen Grund unter den Füßen hatten, und es kam vor, daß sie dann einfach liegenblieben und verendeten. Ein junger Bulle dagegen, der schon nach kurzer Zeit herausgezogen wurde, wurde oft wild und ging mit den Hörnern auf seine Retter los.

Eine andere strapaziöse Rangearbeit war das Enthörnen, eine Prozedur, die man manchmal bei Longhornrindern durchführen mußte, damit sie sich nicht gegenseitig aufspießten. Der Cowboy S. R. Cooper lernte diese Tätigkeit auf der XIT-Ranch in Texas kennen. Es gab eine regelrechte Tollhausszene, als er und 20 andere Männer 1100 neu gekaufte Rinder enthörnten, die nacheinander auf einer schmalen Gleitbahn aus dem Corral gejagt wurden. Bei den meisten Tieren benutzten die Männer eine Säge, um die Hörner abzuschneiden, aber die härteren Hörner der alten Bullen mußten mit dem Beil abgehackt werden.

Im Sommer, wenn die Sonne die baumlose Range verbrannte, mußten Feuerwachen aufgestellt werden. Ein Präriebrand konnte sich über ganze Counties ausbreiten, das Vieh töten und das Gras vernichten. Um die Feuer einzudämmen, griffen die Cowboys zum Pflug und zogen Feuergräben – Furchen im Abstand von 20 bis 60 Metern, zwischen denen man absichtlich das Gras verbrannte. Vormann Ira Aten schätzte, daß er in einem einzigen Sommer 240 Kilometer Feuergräben gepflügt hatte. Die Range war aber zu groß, um völlig unter Kontrolle gehalten werden zu können, und ein Präriebrand konnte an jedem trockenen Sommertag ausbrechen.

Wenn eine Range durch Feuer oder Dürre oder durch zuviel hungriges Vieh unbrauchbar geworden war, mußten die Herden auf besseres Weideland gebracht werden. Je stärker das Rindergeschäft florierte, desto schwieriger und mühsamer wurde es, genügend Gras zu finden. Der XIT-Cowboy J. S. Kenyon mußte einmal Tag und Nacht arbeiten, um 30 000 hungrige und durstige Rinder von einer Range, auf der ein unachtsamer Vormann die Tiere zu lange hatte grasen lassen, zu neuem Weideland zu treiben. Und 1885 befahl der Rinderbaron Granville Stuart aus Montana seinen Männern, 5000 Stück Vieh vom dürregeplagten Judith Basin in die feuchteren Little Rockies zu bringen, ohne daß die Schlachtochsen auch nur ein Gramm Fett verlören – und erst die Bullen aussortieren, die für die Zucht auf der heimatlichen Range bleiben sollten.

Viehtrecks zu neuem Weideland waren in vieler Hinsicht ebenso problematisch wie die langen Trecks zum Markt. Zu der schweren Arbeit kamen die Risiken, die jedes Viehtreiben, ob über kurze oder lange Strecken, mit sich brachte. Treckführer S. P. Conrad gab den folgenden düsteren Bericht über seine Bemühungen, eine Rinderherde über die Bitterroot Mountains in Montana zu treiben: „Ich kam bis zum Summunt & entschied, daß wir die Kühe niemals zusammen mit ihren Kälbern treiben könnten & kehrte um & verkaufte sie [die Kälber] zu 4,50 Dollar das Stück.“ Nachdem er die Kälber praktisch verschenkt hatte, konnte er die restliche Herde nach Missoula, Montana, bringen, hatte die Berge also erst halb geschafft – aber die meisten Treiber hatten schon das Weite gesucht. „Ich glaube, es ist unmöglich, Männer zu bekommen, die auch nur einen Cent wert sind“, schrieb er außer sich vor Erbitterung. „Bill Owenby haute ab, als wir ihn am meisten brauchten, & die anderen gehen auch bald, das Vieh sieht ausgezeichnet aus, aber es war die Hölle, wir waren zuletzt fast alle barfuß, das ist furchtbar, wenn man reitet. Ich habe keine Angst vor Scherereien & habe vor, eine neue Mannschaft anzuheuern & jeden Hurensohn rauszuschmeißen, der Bauchweh kriegt.“

Später, als die Windradpumpen und der Stacheldraht aufgekommen waren, war es nicht mehr nötig, die Rinder von Range zu Range zu treiben. Die Rancher umzäunten ein Gebiet, damit die Tiere nicht von der Herde abkamen, und sorgten mit einem Tank, der mit Windradpumpen gefüllt wurde, für einen ausreichenden Wasservorrat. Obgleich den Cowboys nun die harte Treibarbeit großenteils erspart blieb, brachten Windradpumpen und Zäune eine Reihe neuer Aufgaben und Probleme.

„Mit einem Zaun kann eine ganze Menge dummer Sachen passieren“, erklärte ein Veteran. Reiter, die man Drahtzangenmänner nannte und die mit einem Beutel Krampen, einer Rolle Ersatzdraht und einem Werkzeug ausgerüstet waren, das gleichzeitig als Hammer und Kneifzange diente, ritten an den Zäunen Patrouille. Einem Mann waren gewöhnlich 15 bis 25 Kilometer Zaun zugeteilt. Er mußte nicht nur den Draht, sondern häufig auch die Ankerpflöcke instand setzen, an denen Spanndrähte angebracht waren, die den Zaun straff hielten. Oft bliesen heftige Stürme die Erde weg, so daß diese Pflöcke nicht mehr hielten. Bei jeder Zaunpatrouille konnte es den Männern passieren, daß sie ein geschwächtes und verhungerndes Rind zu einem Heuschober treiben oder einem unglücklichen Kalb die Stacheln von Stachelschweinen aus den Nüstern ziehen mußten. Manchmal starben die Kälber bei Dürre oder Kälte, und dann mußten die Zaunreiter das Muttertier aufspüren, es einfangen und anbinden, damit sie das angeschwollene Euter melken konnten, um die Schmerzen der Kuh zu lindern.

Andere Männer hatten die Aufgabe, regelmäßig den quietschenden und nur allzu leicht versagenden Mechanismus der Windradpumpen zu überprüfen. Die Hauptarbeit dieser

Rezepte aus dem Küchenschuppen

Der Küchenschuppen einer Ranch war Privatdomäne eines streitbaren Diktators. Als fester Angestellter der Ranch hatte er noch mehr Macht als die Wanderköche, die beim Roundup und während des Viehtrecks einsprangen *(S. 164– 171)*. Getrennt von den übrigen Männern, schlief er lieber im Küchenschuppen als im Bunkhaus, und er sorgte dafür, daß die Cowboys ihm den gebührenden Respekt erwiesen.

Der Grund seiner Autorität war natürlich, daß er das lieferte, was der Cowboy (neben dem Schlaf) am meisten liebte. Und wehe der Ranch, deren Koch schlechtes Essen servierte, denn an einem solchen Ort blieben gute Cowboys nicht lange. Ein erstklassiger Koch jedoch machte die Männer so satt und zufrieden, wie Ranchhelfer nur sein konnten. Hier sind sechs beliebte Cowboygerichte, für die man auf dem Trail zahlreiche Variationen entwickelte.

Hurensohn-Stew

- 2 Pfund mageres Rindfleisch
- Ein halbes Kalbsherz
- 1 1/2 Pfund Kalbsleber
- Kalbsbries von einem Tier
- Hirn von einem Tier
- Darm-Mark von einem Tier
- Salz, Pfeffer
- Scharfe Sauce Louisiana

Man schlachte einen Jungstier. Dann schneide man Fleisch, Leber und Herz in 3-Zentimeter-Würfel; man zerschneide das Darm-Mark in schmale Ringe und tue das Ganze in einen Dutch-Ofen oder eine große Schmorpfanne. Man bedecke das Fleisch mit Wasser und lasse es zwei bis drei Stunden bei kleiner Hitze leicht schmoren. Man füge nach Geschmack Salz, Pfeffer und scharfe Sauce hinzu. Man schneide Bries und Hirn in kleine Stücke und gebe sie in das Stew. Man lasse eine weitere Stunde leicht schmoren. Das Stew darf nicht kochen.

Der Koch John White vor seinem Reich.

Cowboybohnen

- 2 Pfund Bohnen
- 2 Pfund Vorderschinken (oder gesalzenes Schweinefleisch)
- 2 gehackte Zwiebeln
- 4 Eßlöffel Zucker
- 2 grüne Pfefferschoten (nach Geschmack)
- 1 Dose Tomatenmark

Man wasche die Bohnen und lege sie über Nacht in Wasser. Man lasse sie abtropfen, gebe sie in einen Dutch-Ofen und bedecke sie mit Wasser. Man füge die restlichen Zutaten hinzu und lasse alles leicht garschmoren. Während des Garens Salz und Wasser nach Bedarf hinzufügen.

Sauerteig-Brötchen

- 1 Tasse Sauerteig-Grundmasse
- Je 1 Teelöffel Salz, Zucker und Soda
- 1 Eßlöffel Backfett
- 3 bis 4 Tassen gesiebtes Mehl

Man schütte etwas Mehl in eine große Schüssel, mache in der Mitte eine Vertiefung und tue die Sauerteig-Grundmasse hinein. Man rühre Salz, Soda und Zucker darunter und füge Backfett hinzu. Man gebe nach und nach so viel Mehl dazu, bis ein fester Teig entsteht. Brötchen formen und in geschmolzenem Backfett ausrollen. Die Brötchen in einer runden 20-Zentimeter-Backform vor dem Backen 20 bis 30 Minuten an einem warmen Platz aufgehen lassen. Man backe bei einer Hitze von 220 Grad.

Sauerteig-Grundmasse

- 2 Tassen lauwarmes Kartoffelwasser
- 2 Tassen Mehl
- 1 Eßlöffel Zucker

Man bereite zunächst das Kartoffelwasser, indem man zwei mittelgroße Kartoffeln in Würfel schneidet und in drei Tassen Wasser garkocht. Man nehme die Kartoffeln heraus und messe vom übrigbleibenden Wasser zwei Tassen ab. Kartoffelwasser, Mehl und Zucker zu einer weichen Paste vermischen und diese an einem warmen Platz zu doppelter Größe aufgehen lassen.

Rotbohnenpastete

- 1 Tasse gekochte, zerstampfte Bohnen
- 1 Tasse Zucker
- 3 geschlagene Eidotter
- 1 Tasse Milch
- 1 Teelöffel Vanille
- 1 Teelöffel Muskatnuß

Man mische die Zutaten und lege sie in den ungebackenen Pastetenteig. Man backe das Ganze eine halbe Stunde oder bis zum Garen bei 175 Grad Hitze. Das übriggebliebene Eiweiß auf den Kuchen schlagen und im Ofen überbräunen.

Essigpastete

- 1 Tasse Zucker
- 2 Eßlöffel Mehl
- 1 Tasse Wasser
- 4 geschlagene Eier
- 5 Eßlöffel Essig
- 2 1/2 Eßlöffel Butter

Man mische Zucker und Mehl und füge die anderen Zutaten hinzu. Man koche das Ganze, bis es fest wird, und gebe es in einen vorbereiteten Pastetenteig. Bei 190 Grad backen, bis der Teig braun ist.

Männer – die meist zu zweit unterwegs waren – bestand darin, die Leitern hochzuklettern, die an den hohen Gerüststelzen der Windradpumpen befestigt waren, und die primitiven Lager und Zahnräder zu schmieren. Normale Windradpumpen waren zehn Meter hoch, aber den Männern von George Littlefield's Yellow House Ranch in Texas stand jedesmal, wenn sie eine bestimmte Windradpumpe zu schmieren hatten, eine schreckliche Klettertour bevor. Die betreffende Windradpumpe war so hoch wie ein 13stöckiges Gebäude, weil sie über die Canyonwände hinausragen mußte, um den Wind nutzen zu können.

Wenn die Reiter sich einer Windradpumpe näherten, mußten sie oft entdecken, daß sich das Windrad wild drehte und dann wußten sie, daß die große Pumpenstange, mit der die Kraft der Windradkurbel auf den Tauchkolben tief unten im Brunnenschacht übertragen wurde, gebrochen war. In solchen Fällen banden sie die Pferde an einen Block und zogen die Pumpenstange heraus, fischten den Tauchkolben aus dem Brunnenschacht, reparierten die Bruchstelle und setzten die Windradpumpe wieder in Gang – die ganze Zeit von dichtgedrängt stehenden, durstigen Rindern umgeben. Derartige Reparaturen konnten auch äußerst gefährlich werden, denn ein Cowboy, der von einem Windradflügel erfaßt wurde, kam nicht ohne Verletzungen davon, wenn er nicht sogar den Tod fand.

Wenn ein Mann bei dieser Arbeit – oder bei der Rettung eines im Schlamm eingesunkenen Ochsen oder durch einen Pferdetritt oder eines der vielen anderen Mißgeschicke, die sein hartes Gewerbe mit sich brachte – verletzt wurde, konnte er kaum mit regulärer ärztlicher Betreuung rechnen. Ärzte waren auf der Range knapper als Gelehrte, und die medizinische Behandlung wurde oft von Laien improvisiert. Ein Cowboy brachte einen verstauchten Knöchel wieder in Ordnung, indem er ihn mit essiggetränktem Packpapier umwickelte. In Arizona wurde Evans Coleman von einem Pferdehuf am Kopf verwundet. Er behauptete, die Wunde durch einen klebrigen Breiumschlag aus seinem Lieblingskautabak Climax ausheilen zu können. Auf einer Ranch in New Mexico bekam ein Mann, der Fieber hatte und über Schmerzen in der Seite klagte, einen Trank, der aus dem Pferde-Einreibemittel „Thribble H Horse" und heißem Wasser bestand, und man ließ ihn mit dem Kopf nach Norden schlafen. Nur ernsthafte Verletzungen verdienten es, ärztlich behandelt zu werden – und dann war die Behandlung oft außerordentlich primitiv. Arch Sneed aus Texas riß sich den Schenkel bis auf den Knochen auf, als sein Pferd in einen Zaun lief, und Doc Hedrick nähte die Wunde ohne Narkose zu. Er befahl einfach seinem Laufburschen, sich auf Sneeds Kopf zu setzen.

Beim Ranchgebäude selbst war die Arbeit der Cowboys gewöhnlich nicht so beschwerlich, dafür aber häufig ausgesprochen entwürdigend, besonders wenn sie zu Fuß verrichtet werden mußte. Drei lange Wochen tat der Cowboy Blue Stevens aus Texas nichts anderes, als trockenen Kuhmist fürs Feuer zu sammeln. C. H. Hanbury von der XIT-Ranch entsprach kaum dem Bild des Kavaliers zu Pferd, als man ihm die Aufgabe zuteilte, Fallen für die Schildkröten zu bauen, die sich allzusehr in einem See breitmachten, der als Viehtränke diente. W. H. (Lasso Bill) Sears, ein Cowboy aus Colorado, sank sogar auf das abgrundtiefe Niveau, Kühe zu melken und Hühner zu versorgen, obgleich er wenigstens die Befriedigung hatte, einen persönlichen Gewinn daraus zu ziehen: „Ich holte sechs gute Milchkühe aus der Herde, trieb sie in den Corral und melkte sie zweimal am Tag. Jedesmal, wenn ich diese Kühe melken wollte, mußte ich sie festbinden, ihre Köpfe an einen Pfosten fesseln und dann ihre Hinterbeine zusammenschnüren, ehe sie sich dem Melken unterwarfen. Ich machte Butter und verkaufte die übriggebliebene Butter, Milch und Buttermilch und auch Eier an vorbeikommende Einwanderer. Ich hatte auf der Ranch eine ganze Hühnerschar, und sie lieferte mir jeden Tag mehrere Dutzend Eier."

Landwirtschaftliche Tätigkeiten waren den Cowboys niemals willkommen, wurden ihnen aber mit zunehmender Expansion und Modernisierung der Rinderwirtschaft immer häufiger übertragen. Manche Männer verbrachten endlose Monate mit dem Einbringen von Heu und Getreide. Auf einer großen Ranch in Texas wurden 320 Hektar bebaut, ein Teil mit Weizen, Mais und Melonen, der größte Teil jedoch mit Gras zur Heuversorgung.

Die Zeit, die auf einer Ranch am langsamsten verstrich, war der Winter – die einzige Jahreszeit, in der es relativ wenig zu tun gab. Gegen Ende November wurde zwei von drei Ranchhelfern gekündigt, und erst bei den Frühjahrs-Roundups und den Viehtrecks des Sommers waren wieder Cowboys gefragt. Die meisten der arbeitslosen Männer schlüpften bei unverheirateten Freunden in irgendeinem Städtchen unter und nahmen Gelegenheitsarbeiten, zum Beispiel als Barkeeper oder Hufschmied, an. Andere ritten ununterbrochen tage- und wochenlang, um einem der einzigartigen Gebräuche des Pionierlandes zu frönen: dem „Grubline-Reiten" – das heißt, sie ritten von Ranch zu Ranch, um eine Mahlzeit („grub" ist das Cowboywort für Futter, Essen) oder einen Gelegenheitsjob zu bekommen. Im Gegensatz zu den sogenannten professionellen „Chuck-line-Reitern" („chuck" war die typische Cowboymahlzeit aus Speck, Rindfleisch, Brot und Kaffee), meist heruntergekommenen Satteltramps, waren die Grubline-Reiter geachtete

Cowboys, die trotz besten Willens gerade keine Arbeit hatten. Die Besitzer abgelegener Ranches hungerten geradezu nach neuen Gesichtern und hießen den Grubline-Reiter als Lieferanten von Nachrichten und neuen Geschichten willkommen. War zufällig niemand zu Hause, wenn der Grubliner vorbeikam, trat er trotzdem ein. Rancher schlossen ihre Haustür nicht ab, und ein hungriger Reiter durfte jedes Haus betreten, sich mit Schinkenspeck und Mehl ein Essen bereiten und zur Ruhe legen.

Die meisten Arbeiten, die der Cowboy im Winter verrichten mußte, waren Reparaturen und Instandhaltungen, doch mußten auch die verschiedensten lästigen Dinge erledigt werden, die man in der arbeitsreicheren Jahreszeit auf die lange Bank geschoben hatte. Man mußte zum Beispiel Feuerholz sammeln; die Männer zogen ganze Baumstämme mit Lassos herbei, die sie an den Sattelhörnern befestigt hatten. J. W. Standifer aus Texas erinnerte sich, daß er einmal aufgefordert wurde, „Pappelholz zu Feuerholz zu zerhacken. Es war, als wenn man auf Schwämme haut – jedesmal, wenn meine Axt traf, sprang sie zurück“. Auf der Goose Egg Ranch in Wyoming mußten die Cowboys Steine aus einem drei Kilometer entfernten Steinbruch herbeischaffen, um dem Manager ein großes Acht-Zimmer-Haus zu bauen. Und die Cowboys einer Ranch in Dakota förderten aus einem kleinen Flöz auf dem Weideland Kohle.

Es gab zwei Pflichten im Winter, die niemand auf die leichte Schulter nahm. Erstens die notwendige und beschwerliche Aufgabe, von Zeit zu Zeit hinauszureiten und nachzuschauen, ob die Rinder genug zu fressen hatten und nicht erfroren. Das störrische Vieh hatte die dumme Neigung, lieber zitternd und hungrig im tiefen Schnee stehenzubleiben, als auf Futtersuche zu gehen. In ihre gewaltigen Fellmäntel gehüllt, trampelten die Männer mit ihren Pferden Pfade zu den Hügeln, wo der Wind den Schnee weggeblasen und das Gras freigelegt hatte – und kehrten dann zurück, um die Rinder an die freigelegten Stellen zu treiben. Die Cowboys mußten auch Eis und Schneekrusten durchhacken, weil den meisten Rindern der Instinkt fehlt, bei Durst Schnee zu fressen. Oft waren die bedauernswerten Tiere selbst dick mit Schnee verkrustet, hatten zugefrorene Augen und Eiszapfen an den Mäulern.

Wenn die Cowboys nach einem Blizzard hinausritten, fanden sie oft Tiere, die in der Kälte zugrunde gingen oder bereits erfroren waren. In solchen Fällen versuchten sie meist, vom Wert des Tieres wenigstens einen Teil zu retten – das Fell. Sie mußten aber schnell arbeiten. „Wir konnten nur die Rinder abhäuten, deren Blutkreislauf noch in Gang war“, erklärte Ranchhelfer Arch Sneed, dem man die nicht einfache Aufgabe des Viehabhäutens auf dem Gebiet der XIT-Ranch übertragen hatte. „Sie lagen am Boden und konnten nicht mehr aufstehen. Wir schnitten ihnen die Kehle durch und häuteten sie ab, solange sie warm waren. Die jenigen, die schon eine Zeitlang tot waren, waren so hartgefroren, daß man das Fell nicht mehr abziehen konnte.“

Die andere schwierige Winteraufgabe – und die einzige, die wirklich interessant und lohnend war – bestand in der Wolfsjagd. In kalten Monaten, wenn die Wölfe unter dem Wildbestand der Range nur magere Beute machten, rissen sie besonders viele Rinder. Sie kamen rudelweise und machten die Rinder bewegungsunfähig, indem sie ihnen die Kniesehnen der Hinterbeine durchbissen; dann gingen sie daran, das Tier zu töten und es zu fressen. Eine Ranch in Texas heuerte R. M. Dudley für ein Monatsgehalt von 35 Dollar zum Erlegen von Wölfen an, und für jeden Skalp bekam er von der Verwaltung der County zusätzlich fünf Dollar Prämie. Die Ranch stellte ihm außerdem Verpflegung, vier bis acht Pferde, zwei Gewehre und einen .45er Colt.

Die Ranch in Wyoming, auf der A. B. Snyder arbeitete, hielt russische Wolfshunde, die auf die Viehräuber abgerichtet waren; auf anderen Ranches benutzte man Windhunde, Jagdhunde und Hetzhunde. Die Cowboys folgten den Hunden, überholten das Wolfsrudel und schossen es nieder. Lee Landers gehörte zu den vielen Cowboys, denen es gelang, einen Wolf mit dem Lasso zu erwischen „Außer meinem Lasso hatte ich nichts, womit ich ihn töten konnte; also nahm ich es doppelt und schlug den Wolf zu Tode.“

Die wirksamste Taktik gegen die Raubtiere bestand darin, die Wölfin mit den Jungen in ihrer Höhle zu erwischen. Auf einer Ranch in Texas zwängten sich die Cowboys in lange, enge Wolfstunnel, schoben Kerzen und Sechsschüsser vor sich her und feuerten los, sobald sie eine Reflexion des Kerzenlichts in den Augen eines der Tiere aufschimmern sahen. Der Cowboy Charlie Orr versuchte einmal eine solche Attacke und schoß zuerst daneben. Die von panischer Angst gepackte Wölfin wollte weglaufen und verklemmte sich dabei im Tunnel auf Orrs Rücken. Sie strampelte sich schließlich frei, doch dabei wurde die Haut des Jägers empfindlich in Mitleidenschaft gezogen. Ein anderer Cowboy, der draußen gewartet hatte, erschoß das Tier und grub anschließend den halb zerfleischten Charlie aus.

Ganz gleich, welche Aufgaben man ihnen zuteilen mochte, die meisten Cowboys zogen es vor, in der Nähe der Ranch zu bleiben, statt im Hinterland Patrouille zu reiten. Einer der Gründe dafür war, daß ein Cowboy in der Nähe der Ranch manchmal die Gelegenheit hatte, eine Frau wenigstens zu sehen. Fast immer handelte es sich dabei um die Frau des Vormanns oder Ranchers, die mit dem größten

Die Winterarbeit auf Außenposten war die einsamste Zeit des Cowboys. Hier bei einem Lager der Pitchfork Ranch in Wyoming, sattelt ein Mann nach einem Schneesturm sein Pferd. Bei diesen Stürmen fiel die Temperatur oft auf –35 ° C.

Respekt behandelt werden mußte. Doch in einem dünnbesiedelten Land, wo es überhaupt nur sehr wenig Frauen gab, war schon der Anblick einer Frau – und mochte sie auch einem anderen gehören – etwas ganz Besonderes.

Mindestens einmal im Jahr, im Winter oder im Sommer, wurde den Cowboys selbst dieses Vergnügen verweigert, wenn sie die absolut klösterliche Pflicht des „Linienreitens“ verrichten mußten. Die meisten großen Ranches des Westens waren zu riesig, um vom Hauptquartier aus überwacht werden zu können. Wie kleine Länder brauchten sie Grenzposten. Die Grenzposten der Millet Ranch am Brazos beispielsweise säumten den 100 Kilometer messenden Umkreis des Ranchgebiets in einem Abstand von jeweils neun bis zwölf Kilometern. Bevor der Stacheldraht aufkam (und manchmal noch danach, wenn der Rancher Stacheldraht haßte oder Nachbarn hatte, die die Zäune beschädigten), patrouillierten die Linienreiter zwischen den einzelnen Posten und bildeten so eine Art lebenden Zaun um das Weideland der Ranch, trieben abgekommene Rinder zurück und verjagten das Vieh der Nachbarn. Natürlich mußten die Rinder erst gefunden werden, ehe man sie wieder dorthin scheuchen konnte, wohin sie gehörten, und der Linienreiter verbrachte den größten Teil seiner Zeit damit, die Spuren der Rinder zu verfolgen, die abgekommen waren.

Außer diesen unaufhörlichen Bemühungen, das Vieh beisammenzuhalten, oblagen dem Linienreiter die verschiedensten Wächterpflichten – er paßte auf, daß die Tiere nicht an alkalihaltiges Wasser gerieten, hielt Umschau nach Viehdieben und jagte oder vergiftete Wölfe, Pumas und sogar Adler, die manchmal die Kälber angriffen. Man erwartete auch von ihm, daß er alle Rinder brändete, die beim Roundup nicht erfaßt worden waren, und auf den Zustand des Weidelands achtete. Auf Ranches, die an Eisenbahnlinien lagen, wurde ein Cowboy dazu bestimmt, an den Gleisen zu patrouillieren, die Rinder von ihnen zu verjagen und Protokoll über alle Rinder zu führen, die von der Bahn erfaßt wurden, damit man der Eisenbahngesellschaft später eine genaue Rechnung vorlegen konnte.

In den Lagern der Grenzposten führten die Cowboys ein noch weitaus primitiveres Leben als selbst in den schäbigsten Bunkhäusern. Die meisten dieser Außencamps bestanden aus einem Schuppen, der nur einen einzigen Raum besaß und aus Grassoden oder Balken gebaut war. Manchmal handelte es sich auch nur um eine Erdhütte, die man in einen Hügel gegraben hatte. „In die Südseite eines Hangs, in dessen Nähe es Wasser gab, gruben wir ein oben offenes, rechteckiges Loch“, erinnert sich John Young aus Texas. „Auf diese Weise bestanden die Rückwand und ein Teil der beiden Seitenwände aus Erde. Der Rest wurde aus Balken angefertigt, und die Hohlräume dazwischen stopften wir mit Schlamm aus. Das flache Dach [aus schlammbedeckten Balken] stieß an den Hügel, aber ein kleiner Damm aus Erde verhinderte, daß das Wasser vom Hang darauflief." Als Tür diente gewöhnlich eine Wolldecke oder eine alte Kuhhaut.

Die Grenzposten waren meist mit einem oder zwei Männern besetzt, und nach ein paar Wochen dieses Lebens fühlten sich normalerweise auch zwei Cowboys sehr einsam. In einer dieser Erdhütten in Montana fand ein Besucher 1886 einen Tagebuchfetzen mit folgenden Worten: „6. Mai – hier angekommen. Höllisch einsam, aber ein gutes Abendessen. Büffelhöcker mit Zwiebeln." Das Kochen schien eine Hauptrolle im Kampf gegen die Langeweile einzunehmen, und manche Cowboys hatten echtes Talent dazu, obwohl die Kochmethoden recht primitiv waren (Teig wurde oft mit einer Whiskyflasche ausgerollt, und Kaffee machte man nach einem uralten, auf der Range bewährten Rezept – „eine Handvoll Kaffee auf eine Tasse Wasser"). In der Regel aßen Cowboys auf Außenposten nur zweimal am Tag und brachten nur selten Lebensmittel mit – außer vielleicht einer Büchse Tomaten.

„Wenn ich ins Wintercamp ging, nahm ich immer einen Haufen Romane und Tabak mit – und meist eine Katze", berichtete Jim Christian, ein Linienreiter der JA-Ranch. „Eine Katze und eine Bruyèrepfeife waren viel Gesellschaft, wenn man monatelang von der Welt abgeschlossen war. Natürlich kam manchmal ein Cowboy zum Essen oder auf einen Schwatz vorbei, oder ich traf vielleicht dann und wann einen, wenn ich unterwegs war; aber es ist mir auch passiert, daß ich wochenlang keine Menschenseele erblickte."

Christian gehörte zu den wenigen Cowboys, die gern allein waren und die Arbeit auf Grenzposten geradezu herbeisehnten. „Ich liebte es, an eine steile Schlucht zu reiten, den Canyon bei Sonnenaufgang zu sehen, die taubenetzten Zedern zu riechen und die Spottdrosseln zu hören", sagte er. „Ich lernte allmählich die Bäume, Sträucher und Blumen in den verschiedenen Jahreszeiten kennen und auch die Merkmale und Eigenschaften, die typisch für sie waren. Ich habe Adlerhorste geplündert und wilde Truthähne und Wachteln mit Brot und Bohnen von meinem Tisch gefüttert. Es machte mir Spaß, beim Big Spring, früher eine Wasserstelle der Indianer, in die Fluten zu springen. Der Schrei der Eule und das Heulen des Kojoten waren in langen Nächten Musik in meinen Ohren. Mein Pferd war mein Gefährte. Man konnte sich lange damit beschäftigen, sein Pferd zu streicheln, zu striegeln und mit ihm herumzutollen."

Diese Einstellung war allerdings selten. Die meisten Ranchhelfer hätten sicher der Schilderung des Cowboyhistorikers Ramon Adams zugestimmt, der die Arbeit auf Grenzposten als das „Leben einer männlichen Nonne" bezeichnete. Und sie konnten gar nicht schnell genug zum Hauptquartier zurückkommen. Sobald sie da waren, trieb es sie dazu, sich ein wenig auszutoben, was viele nach typischer Cowboymanier taten – sehr unbekümmert und recht derb. Zu diesen rauhen Vergnügungen gehörte das Reiten des ersten besten widerspenstigen Tieres, das sich gerade in der Nähe befand – Ochse, Maultier oder Kuh. „Es macht richtig Spaß, zu fühlen, wie das Fell der Kuh mit jedem Sprung, den sie macht, vor- und zurückrutscht", berichtete R. M. Dudley. Pferderennen waren eine andere Zerstreuung, besonders im Frühling, wenn die Cowboys neue Mustangs einfingen und zuritten *(S. 98–103)*. „Der Cowboy glaubt meist, er hätte mindestens ein Rennpferd in seinem String", schrieb ein Engländer, der den Westen bereiste. Die Rennen waren nicht lang, weil die kurzbeinigen Mustangs sich am besten zum Galopp über kurze Strecken eigneten – wie auch die Quarterpferde. Oft waren Indianerponies die Renngegner, und die Indianer schlossen dabei noch höhere Wetten ab als die Cowboys.

Nicht ganz so sportlich war der Wettkampf, den man Hühnerziehen nannte und von den mexikanischen Vaqueros gelernt hatte. Die in Texas erscheinende Zeitung *The Tascosa Pioneer* beschrieb ihn so: „Ein kräftiger junger Hahn wird so eingegraben, daß nur noch der Kopf aus der Erde herausschaut, und die jungen Männer reiten nacheinander an ihm vorbei, und im Vorbeireiten beugt sich jeder weit aus dem Sattel und greift nach dem Kopf des Tieres. Der Hahn weicht natürlich aus, so daß man ihn nicht so leicht erwischen kann. Schließlich, von einem gutgezielten Griff gepackt, wird der Körper mit einem Ruck herausgezogen, wobei dem Tier meist der Hals gebrochen wird."

Bei ihren Kraftmeiereien und handgreiflichen Vergnügungen verschonten sich die Cowboys auch gegenseitig nicht. Sehr gern vertrieb man sich müßige Stunden damit, ein sogenanntes Känguruhgericht einzuberufen und unglücklichen Cowboys wegen eines lächerlichen oder absurden Vergehens wie Stottern oder Prahlen den Prozeß zu machen. Der Angeklagte hatte beim Prozeß im Bunkhaus keine relle Chance, freigesprochen zu werden, da man ihm absichtlich einen unfähigen Verteidiger gegeben hatte und

---

Zwei Cowboygruppen beim Feiern – die eine bei einer Verandaparty, die andere bei einem unbeholfenen kleinen Männerball. Auf der Archdale Ranch in Montana *(oben)* trinkt man nach einem Essen zum Nationalfeiertag noch ein wenig, und auf der Lazy S in Texas tanzen zwei Männer – der eine mit Rüschenschürze in der Rolle der Tanzpartnerin.

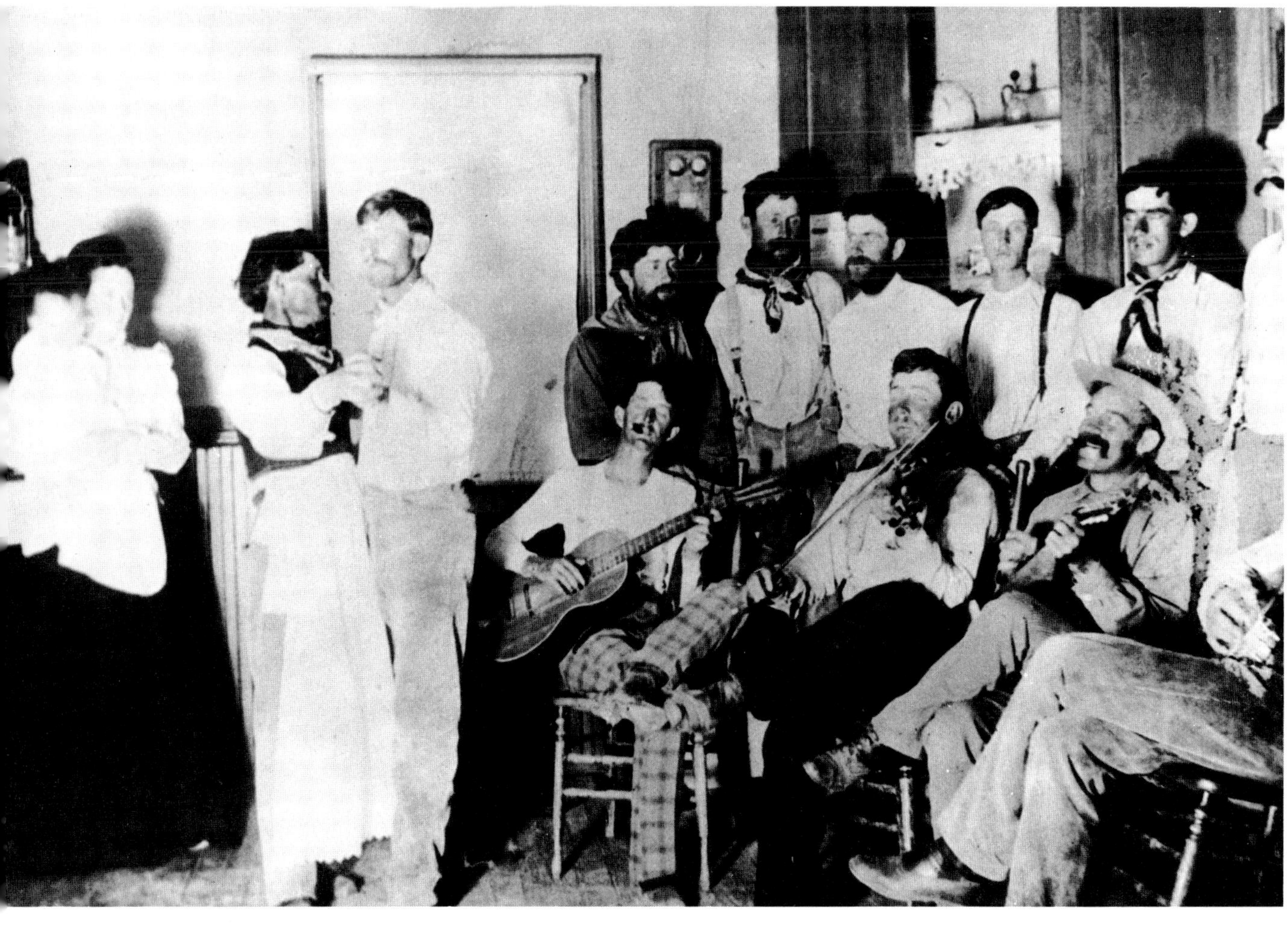

Diese XIT Cowboys gehörten zu den glücklichsten Männern in Texas. Sie fanden nicht nur eine Stelle zum Schwimmen, sondern auch acht Mädchen, obwohl sie nur zu siebt waren - und das im Grenzland, wo auf zehn Männer nur eine Frau kam.

die Richter und Geschworenen erbarmungslos gegen ihn waren. Nach dem (von lautem Beifall begleiteten) unvermeidlichen Schuldspruch dachte sich der Cowboy, der den Richter spielte, eine angemessen erniedrigende Strafe aus. Vielleicht wurde der Missetäter in einen Fluß geworfen, um ihn von seinen schweren Sünden reinzuwaschen. Oft war die Strafe aber noch grausamer. So manches Opfer von Känguruhprozessen wurde gezwungen, sich über eine Wagendeichsel zu beugen und schmerzhafte Prügel zu ertragen, die gewöhnlich mit den ledernen Chaps, den Beinschützern der Cowboys, verabreicht wurden.

Gelegentlich, aber nur sehr selten – vielleicht zu Weihnachten oder am Nationalfeiertag, dem 4. Juli – erhellte ein schwacher Abglanz der Zivilisation das Leben der Cowboys, wenn sie vom Rancher und dessen Frau zum Abendessen oder gar zum Tanz auf die Hauptranch eingeladen wurden. Auf den kleinen Ranches waren diese Tanzvergnügen meist traurige Angelegenheiten mit wenigen Fiedeln und ohne Frauen. In dem edlen Bemühen, solche Festlichkeiten mit Leben zu erfüllen, gaben sich ein oder zwei Cowboys dazu her, sich eine Schürze umzubinden oder ihren Kragen mit einem Taschentuch zu schmücken, um zu zeigen, daß sie den weiblichen Part tanzten.

Seltener – und fröhlicher – war ein richtiger Fandango, eine Riesenparty mit Wein und echten Frauen und allem, was dazugehörte. Der Cowboy Eb Jones besuchte das Hochzeitsfest, das der Rancher Fred Dupree 1887 auf der Dupree Ranch am Cheyenne River für seine Tochter Marcella ausrichtete. Man tanzte zehn Tage und Nächte lang. Hundert Weiße und fünfhundert Indianer konsumierten 75 Liter Whiskey, ein Faß Wein, 30 Rinder und vier Büffel. Bei Paducah in Texas bauten die Cowboys der 3 D Ranch einen Tanzboden unter freiem Himmel auf, der Platz für vier Tanzgruppen bot, und daneben wurden Zelte zum Umkleiden errichtet. Bei einem Valentinsfest auf der riesigen Matador Ranch zeigten sich die Cowboys einmal in Rangetracht (zerknautschter Stetson und Flanellhemd) und einmal in Phantasietracht (weiße Schaffellwesten und Uhrketten, die aus den Locken der Angebeteten geflochten waren). Zedernscheite knisterten im Feuer, das das saubergescheuerte Bunkhaus vor der eisigen Kälte schützte. Um Mitternacht hörten alle mit dem Tanzen auf und nahmen ein Mahl zu sich, das aus Schinken, Truthahn und Hähnchen bestand. Aber dann fing der Fiedler wieder an:

Schwing sie hoch und schwing sie runter,
Schwing die Schönen im Kreis herum . . .

Und der Tanz endete erst bei Morgengrauen.

Ranchhelfer der W. D. Boyce Cattle Company in Kansas legen sich im Freien zur Ruhe. Im Sommer wollten die Cowboys oft nicht im wenig geräumigen Bunkhaus schlafen, wo es meist sehr heiß war und wo es von Wanzen und Läusen wimmelte.

Bronco-Zureiter Lee Warren fängt einen widerspenstigen Wallach ein, der im Corral umhergaloppiert.

Die Zähmung eines Wildpferds

Das wichtigste Ausrüstungsstück, das der Cowboy bei seiner Arbeit mit dem Vieh benutzte, war ein Präriebastard, den man Rinderpony nannte. Halb wild und ganz widerspenstig, wurde dieses ausdauernde Tier von den Cowboys ungefähr so behandelt, wie ein moderner Farmer seinen Trecker behandelt: gerade eben sorgfältig genug, damit das Ding weiterläuft, aber ohne Zeit auf Pflege oder Zuneigung zu verschwenden. Die meisten Rinderponys stammten von der offenen Range und waren ein seltsames Gemisch aus wilden Mustangs (eine Bezeichnung, die sich von dem spanischen Wort *mesteño* = entlaufenes Tier ableitet) oder Kreuzungen von Mustangs mit vollblütigen Reitpferden der U.S.-Kavallerie und Arbeitspferden aus dem Osten. Hier streiften sie bis zum Alter von vier Jahren frei umher, ernährten sich von kärglichem Gras, das kaum zum Überleben langte, und erreichten nur selten mehr als eine Größe von etwa 120 bis 140 Zentimeter.

Ende des Frühlings ritten die Männer aus, um die noch ungezähmten vierjährigen Ponys in den Corral zu treiben und einer traumatischen, nervenaufreibenden Grundausbildung zu unterziehen, die allerdings nur vier bis sechs Tage dauerte. Dieser Prozeß hieß Zureiten oder „Brechen", und die Bezeichnung war passend, denn es ging buchstäblich darum, den wilden Widerstand des Tieres durch Lektionen in Furcht und Respekt vor dem Cowboy zu brechen; die Pferde sollten diese Lektionen nie vergessen. Manchmal war der Zureiter ein besonders sattelfester Cowboy der betreffenden Ranch. Häufiger war er ein Spezialist, der von Ranch zu Ranch reiste und die neuen Reittiere, die man gerade für die Remuda ausgesucht hatte, für fünf Dollar pro Stück zuritt.

Einer dieser Spezialisten war Lee Warren, dessen Kampf mit einem neuen Ponyrudel auf der Bow and Arrow Ranch in Montana in dem seltenen und authentischen Bildbericht auf diesen Seiten gezeigt wird. Warren war der typische unabhängige Bronco-Zureiter, am ganzen Körper mit Spuren von Quetschungen und Verstauchungen bedeckt, genauso zäh und zugleich verletzlich wie die Wildpferde, die er sattelte. Der Photograph, der Warrens schwierige Arbeit festhielt, war L. A. Huffman aus Miles City, Montana, der diese Photoserie mit einem recht detaillierten

Geleitwort versah. „Während wir auf die Pferde warteten“, schreibt er, „überprüfte Warren seine Ausrüstung: nur ein einfacher, ganz gewöhnlicher Cowboy-Sattel, Zaumzeug, Lasso, Sporen, Reitpeitsche und kurze Hanfstricke zum Fesseln der Beine.“ Dann wurde eine Gruppe wilder Broncos herbeigetrieben.

„Schnell saust das kleine Rudel, flankiert von einem halben Dutzend gutberittener Reiter, in großem Bogen über die flache Ebene, eine lange Staubwolke hinter sich her ziehend. Das große Tor wird aufgestoßen, und man treibt die Tiere in den Corral.“ Von diesem Punkt an erzählen Huffmans Bilder die Geschichte vom anstrengenden, verschwitzten, staubigen Morgen eines Zureiters, der sechs Wildpferde sattelte und einritt.

Zunächst fing Warren jeden einzelnen Bronco mit dem Lasso ein und band ihn an einen Pfahl (oder warf ihn, wenn nötig, zu Boden), um das Zaumzeug anzulegen. Dann kam die Satteldecke mit dem 18 Kilogramm schweren Sattel – und es war keine geringe Leistung, mit einer Hand einen schweren Sattel schulterhoch zu schwingen, während die andere das bockende Tier festhielt. Schließlich kam Warren selbst, und dann begann für beide, Mann und Pferd, ein höllischer Kampf. Der Zureiter gewann jedesmal, denn je schlimmer sich ein Pferd aufführte, desto schlimmer waren die Vergeltungsschläge, die es von der Reitpeitsche, dem Ende des Lassos und den Sporen des Reiters zu spüren bekam. Der Grund für diese Brutalität war nicht etwa Sadismus, sondern reine Wirtschaftlichkeit. „Wenn ein Zureiter pro Kopf nicht fünf, sondern fünfzehn Dollar und so viel Zeit bekäme, wie er für ein solches Rudel brauchte“, erklärte Warren dem Photographen, „wäre das Zureiten von Pferden für Tier und Reiter weitaus sicherer.“ Das war es aber nicht, weil die Ranchbesitzer sich weigerten, für die Extrazeit zu zahlen. Oder, wie Warren es mit wenigen Worten zusammenfaßte: „Die Rancher würden bei einem 35-Dollar-Pferd keine 15-Dollar-Behandlung zulassen.“

Kurz nachdem diese Bilder aufgenommen wurden, wurde Warren von seinem gefahrvollen Handwerk erlöst. Er heiratete, und seine frischgebackene Braut verlangte klugerweise, daß er von den Broncos herunterkletterte und eine ungefährlichere Arbeit annahm – die eines Deputy Sheriff.

Das gefangene Pferd wehrt sich immer noch gegen den Würgeeffekt des Lassos um seinen Hals, während Lee Warren versucht, das Zaumzeug anzulegen.

Aufgezäumt und gefesselt, doch immer noch kämpfend, scheut ein schnaubendes Rinderpony vor der Satteldecke in Warrens Hand.

Ein Pferd bockt beim ersten Versuch, den Sattelgurt festzuzurren. Der Steigbügel ist am Sattelhorn festgehakt, damit er nicht stören kann.

Das Pferd versucht, den Sattel abzuwerfen, und zerrt Warren durch den Corral, obgleich es an den Beinen kreuzweise gefesselt ist.

Warren dreht das Ohr eines Broncos, weil er damit rechnet, daß sich das Tier lange genug vom Schmerz ablenken läßt, damit er aufsitzen kann.

Warren versetzt dem Bronco bei jedem Bocken einen Schlag mit der Reitpeitsche und prügelt ihm so ein, daß Ungehorsam sofort bestraft wird.

Um einem Pony beizubringen, unerwartete Geräusche und Bewegungen zu ignorieren, erschreckt Warren es mit einem Regenumhang.

Jeder Bestandteil eines Westernsattels *(aufgeführt im Diagramm rechts)* entwickelte sich aus einem spezifischen Bedürfnis des Cowboys – vom stabilen Sattelhorn zum Befestigen des Lassos bis zu den breiten Steigbügeln, in denen der Cowboy stand, wenn er steile Abhänge hinunterritt oder den Trail entlangtrabte.

Die funktionale Schönheit des Sattels

Das Ausrüstungsstück, das ein Cowboy am eifersüchtigsten hütete und pflegte, war sein Sattel. Kein Wunder, saß er doch monatelang hintereinander den ganzen Tag und manchmal noch die halbe Nacht darin. Und wenn er sich schließlich nach eines langen Tages Arbeit zur Ruhe legte, bettete er seinen Kopf darauf. Der Sattel war für sein Leben und seinen Lebensunterhalt so unerläßlich, daß der Ausdruck „er hat seinen Sattel verkauft" im Laufe der Zeit die Bedeutung annahm, der betreffende Cowboy sei beruflich erledigt.

Im Gegensatz zum Pferd, das vom jeweiligen Arbeitgeber bereitgestellt wurde, war der Sattel persönliches Eigentum des Cowboys. Ein Sattel wie der typische Westernsattel *(links)*, der 1875 von dem Meisterhandwerker E. L. Gallatin aus Denver gemacht wurde, kostete den Cowboy einen Monatslohn und mehr. Aber das Geld, etwa 30 Dollar, war gut angelegt, denn der Sattel konnte ihm gut und gern 30 Jahre dienen.

Der Westernsattel, wie er sich auf den Prärien entwickelte (S. *106–107*), war ein direkter Nachfahre des oben gezeigten spanischen Kriegssattels aus dem 16. Jahrhundert, auf dem die Konquistadoren in Mexiko einritten. Dieser Kriegssattel (der sich wiederum aus dem Sattel entwickelte, den die Mauren benutzt hatten) wog bis zu 18 Kilogramm, hatte ein Holzgerüst oder einen Sattelbaum, war gut ausgepolstert und mit Brokatsamt bezogen.

Den an der Vorderseite des Sattels angebrachten Knauf (das spätere Horn) sieht man links auf der Abbildung; die Krone (Lehne) an der Hinterseite war stark gebogen, damit der Reiter nicht herunterrutschen konnte. Beides bestand aus ziseliertem Silber, wie auch die langen Platten, die auf beiden Seiten des Knaufs nach unten gingen. Die Platten dienten zwei Zwecken: Sie schützten die Schenkel des Reiters und verhinderten, daß sich feindliche Lanzen unter den Reiter schoben und ihn abwarfen. Der Sattel hatte tiefhängende Steigbügel, die hier nicht abgebildet

Ein spanischer Kriegssattel aus dem 16. Jahrhundert hielt den Reiter sicher zwischen Knauf und gebogener Krone.

sind.; die Beine des Reiters hingen fast gerade nach unten.

Als der Kriegssattel in den ersten Jahrzehnten des 19. Jahrhunderts das Rinderland erreichte, behielten die Cowboys den harten Sattelbaum aus Holz bei, und sie blieben ebenfalls bei dem Konzept des hohen Knaufs und der hohen Krone. Ansonsten veränderten sie ihn allerdings drastisch. Die nach vorn gebogene Krone wurde nach hinten gekrümmt, damit der Reiter eine Lehne hatte, und niedriger gemacht, damit man leichter auf- und absitzen konnte. Der Brokatsamt wich dem dauerhafteren und leichter erhältlichen Leder. Größe, Form und Material des hohen Metallknaufs wurden so lange geändert, bis er zum Horn geworden war, das man zum Befestigen des Lassos brauchte. Der metallene Schenkelschutz verschwand völlig.

Der sorgfältig gearbeitete und liebevollgepflegte Sattel war für das Pferd ebenso wichtig wie für den Cowboy. In einem guten Sattel konnte ein guter Reiter an einem einzigen Tag 100 Kilometer reiten und immer noch ein gesundes Pferd haben. Aber ein ungeschickter Anfänger auf einem schlechten Sattel konnte ein Pferd schon in einer Stunde wundreiten.

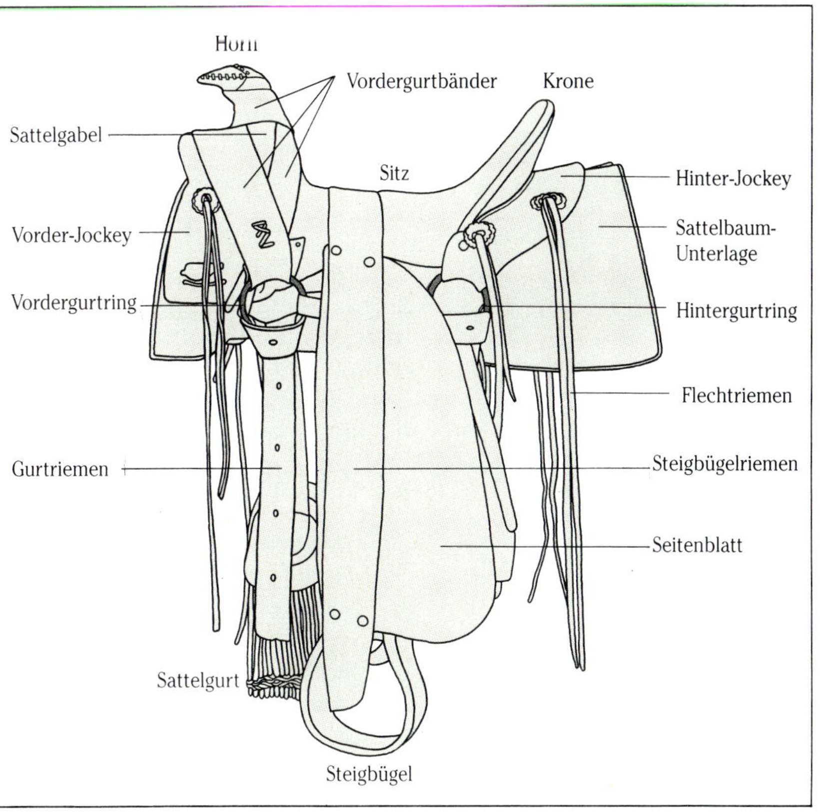

DER WANDEL DES SATTELS IM LAUFE EINES HALBEN JAHRHUNDERTS

Kalifornischer Missionssattel, etwa 1830

Der erste echte amerikanische Cowboysattel wurde von den mexikanischen Vaqueros entwickelt. Das dünne Sattelhorn (oder der Knauf) hielt das Rohhautseil *(S. 125)*; die Steigbügel bestanden aus ausgehöhltem Holz, und die ersten Cowboys bedeckten sie mit sogenannten *tapaderas*, mit Lederbezügen, die die Füße des Reiters vor Kaktusstacheln schützten.

Texassattel, 1850

Als die Rinderindustrie nach Texas kam, verschwand die sorgfältig gearbeitete Sattelbaum-Unterlage, und das lederbezogene Horn wurde dicker und solider, damit das daran befestigte Lasso stärker strapaziert werden konnte. Die Steigbügel wurden aus breiten Holzstäben gemacht. Die Seitenblätter schützten den Reiter vor dem Schweiß des Tieres.

DIE BEFESTIGUNG DES SATTELS

Die Lage der Gurtringe, an denen der Sattel durch Segeltuch- oder Seilgurte auf dem Pferd befestigt wurde, war entscheidend für die Balance des Sattels. Texaner bevorzugten den besonders sicheren Doppelring *(ganz rechts)* bei der Arbeit mit dem Lasso – während die Mexikaner der Ansicht waren, ein guter Vaquero könne auch mit einem einzigen Ring leicht die Balance halten, wenn er sein Gewicht nach hinten verlagerte, sobald ein eingefangenes Rind am Sattelhorn zog.

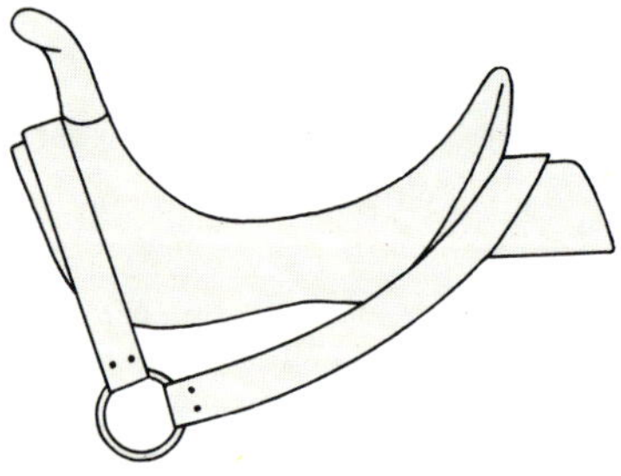

Der spanische Gurt oder Randgurt lief vorn um den Bauch des Pferdes. Bei der Lassoarbeit wurde die hintere Sattelpartie jedoch oftmals hochgezogen, so daß der Reiter abfiel.

Denversattel, 1875

In den siebziger Jahren des 19. Jahrhunderts war der Sattel länger geworden. und man überzog nun das gesamte Gerüst mit Leder. Diese großen Sättel waren eine Wohltat für die Cowboys, die nun bequemer und fester sitzen konnten. Sie wogen aber etwa 18 Kilogramm. Ein dermaßen schwerer und langer Sattel scheuerte leicht den Pferderücken wund.

Kalifornischer Sattel, 1880

Der klassische Cowboysattel wurde an der Westküste entwickelt. Kürzer und vier Kilo leichter als der Denver, war er für das Pferd bequemer. Das dünne Sattelhorn, aus Metall oder Holz, war wieder da, und das Sattelleder war oft schmuckvoll und tief gepunzt – eine Neuerung, die allerdings mehr dem besseren Halt des Reiters als der reinen Dekoration dienen sollte.

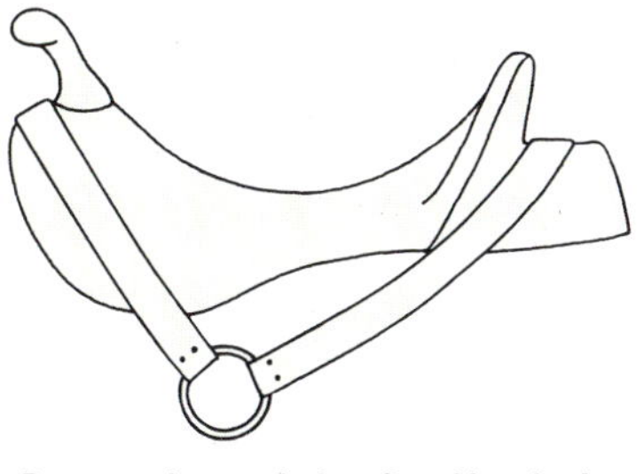

Der Dreiviertelgurt gab dem Sattel bei der Lassoarbeit eine bessere Balance. Manchmal konnte der Gurt allerdings nach vorn rutschen, und dann saß der Sattel nicht mehr fest.

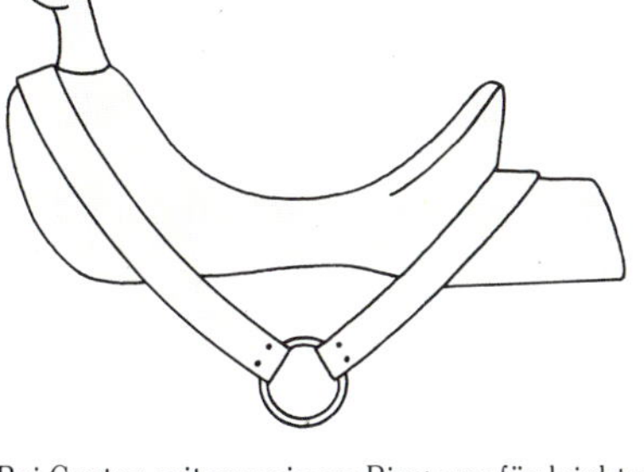

Bei Gurten mit nur einem Ring war für leichte oder gelegentliche Lassoarbeit die Position des Mittelgurts, der auch dem festeren Zug des Lassos meist standhielt, am häufigsten.

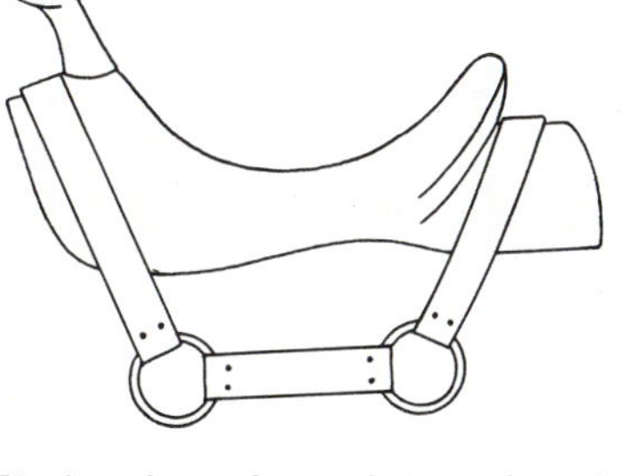

Für die schwere Lassoarbeit wurden später die Doppelringgurte entwickelt. Der hintere Gurt gab dem Sattel die Balance, drückte aber nie so stark, daß das Pferd verletzt wurde.

VIER GEBISSE

Das Spatengebiß
Das Spatengebiß, das dem Pferd bei jedem stärkeren Zügeldruck Schmerzen bereitete, hatte eine scharfe, hochstehende Platte, die über der Zunge des Tieres lag.

Das Ringgebiß
Der Ring umgab den Unterkiefer des Pferdes und drückte auf einen empfindlichen Nerv. Eine Kandare unter dem Kiefer half, das Pferd unter Kontrolle zu halten.

Das Halbblut
Bei diesem Gebiß ersetzte ein weniger schmerzendes, wie ein abgerundetes A geformtes Gebilde den Spaten. Das Gebiß hatte eine Kette, die als Kandare diente.

Die Kandare
Das einfachste Gebiß, die Kandare, hatte eine geringe Zungenfreiheit. Die Lederzügel wurden an den unteren Wangenringen direkt mit dem Gebiß verbunden.

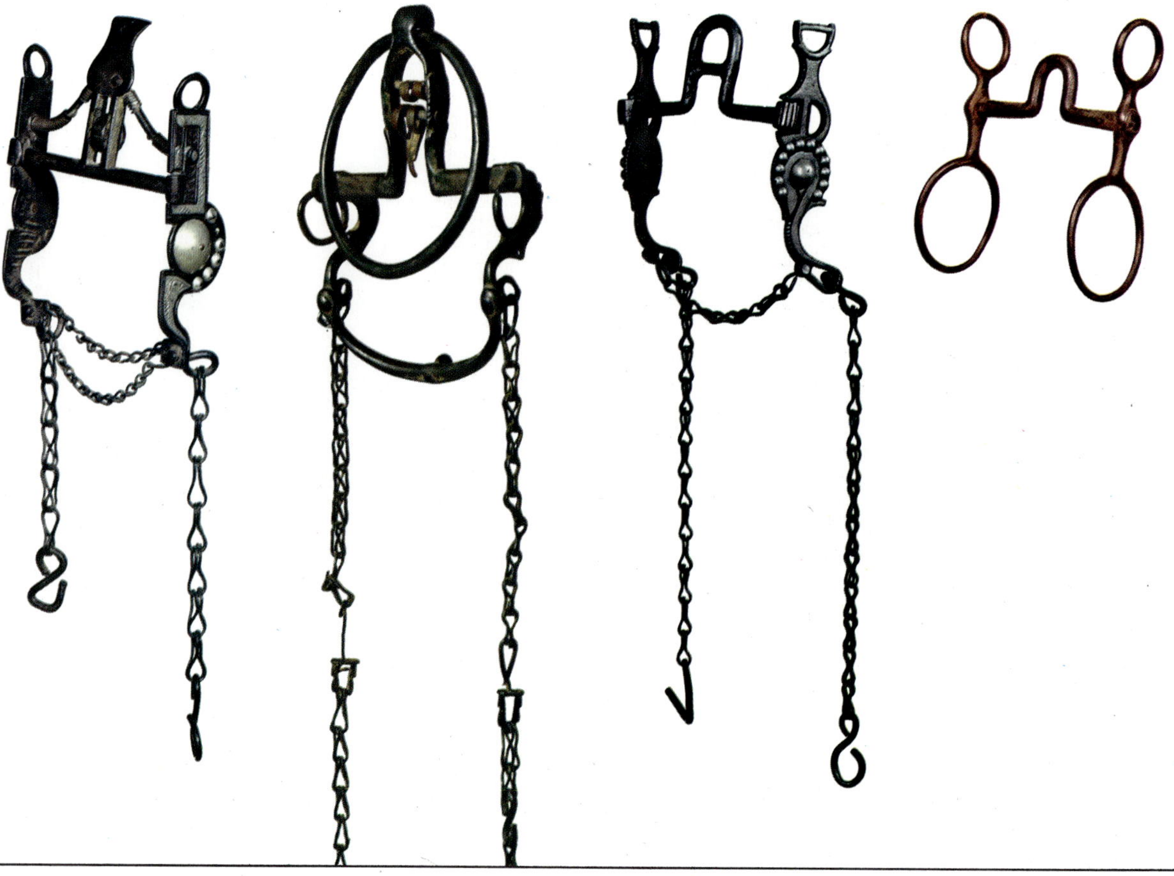

Der Cowboy lenkte sein Pferd mit Zügeln, die mit einem aus Kopfgestell und Gebiß bestehenden Zaumzeug verbunden waren. Wie bei den meisten anderen Teilen der Cowboyausrüstung stammten auch beim Zaumzeug die Vorbilder aus Spanien. Die ersten Gebisse sahen grausam aus und konnten das Maul eines Tieres zerreißen, wenn sie heftig betätigt wurden. Ein erfahrener Cowboy wußte aber, wie er ein solches Gebiß handhaben mußte; es half ihm, das Tier mit der leichtesten Zügelbewegung anzuhalten. Um das Pferd zu lenken, begnügte er sich gewöhnlich mit einem kurzen Zügelschlag an den Hals des Tieres.

Das beliebteste Zaumzeug bestand aus einer Kombination von Kandare und Ohrenschlitz-Kopfgestell. Der Cowboy brachte zuerst das Gebiß in das Maul des Pferdes und zog dem Tier dann das Kopfgestell über die Ohren.

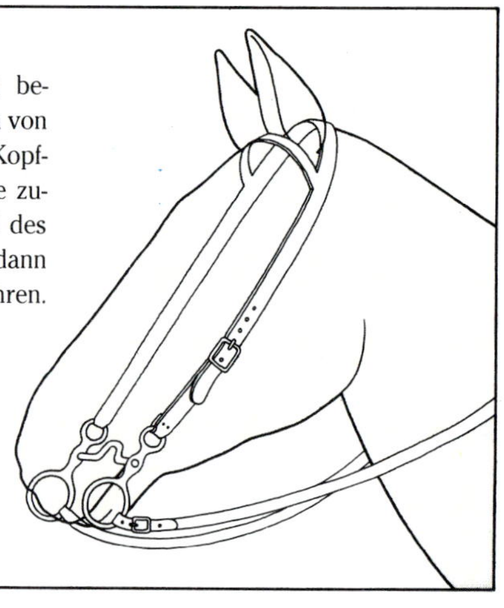

Das California

Das kalifornische Kopfgestell bestand je nach Geschmack des Reiters aus gewebtem Roßhaar oder Leder und wurde von einem um die Stirn des Pferdes gelegten breiten Band in der richtigen Position gehalten.

Der Ohrenschlitz

Dieses einfache Kopfgestell konnte der Cowboy leicht selbst herstellen, indem er seinen Gürtel teilweise mit dem Messer einschlitzte. Die dabei entstandene Öffnung wurde über die Ohren des Pferdes gezogen.

Das Hackamore

Das Hackamore erforderte kein Gebiß und konnte zum Zureiten oder „Brechen" eines empfindlichen Pferdes benutzt werden. Ein richtig ausgebildetes Tier reagierte in der Regel schon auf den leichtesten Zügeldruck.

4 Die Zeit des Roundup

Zweimal im Jahr kam für jeden Rancher der kritische Augenblick, und zwar beim Frühjahrs- und Herbstroundup. Dann ritten seine Männer auf die Range hinaus, um das Vieh zusammenzutreiben – und er stellte genau fest, wieviel sein Besitz, gemessen an lebendem Fleisch, wert war. Dann mußten auch – je nach Landesteil und Jahreszeit – andere wichtige Dinge erledigt werden. Im Frühjahr ritten die Männer traditionsgemäß aus, wenn das Gras wieder grün wurde. In Texas geschah das meist im April, und auf der Südwestrange ging es beim Roundup sowohl um das Bränden neuer Kälber als auch um das Sammeln schlachtreifer Rinder, die man dann Treibern für den Treck in den Nordern übergab.

In Montana und Wyoming, wo das Gras unter Umständen erst im Mai oder Juni grünte, wurden im Frühjahr, wenn überhaupt, nur wenige Rinder für den Transport gesammelt. Hier lag der Hauptakzent auf dem Bränden und besonders auf dem Einbringen der Tiere, die von der Heimatranch abgekommen waren. Im Herbst veranstalteten die Viehzüchter aus dem Norden dann noch einen Roundup, um das schlachtreife Vieh zu den Verladezentren bringen zu können. Im Südwesten ging es beim Herbstroundup vor allem darum, die Rinder zu sammeln, die man beim ersten Roundup des Jahres nicht gefunden hatte. Doch auf der gesamten Range des Westens gab es nach den ersten Anzeichen des Frühlings kaum noch eine Zeit, in der die Cowboys nicht draußen waren, um die verstreuten Rinder zu sammeln. Die Frau eines Ranchleiters erinnerte sich, daß Roundupmänner, die im April zur Range aufbrachen, oft erst zurückkehrten, „wenn der Wagen vier Zoll tiefe Spuren durch den Weihnachtsschnee zog“.

Cowboys aus Wyoming treiben beim traditionellen Frühjahrsroundup eine Gruppe von Bullen, Ochsen, Kühen und Kälbern zu einem laut muhenden Kreis zusammen. Sobald die Tiere zur Ruhe gekommen waren, pflegten sie so friedlich zu grasen, daß sie von zwei oder drei Männern bewacht werden konnten.

Ein Cowboy, der seinen breitkrempigen Sombrero festhält, sondert eine Kuh und ihr ungebrändetes Kalb von der zusammengetriebenen Herde ab. Die meisten Muttertiere blieben in der Nähe ihrer Kälber und muhten angstvoll, wenn sich ein Cowboy näherte - manchmal ging ein Longhorn aber auch zum Angriff über.

Dieser Cowboy von der Matador Ranch in Texas kümmert sich nicht weiter um ein Kalb, das vom Muttertier geschützt wird, und zieht einen bockenden, sich heftig wehrenden Jährling, den er mit dem Lasso eingefangen hat, über den Roundup-Platz ans Feuer, wo er das Brandzeichen erhalten soll.

Am Brandfeuer eines Corrals bei Cheyenne, Wyoming, erreicht die Arbeit des Frühjahrsroundup den Höhepunkt. Rechts halten zwei Cowboys ein Kalb fest, während es ein dritter auf der Flanke brändet und ein vierter ein Ohr des Tieres einkerbt, um eine zusätzliche Identifikationsmöglichkeit zu schaffen.

Die Bilanz eines Jahres

Auf der Nordrange war die Zeit des großen Roundup angebrochen: Mitte April 1886 wurde Miles City in Montana ein paar Tage lang zur überschäumenden Cowboymetropole des Westens. Grund für all den Aufruhr war die Jahresversammlung des Viehzüchterverbands Montana, an der 175 Mitglieder teilnahmen. Neben den schwergewichtigen lokalen Viehzüchtern kamen auswärtige Rancher von so weit her wie Texas im Süden und Washington im Westen und zum Teil sogar von der anderen Seite der amerikanisch-kanadischen Grenze. Rinderbarone waren da, Männer wie John Clay, Granville Stuart, Conrad Kohrs, Pierre Wibaux, der Marquis de Mores. Außerdem Abgesandte der am Rindertransport verdienenden Northern Pacific Railroad und der Rinderschlachthöfe von St. Paul. Sie alle waren nicht nur nach Miles City gekommen, um sich beim rauschenden Verbandsfest gegenseitig Drinks zu spendieren, sondern auch, um die harte und schwierige Arbeit zu besprechen, die in diesem Frühjahr auf der Range getan werden mußte.

Das große Fest kam zuerst. Eine Militärkapelle aus dem nahen Fort Keogh führte die Eröffnungsparade an, und die Verbandsfunktionäre folgten mit ihren Damen in Kutschen. Dann kamen, von Staub und Lärm eingehüllt, mehr als hundert Cowboys, die ihre ausgelassenen Rufe ertönen ließen und sich großenteils gerade beim Herrenausstatter Orschel Brothers in derselben Straße neue perlgraue kalifornische Hosen angezogen hatten.

Die Festlaune hielt während der ganzen Tagung an: Das Eröffnungsessen dauerte so lange, daß die Geschäftssitzungen erst gegen vier Uhr im neuen und geräumigen Bürgerzentrum von Miles City (mit Eis- und Rollschuhbahn) beginnen konnten. Und die „Abschlußfeierlichkeiten" hatten nach einem hymnischen Bericht des *Weekly Yellowstone Journal and Live Stock Reporter* „den Charakter eines Tanzfests". Beim Viehzüchter-Ball im weitläufigen Speisesaal des Macqueen House tanzten Offiziere vom Fort in Galauniform mit Säbel bis Mitternacht zu den Klängen einer Sechs-Mann-Kapelle; zu ihren Partnerinnen gehörten die hübschen halbindianischen Töchter des Rinderbarons Granville Stuart. Inzwischen labten sich die Cowboys in den Saloons an vierstöckigen Whiskyes oder hockten die ganze Nacht an Pokertischen. In Etablissements wie Turner's Theater animierten kurzberockte Mädchen die Gäste dazu, im ersten Stock Wein zu trinken, von dem die Flasche fünf Dollar kostete, oder hinter der Bühne in diskreten Séparées zu verschwinden, um andere Freuden zu genießen.

Trotz aller Lustbarkeiten wurden viele wichtige Geschäfte abgeschlossen. Die weitaus größte Bedeutung hatte die Organisation des Montana-Roundup 1886, eines der umfassendsten in der Geschichte der Rinderindustrie. Wegen seines Umfangs und Schwierigkeitsgrads galt er als exemplarisch für alle Probleme, Organisationsfragen und Methoden der Roundups in der großen Zeit des Wilden Westens.

In den frühen Jahren der Rinderwirtschaft waren die Roundups formlose, häufig streng private Angelegenheiten einzelner gewesen. In den spanischen Territorien von Mexiko und Kalifornien inszenierte der Ranchero ein Rodeo – keine Reiter- und Lassowerfer-Schau, sondern, wie das spanische Wort sagt, ein Zusammentreiben der in unwegsamen Gebieten verstreuten Rinder. Manchmal machten sich die Mexikaner nicht einmal die Mühe, ihre Rinder zu suchen, sondern stellten hohe, weithin sichtbare Pfähle auf, die unten mit einer Mischung aus Salz und Talg bestrichen wurden, so daß die Kühe von selbst zurückkamen, um sich diese Delikatesse zu holen.

Die frühen Roundups im gestrüppbedeckten Südtexas waren sogar noch formloser. Dort ritten die Rancher oft selbst hinaus, um ihr Vieh zu suchen, wie es Farmer aus den Appalachen bei den Rinderjagden getan hatten, die bis ins 18. Jahrhundert zurückdatierten. „Diese Ranchleute alter Zeiten gaben sich damit zufrieden, einfach zweimal im Jahr die Rinder zu jagen und ihre Kälber zu bränden", sagte ein Cowboy aus Texas beinahe verächtlich. Als sie später fest-

Ein Cowboy, der beim Herbstroundup von einem frühen Schneesturm überrascht wurde, rettet ein geschwächtes Kalb, das sich auf der Hochlandrange von Wyoming verirrt hat.

Die 17 Distrikte, die für den großen Frühjahrsroundup des Jahres 1886 gebildet wurden, umfaßten etwa ein Drittel von Montana. Das dunkel gefärbte Gebiet nördlich vom Yellowstone war Distrikt 8, Brennpunkt der Ereignisse auf diesen Seiten.

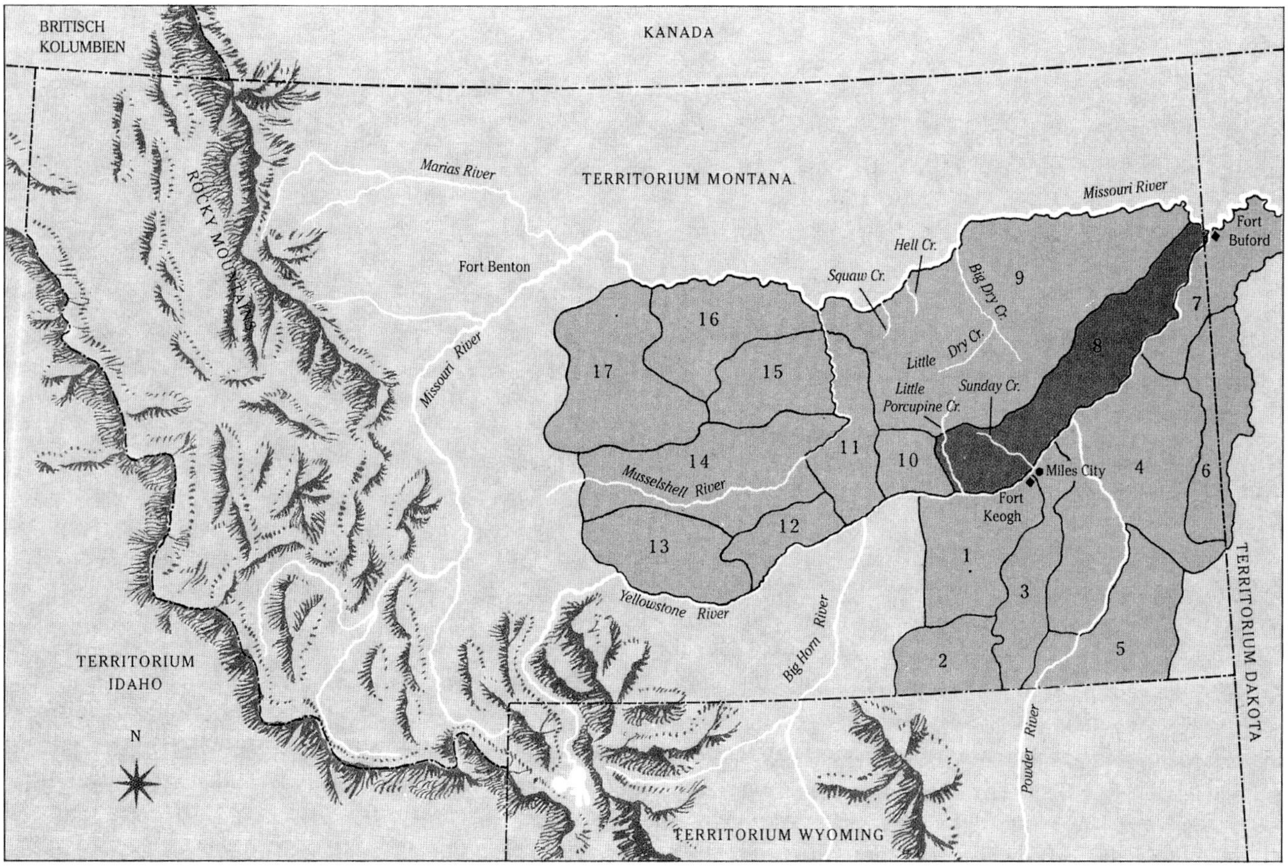

stellen mußten, daß sich die Rinder verschiedener Ranches mehr oder weniger vermischt hatten, taten sich die dort ansässigen Rancher zusammen, um die Tiere wieder nach den Brandzeichen auszusortieren. Und manchmal veranstalteten Gruppen von etwa 20 bis 25 Viehzüchtern eine Art Roundup-Kooperative. 1880 zum Beispiel brachten die Winterstürme das Vieh so sehr durcheinander, daß 80 Männer mit 10 Wagen an den Südgrenzen der Counties Palo Pinto und Parker, im Westen von Fort Worth, eine Linie bildeten und sich 30 Tage lang langsam in Etappen von 10 Kilometern nach Norden vorarbeiteten, um eine riesige Herde zusammenzutreiben, aus der sich die Besitzer dann ihre Tiere heraussuchten.

Im Südwesten war so etwas die Ausnahme. Für die Viehzüchter dieses Grenzgebiets gab es so viel Land, daß sie einfach weiterziehen konnten, wenn sie sich beengt fühlten; ließ sich ein neuer Nachbar in einer Entfernung von 25 oder 30 Kilometern nieder, konnte der erste Rancher einfach seine Tiere sammeln und andere Weidegebiete aufsuchen, wenn er wollte. Und auf den trockenen, kaum bewachsenen Ebenen in Texas und im Südwesten blieben die Rinder gewöhnlich in der Nähe von Wasserstellen und überschritten kaum die ausgedörrten Landstreifen, die zwischen ihnen und anderen Herden lagen. Die meisten südlichen Ranches, besonders die riesigen Besitzungen wie die XIT, brauchten nur das eigene Land abzusuchen, um ihr Vieh zu finden – was mehr einer Rinderjagd als einem organisierten Roundup ähnelte.

Im Norden lagen die Verhältnisse ganz anders. Dort wurden gemeinsame Massen-Roundups der Rancher zur Regel. Hauptgrund für diesen Unterschied war die schnell einsetzende Rinderspekulation, die riesige Herden auf die saftigen Weidegründe der Nordrange brachte. Nach 1880 wurde zuviel Vieh auf das Land getrieben, so daß die Rinder infolge von Überweidung gezwungen waren, die Trennzäune zu durchbrechen und sich mit anderen Herden zu vermischen, um neues Gras und frisches Wasser zu finden. Die Rancher ritten hinaus, um die Weiden ihrer Nachbarn abzusuchen und die eigenen Tiere zu finden und heimzutreiben. Ochsen mußten tagelang oder sogar wochenlang verfolgt werden. Diese Viehjagden kosteten oft Tonnen von verkäuflichem Fleisch und schwächten manche Tiere so sehr, daß sie den Winter nicht mehr überleben konnten. Sie boten auch viele Gelegenheiten für Viehdiebe, die in der allgemeinen Verwirrung gute Geschäfte machten.

Dieses unerträgliche Durcheinander führte zu einer Zusammenarbeit bei der Herdenbildung und Brändung, die sich in mancher Hinsicht über die Roundup-Zeit hinaus erstreckte. In Montana und Wyoming einigten sich die Viehzüchter zum Beispiel, zwischen dem 15. November und dem Beginn des Frühlingsroundup auf keiner Range Vieh zu sammeln. Wer es aber trotzdem tat, benachrichtigte seine Nachbarn und ließ sie die gesammelte Herde inspizieren, damit es nicht zu Falschbrändungen kam, die besonders von geschäftstüchtigen – und skrupellosen – Kleinunternehmern vorgenommen wurden.

Im Frühjahr 1886 waren die Probleme, vor denen die in Miles City versammelten Viehzüchter standen, fast so zahlreich und kompliziert wie bei einem größeren Armeemanöver. Im Norden, Osten, Süden und Westen von Miles City, einem Gebiet, das so groß wie Pennsylvania war, standen in fast allen Tälern, Schluchten und Canyons Rinder, insgesamt mehr als eine Million. Wie bei allen – auch den kleinsten – Roundups, mußten diese Tiere zunächst gesammelt werden. Dann war es nötig, die neuen Kälber zu registrieren und mit Brandzeichen zu versehen. Gleichzeitig mußte man die meisten Stierkälber kastrieren, damit sie zahmer (in Anbetracht der Wildheit vieler Ochsen ein relativer Zustand) und auf der Range schneller fett wurden. Kranke Rinder mußten behandelt und einige gesunde enthörnt werden. Schließlich mußte man das gesamte entlaufene Vieh nach Gruppen sortieren und wieder heimtreiben – vielleicht die allergrößte Arbeit, da Tiere mit nicht weniger als 4000 registrierten Brandzeichen durcheinander gekommen waren.

Die größte Schwierigkeit, all diese Rinder zu finden, bereitete die Größe und die unterschiedliche Beschaffenheit des zu durchsuchenden Gebiets. Ein Mann, der eine bestimmte Range absuchte, fand vielleicht überhaupt kein Tier oder bestenfalls nur ein paar. 1885, ein Jahr vor dem großen Montana-Roundup, hatte ein Witzbold in der *Colorado Springs Gazette* geschrieben, die Rancher aus Colorado hofften, ihre Roundup-Probleme durch den Kauf eines Teleskops in Cambridge, Massachusetts, zu lösen, das stark genug sei, um noch auf eine Entfernung von 250 Kilometern die Brandzeichen der Rinder zu erkennen. Vielleicht wünschten sich auch die Viehzüchter von Montana im darauffolgenden Jahr ein solches Wunderwerk, aber weder sie noch andere sollten es jemals bekommen.

Auf der Versammlung in Miles City teilte man die Range in 17 Distrikte auf, von denen einige so groß waren wie Rhode Island oder Connecticut, den Männern aus dem Westen aber klein genug schienen, um von einer fünfzig- bis hundertköpfigen Roundup-Mannschaft durchkämmt zu werden. Die Distrikte hatten keine festen Grenzen, sondern verliefen an Wasserläufen und Wasserscheiden, wie die nebenstehende Karte zeigt.

Im nordöstlichen Teil des Gebiets lag Distrikt 8, ein 200 mal 50 Kilometer großer Landstreifen, der sich am Nordufer des Yellowstone River erstreckte und im Norden von der Wasserscheide zwischen dem Yellowstone und dem Missouri begrenzt wurde. Mit seinen unterschiedlichen Landschaftsformen – im Westen bergig, im Osten flache Ebenen – war dieser Distrikt typisch für die verschiedenartigen Tätigkeiten während des gesamten Roundup. Distrikt 8 sollte von einigen der mächtigsten Unternehmen der Nordrange bearbeitet werden: Circle Dot, N Bar N, LS, J Lazy J, Bow and Arrow. In dem Gebiet befanden sich außerdem 12 000 Rinder und 300 Pferde der L U Bar, einer neuen Ranch mit insgesamt vier Herden.

Am Abend, als die Versammlung zu Ende ging, ritt der Vormann der L U Bar, ein erstklassiger Reiter namens Waddy Peacock, zurück zur Ranch, um die notwendigen Vorbereitungen zu treffen. Er wurde begleitet von einem jungen Cowboy aus Texas, dem 18jährigen Luke Sweetman, den Peacock für die Frühjahrsarbeit angeheuert hatte. Nach einem Ritt von 100 Kilometern legten sich die beiden Männer in einem der beiden trostlosen, schiefergrauen Häuser der L U Bar zur Ruhe, um Kräfte für die bevorstehende Arbeit von vielen Wochen zu sammeln. Sweetman erinnerte sich noch später in allen Einzelheiten an jene Wochen, und sein schriftlicher Bericht bildet die Grundlage dieser Schilderung.

Der Beginn des Roundup mußte wegen ausbleibenden Regens um über einen Monat verschoben werden; erst Ende Mai wuchs auf der Range wieder genügend Gras, so daß die Tiere aus den Schluchten und versteckten, tiefliegenden Weidegebieten herauskamen und man beginnen konnte, sie zusammenzutreiben. Die Männer der L U Bar benutzten die Verzögerung, um Sättel zu reparieren, die Pferde – einige wurden erst jetzt eingeritten – zusammenzustellen und den „Chuckwagen“, den Küchenwagen, zu überholen, seine großen hölzernen Naben zu schmieren, die Küchenutensilien aufzuladen und ein kräftiges Vierergespann von Pferden auszusuchen. Schließlich brachen Peacock, Sweetman und ein halbes Dutzend anderer Cowboys mit dem Koch der L U Bar und seinem Chuckwagen zum vereinbarten Treffpunkt von Distrikt 8 in der Nähe von Miles City auf. Sie ritten im Schritt, um ihre „Cavvy“ (die Bezeichnung ist von dem spanischen Wort *caballada* – Gruppe von Reitpferden – abgeleitet; auf den Südranges und den Ranges von Texas nannte man diese Gruppen von Reitpferden meist Remudas) nicht zu ermüden oder zu reizen. Drei Tage ritten die neun

Der tägliche Marschplan eines typischen Frühjahrsroundup konzentrierte sich auf den dahinziehenden Chuckwagen, von dem die Männer morgens fächerförmig ausschwärmten und zu dem sie jeden Nachmittag mit den Tieren zurückkamen.

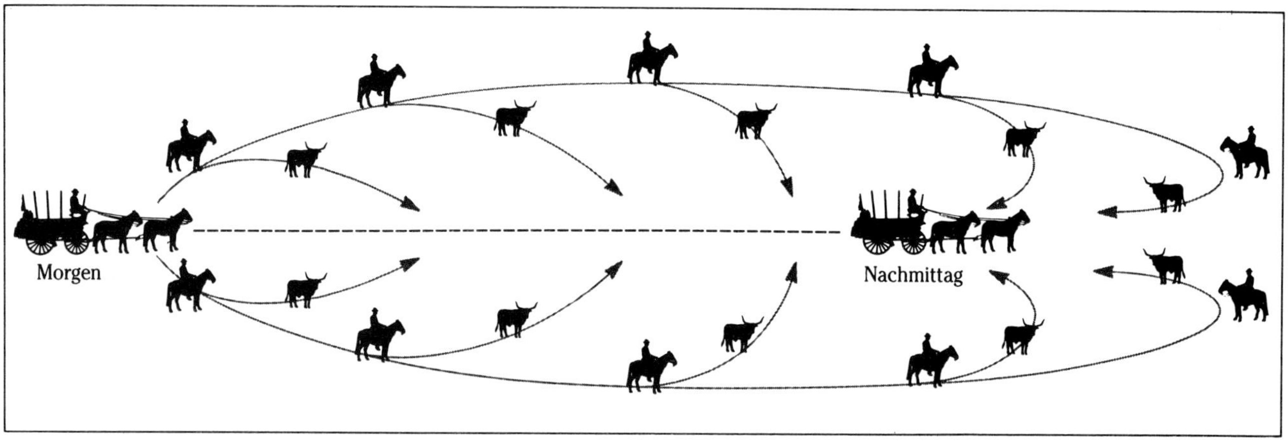

Männer den Sunday Creek hinab, bis sie das Ufergebiet des Yellowstone jenseits von Miles City erreichten – die Stadt hatte man zum Sperrbezirk erklärt, damit vergnügungssüchtige Cowboys nicht abhanden kommen konnten. Am Ufer drängten sich jetzt beinahe hundert Männer und mehr als 500 Pferde, ein Aufgebot von Menschen und Tieren, das von den großen und kleinen Ranches des Distrikts 8 gestellt worden war. In verstreut liegenden Camps stand noch ein halbes Dutzend anderer Chuckwagen mit jeweils bis zu rund einem Dutzend Männern. Jeder Wagen versorgte nicht nur die eigene Mannschaft, sondern auch Cowboys von teilnehmenden kleineren Ranches, die keinen eigenen Chuckwagen besaßen. Zu den Männern und Wagen der in Distrikt 8 liegenden Ranches kamen noch Cowboys von außerhalb, die man „Reps" – eine Abkürzung für *representatives* (Vertreter) – nannte und die die weit von der Herde abgekommenen Rinder ihrer Rancher heimholen wollten. Sie trafen einzeln oder paarweise ein, jeder mit mehreren Pferden.

Die Versammlung hier am Flußufer war ganz anderer Art und weniger fein als das Apriltreffen in Miles City. Manche Männer waren vom Powder River in Wyoming heraufgeritten, andere waren von der Mündung des Musselshell, von Fort Buford in Dakota und vom Big Horn River heruntergekommen. Ein Veteran wie Peacock konnte Cowboys auf die Schulter klopfen, mit denen er früher schon bei vielen Trecks und Roundups zusammengearbeitet hatte. Überall hörte man Begrüßungen: „Wenn das nicht . . .!" Und: „Also, ich freß' einen Besen!" Männer mit Namen wie One-Eye Davis oder Original John riefen Freunden mit Namen wie Curly Kid oder Bean Belly scherzhaft gemeinte Beleidigungen zu. Am häufigsten vertreten waren Cowboys aus Texas, die in den letzten acht oder zehn Jahren den Trail heraufgekommen waren und gelernt hatten, die Kälte des Nordens zu ertragen; aber wie immer im Westen gab es auch Schwarze, Mexikaner, ein paar Leute aus dem Osten, die Cowboys geworden waren, und andere, die Cowboys spielten.

Der Mann mit den energischen Gesichtszügen, der mit seinem silberbehangenen mexikanischen Sombrero überall auftauchte, war Tom Gibson, der gutgelaunte, aber herrische Vormann der J Lazy J Ranch. Die Viehzüchter-Versammlung hatte ihn zum Roundup-Vormann von Distrikt 8 ernannt, und nachdem er die Männer gemustert und ihre Fähigkeiten abgeschätzt hatte, ließ er die meisten für ein paar Tage bei ihren rauhen Vergnügungen ausspannen. Während die Köche ihre Chuckwagen mit der Fähre über den Yellowstone nach Miles City bringen ließen, um in den Geschäften Vorräte zu holen, gingen die zum Roundup versammelten Cowboys schwimmen, veranstalteten Hundertmeterläufe, schwangen ihre Lassos.

Wie an langen, öden Winternachmittagen in den Bunkhäusern bildeten die Männer bisweilen Känguruhgerichte, um bedeutungslose oder lächerliche Vergehen abzuurteilen. Zu Roundup-Zeiten hatten diese Gerichtshöfe allerdings besonders viel Geschmack und Würze; sie wurden nicht nur zum Zeitvertreib abgehalten, sondern sollten auch die Spannung des Roundup selbst steigern. Ein verurteilter Cowboy – und jeder Angeklagte wurde verurteilt – mußte vielleicht ohne Sattel auf einem wilden jungen Ochsen reiten, der beim Roundup des ersten Tags gefangen worden war, oder ein notorisch bockendes Pferd einer Nachbarranch bezwingen. Eine mildere Strafe konnte darin bestehen, daß er einen Teil seines Tabaks als Buße abgeben mußte, aber er wußte, daß seine Kameraden beim Roundup ihre Vorräte mit ihm teilen würden, solange sie reichten.

Der rauheste Zeitvertreib waren Pferderennen. Die Teilnehmer ritten zwischen dichtgedrängten Reihen von Zuschauern, von denen viele ebenfalls zu Pferde waren und die mit lauten Schreien hinter ihnen herliefen oder -ritten und ihre Revolver abfeuerten. Einige Cowboys hatten ein oder zwei eigene Pferde und setzten Mustang gegen Mustang, wobei der Gewinner beide bekam. Abends spazierten die Männer von einem Chuckwagen zum anderen, um die Spezialitäten der verschiedenen Köche zu probieren, Freunde wiederzusehen oder mit Fremden zu reden, und spannen an den Lagerfeuern ihr Garn. Wenn die harte Disziplin zeitweise nachließ, ritten einige Cowboys heimlich nach Miles City, um im Cottage Saloon zu trinken; andere gingen zu Charlie Brown auf der anderen Straßenseite, wo der Mulligan-Eintopf auf dem Feuer schmorte („Bedient euch") und der Eigentümer seinen Gästen erlaubte, ihren Rausch auf dem Fußboden auszuschlafen; wieder andere vergnügten sich mit leichten Mädchen wie Cowboy Annie und Connie the Cowboy Queen, deren Kleid mit den Brandzeichen sämtlicher Ranches vom Yellowstone bis zum Platte bestickt war.

Am dritten Abend jedoch bekamen alle Roundup-Mannschaften die nötige Ruhe; die meisten Männer hatten sich bereits vor Einbruch der Nacht am Boden ausgestreckt. Sie wußten, daß sie während des Roundup, also mindestens sechs Wochen lang, nie ausreichend Schlaf bekommen würden. Und sie hatten recht. Ein paar Stunden, nachdem die Männer eingeschlafen waren, wurden die Pferde der L U Bar noch in der Nacht von dem „Wrangler", dem für die Pflege der Pferde zuständigen Cowboy, zusammengetrieben. Kurz darauf weckte der Koch der L U Bar seine Mannschaft in der Dunkelheit mit einem Ruf, der sanft begann und mit einem lauten Brüllen endete: „Los, Jungs, steht auf und hört, wie die kleinen Vögel dem Allmächtigen Gott ihre süßen Hymnen singen; *verdammt noch mal, aufstehen!*" Sie frühstückten ohne großen Appetit, während die Pferde den Rauch des Lagerfeuers einzogen. Dann warf Sweetman eine Schlinge über den Hals eines sehnigen Gauls, mit dem er im Vorjahr den ganzen Trail aus Texas heraufgeritten war. Unter Peacocks Führung ritten die Cowboys von der L U Bar dorthin, wo Roundup-Vormann Gibson alle Männer versammelte und die Tagesbefehle ausgab.

Gibsons Strategie bestand darin, seine Männer zwischen der östlichen und westlichen Hälfte von Distrikt 8 aufzuteilen, weil das Gebiet viel zu groß war, um von einer einzigen Mannschaft von Männern mit Wagen und Pferden durchkämmt zu werden. In jeder der beiden Hälften sollten die Männer die gleichen Aufgaben verrichten. Neben Routinearbeiten wie dem Sammeln und Bränden der Rinder mußten sie ihre Herden in verschiedene Gruppen aufteilen, um das Heimtreiben der verirrten Tiere auf die Range ihres Besitzers zu erleichtern. Die Tiere, die den am Roundup-Weg liegenden Ranches gehörten, bildeten eine täglich wachsende Herde, die mit den Chuckwagen und Pferden weiterzog und nach und nach unter den einzelnen Besitzern verteilt wurde. Tiere von Ranches, die außerhalb des Roundup-Gebietes lagen, übergab man den Reps, die beim Roundup blieben, bis sie so viele Tiere von ihrer Ranch hatten, wie ein Mann zurücktreiben konnte.

An diesem ersten Tag blieben die Männer aber noch zusammen und sammelten das Vieh, das in der Nähe weidete. Zufällig begann man auf dem Gebiet der Bow and Arrow Ranch, und wie es so Sitte war, übergab Gibson den Tagesbefehl dem Vormann der Ranch, Buck Merritt. Als die Herde gesammelt war, hatte Buck die Aufgabe, das erste Kalb des Roundup einzufangen und von der Herde abzusondern. Gewandt fing er das bockende Tier mit dem Lasso ein, zog es ans Feuer und befolgte dann einen Grundsatz der Cowboylehre, um das Problem zu lösen, welches Brandzeichen zu benutzen war: Das bereits gebrändete Muttertier sollte ihm verraten, welches Zeichen richtig war. Eine Kuh liebt nämlich ihr Kalb, und wenn das Kleine beim Roundup eingefangen wird, verrät die Kuh den Männern durch lautes Muhen, daß es ihr gehört. Diese einfache Tatsache war ein Fundament des Besitzsystems in der Rinderwirtschaft, und Buck Merritt machte sie sich jetzt zunutze. Er hielt das Kalb, das er abgesondert hatte und das sich immer noch heftig sträubte, fest, entzifferte das Brandzeichen auf der Flanke der näher gekommenen Mutter und rief: „Bow and Arrow!" Zwei der Cowboys zwangen das Kalb zu Boden, und Loring Rea, der Manager von Bow and Arrow, hatte die ehrenvolle Aufgabe, dem kleinen Tier sein Zeichen in die Seite zu brennen.

Das zweite von Buck eingefangene Kalb wurde von einer muhenden Mutter begleitet, die das Brandzeichen der weiter südlich gelegenen Mankato Cattle Company trug; Kuh und Kalb waren ganz offensichtlich durch den Yellowstone geschwommen. „Tarantel!" schrie Buck, denn so sah das Brandzeichen der Mankato, ein M in Schreibschrift, nach Ansicht der Cowboys aus. Der Makato-Rep brachte ein heißes Eisen mit dem Brandzeichen seiner Gesellschaft und brändete das Kalb. Dann war ein Kalb von der L U Bar an der Reihe, das ebenfalls einen langen Weg zurückgelegt haben mußte; ein Mann der L U Bar brandete es. Das vierte Kalb hatte bereits ein undeutliches Brandzeichen. Buck hatte den einen oder anderen der in der Nähe stehenden kleinen Rancher in Verdacht, faule Tricks gebraucht zu haben, und sagte einem der Männer kühl: „Bringt euren Kälbern lieber bei, nicht bei Kühen von der Bow and Arrow zu saugen", und brändete das Tier mit seinem Zeichen. Gegen Ende des Nachmittags war die Luft um das Feuer erfüllt vom scharfen Geruch der verbrannten Haare von Hunderten von Kälbern.

Cowboy E. H. Brewster wirft beim Roundup im Territorium Montana mit seinem Lasso eine Schlinge aus, die groß genug für ein Longhorn ist.

Ein unentbehrliches Werkzeug

Vom frühen Morgengrauen, wenn er zur Remuda ging, um sich ein Pferd für den Tag einzufangen, bis zum späten Abend hatte der Cowboy fast immer sein Lasso in Reichweite. Es hing schon ordentlich zusammengerollt an seinem Sattel, wenn er aufsaß. Auf dem Trail hatte er es stets parat, um rebellierende Ausbrecher einzufangen oder im Schlamm steckengebliebene Rinder oder Wagen herauszuziehen. Das Ende eignete sich gut als Peitsche. Beim Roundup benutzte er das Lasso, um Kälber und verirrtes Vieh zum Bränden einzufangen. Manchmal diente es ihm sogar als Rechenmaschine, indem er für jeweils hundert gebrändete Tiere eine Windung von einer Hand in die andere legte.

Ein Lasso war nicht etwa irgendein Stück Seil. Es bestand entweder aus sorgfältig geflochtenen Rohhautstreifen (Lariat) oder gedrehtem Hanf und mußte so steif sein, daß eine Schlinge, die von einem Cowboy, wie dem links abgebildeten, nach ihrem Ziel geworfen wurde, flach und offen blieb. Außerdem mußte das Lasso stark genug sein, um den heftigen Ruck eines eingefangenen 500-Kilogramm-Ochsen auszuhalten. In unerfahrenen Händen konnte ein Lasso daher auch gefährlich sein. Ein Texas-Greenhorn, das in die losen Seilwindungen geriet, fand sich plötzlich mit dem Kopf nach unten an der Flanke seines Ponys wieder, ein gutes Ziel für den gerade eingefangenen Ochsen.

Die meisten Cowboys verbrachten einen beträchtlichen Teil ihrer Freizeit mit Wurfübungen, vergrößerten ihre Geschicklichkeit und vergnügten sich mit einfallsreichen Würfen. Doch wehe dem Cowboy, der sich zu sehr in sein Lasso verliebte und das Vieh unnötig drangsalierte oder den Arbeitstag als Gelegenheit für seine Wurftricks benutzte, denn er riskierte sofortige Entlassung. Für praktische Zwecke brauchte ein Cowboy nur zwei Würfe sowie eine unter Umständen tödliche Abwandlung davon zu beherrschen *(S. 126–127)*. Mit diesen grundlegenden Würfen und einem willigen, gut eingerittenen Rinderpony wurde er zum Meister der Prärie und ihrer störrischen vierbeinigen Geschöpfe.

DIE ELEMENTE DES LASSOS

Bei der gewöhnlichen Roundup-Arbeit wie dem Einfangen von Kälbern benutzten die meisten amerikanischen Cowboys ein Hanfseil von durchschnittlich 12 Meter Länge. An dem einen Ende befand sich eine Öse, Honda genannt, durch die der Hauptteil des Lassos glitt, wenn man die übliche Schlinge von gut einem Meter Durchmesser bilden wollte. Um das Lasso zu werfen, nahm der Cowboy den Hauptteil und die Schlinge in seine Wurfhand *(Abbildung rechts)*, wobei sich die Öse ungefähr auf halber Höhe des Schlingenbogens befand, damit die Balance gewahrt war. In der anderen Hand hielt er die restlichen Seilwindungen und ließ zwischen Daumen und Zeigefinger das nötige Seilstück nachrutschen. Ringfinger und kleiner Finger hielten die Zügel.

Zwei Lasso- und Honda-Arten

Das von den Vaqueros eingeführte Lariat bestand auf geflochtenen Rohhautstreifen und war so leicht zu werfen, daß die durchschnittliche Länge 20 Meter betrug. Es war aber teuer und ein wenig empfindlich, so daß sich die meisten Cowboys dem Hanfseil zuwandten. Das Hanfseil war auch insofern praktischer, als man es leicht zu einer Honda knoten konnte, die bei der Rohhaut gewöhnlich um ein Stück Rinderhorn gespleißt werden mußte.

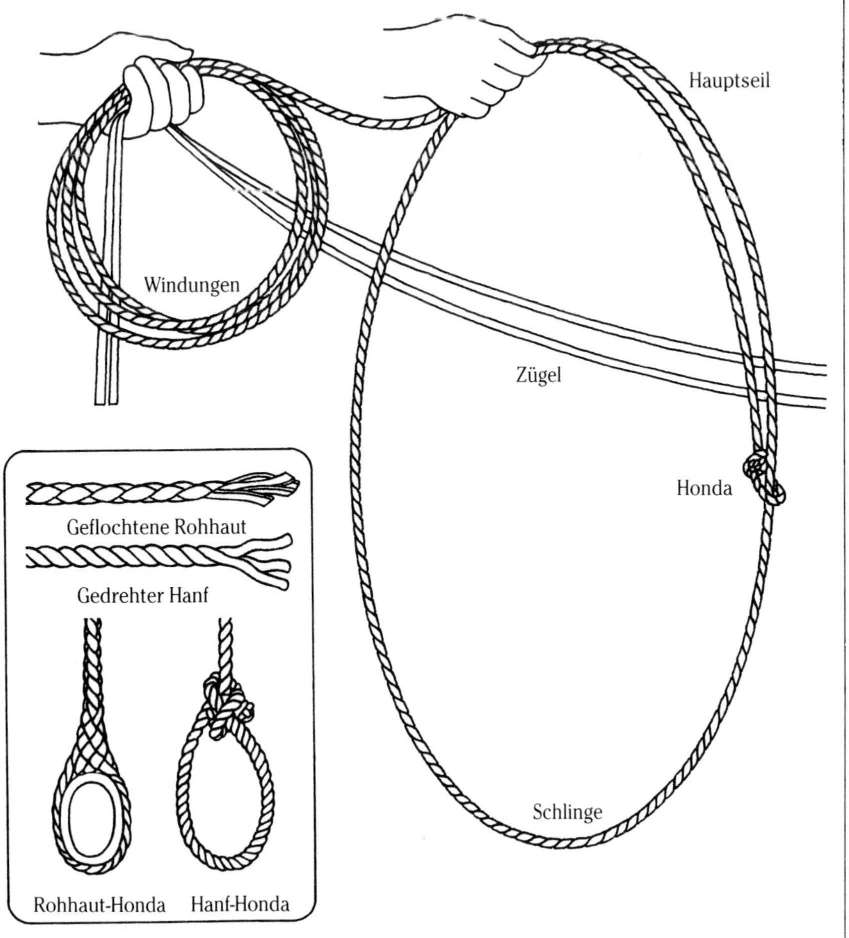

DAS EINFANGEN EINES RINDES

Die häufigsten Techniken waren der Kopf- und der Beinwurf. Für Kälber reichte ein Wurf, doch bei einem Stier mußten oft zwei Cowboys die Würfe durchführen. Auf dieser Abbildung schwingt und wirft der erste Cowboy das Lasso.

Der erste Cowboy zieht die Schlinge um die Hörner des Stieres zu und zügelt gleichzeitig sein Pony. Der zweite Cowboy nähert sich, um das Lasso um die Hinterläufe des Tieres zu werfen, nachdem er es seitlich geschwungen hat.

Der zweite Cowboy sichert den Beinwurf, indem er das Lasso hoch- und zurückzieht, damit die Schlinge sich schließt. Wegen der Schnelligkeit dieses Manövers kam es häufig vor, daß der Stier nur an einem Bein erwischt wurde.

Während der erste Cowboy langsam weiterreitet, hält der zweite sein Pony an, so daß der Ochse ausgestreckt zu Fall kommt. Wenn nur ein Hinterlauf erwischt wurde, muß ein unberittener Cowboy das Tier zu Boden werfen.

Wenn der Ochse am Boden liegt, kann er von anderen Helfern gebrändet werden. Die Reiter können aber auch absitzen und das selbst erledigen; ihre an den Sattelhörnern besfestigten Lassos werden von den Ponys straffgehalten.

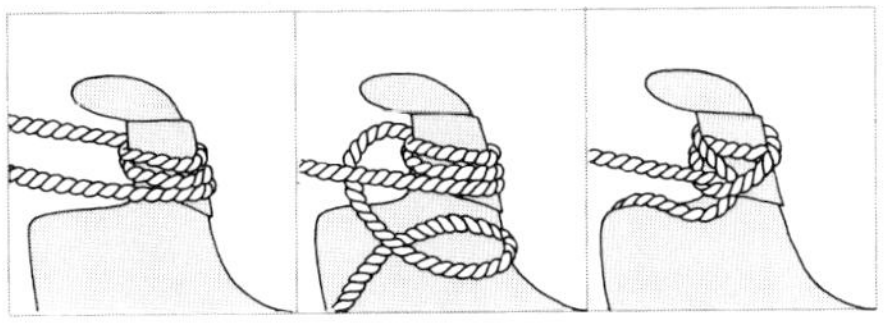

Das „Dally“

Männer, die auf offenem Land arbeiteten, hielten ein eingefangenes Tier mit mehreren „Dallies“ oder Seilwindungen um das Sattelhorn fest. Das Seil wurde mit einem Halbknoten gesichert.

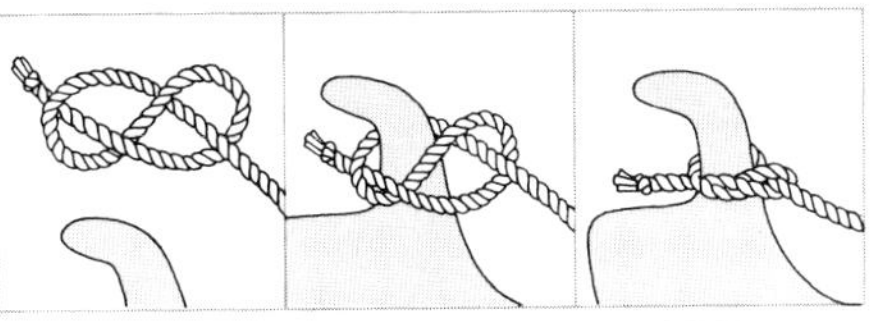

Der Achtknoten

Im Busch oder in gebirgigem Gebiet, wo ein gelöstes „Dally“ ein verlorenes Kalb bedeuten konnte, sicherten die Cowboys ihr Lasso schnell und zuverlässig mit einem festen Achtknoten.

DIE BEHANDLUNG VON AUSREISSERN

Um ein aus der Herde ausgebrochenes Rind zu Boden zu zwingen, benutzte man eine Abwandlung des Kopfwurfes. Der Cowboy galoppiert hinter dem Tier her, bis er nahe genug heran ist, um mit dem Lasso die Hörner zu erwischen.

Wenn er die Schlinge um die Hörner gelegt hat, wirft der Cowboy das lockere Seil um die Flanke des ausbrechenden Tieres. Dann gibt er seinem Pony die Sporen, bis er mit voller Geschwindigkeit beinahe parallel zu dem Rind reitet.

Nun dreht der Cowboy sein Pony in einem Winkel von 45° ab. Sein Lasso zieht den Kopf des Tieres nach hinten, hebt die Hinterläufe, schleudert das Tier zu Boden und reißt es mit einem Salto in die entgegengesetzte Richtung.

Das benommene Rind, das sich plötzlich mit dem Kopf zur Herde wiederfand, stand gewöhnlich auf und trottete zu den anderen Tieren zurück. Manchmal wurde es aber bei dieser Fangmethode verletzt und gelegentlich sogar getötet.

Als die relativ leichte Arbeit – und rauhe Zeremonie – des ersten Tages vorbei war, teilte sich die Roundup-Mannschaft, und die wirklich schwere Arbeit begann. Die meisten Männer – und mit ihnen auch der Wagen der L U Bar – zogen über die Hügel und den Sunday Creek, um den Ostteil der Range bis zum Zusammenfluß von Yellowstone und Missouri zu durchkämmen. Luke Sweetman, der den umfassendsten schriftlichen Bericht über den Roundup hinterließ, und die anderen Tagebuchschreiber nahmen nicht daran teil. Man darf jedoch annehmen, daß Tom Gibson die Ostrange selbst übernahm und nicht nur Wagen von der L U Bar, sondern auch von der N Bar N, der J Lazy J und der Bow and Arrow mitführte. Und wenn die Arbeit im Osten – wie es wahrscheinlich sein dürfte – die Ausmaße anderer vier bis zehn Wagen starker Roundups der damaligen Zeit erreichte, waren mehr als 60 Männer mit mindestens 400 Pferden an ihr beteiligt. Gemeinsam sammelten sie Herden von 2000 bis 3000 Rindern gleichzeitig. Mit so vielen Männern konnte Gibson einen Kreis von Reitern bilden, der 1800 Quadratkilometer erfaßte, wobei die Cowboys am äußersten Umkreis das Vieh einer Reihe von Zwischenmännern zutrieben, die es an die Stelle brachten, wo man brändete und sortierte. Und diese Arbeit gestattete kaum Annehmlichkeiten wie Zelte für die Cowboys, wenn es regnete und kalt war, oder verschiedene Gerichte zum Abendessen. Es gab noch nicht einmal eine Extrakraft für das Spalten von Feuerholz – das mußte gewöhnlich reihum von den erschöpften Männern besorgt werden, die gerade von ihren Pferden abgesessen waren.

Die Arbeit im Westen dagegen war eine bescheidene Angelegenheit, für die ein Chuckwagen ausreichte. Um daran teilzunehmen, verließ Sweetman seinen heimatlichen Chuckwagen von der L U Bar, denn man hatte ihn als Rep – für einen erst 18jährigen Cowboy ein großer Vertrauensbeweis – beim Wagen der LS Ranch eingeteilt. Sicher hatten die Männer auch einen Bettenwagen, in dem sich neben den Brandeisen und anderen Werkzeugen die Bettrollen befanden. Unter dem LS Vormann Al Popham zog die Mannschaft den Yellowstone flußaufwärts.

Jeden Morgen servierte der Koch um halb vier Schweinebauch, warme Sauerteig-Brötchen und Kaffee. Dann trieb der Wrangler die Cavvy in einen improvisierten Seil-Corral. Dieser bestand aus zwei schweren Seilpartien, die an einem Ende an ein Vorder- und Hinterrad des Wagens festgebunden waren und in der Mitte sowie am anderen Ende durch 90 Zentimeter hohe, gegabelte Stöcke gestützt wurden. Während die Pferde im Corral umherliefen und den Seilen auswichen, fing sich jeder Reiter – von den ihm zugeteilten sechs Pferden – ein gutes, langbeiniges, für größere Entfer-

Ein Cowboy-Streik

Für die meisten Rangehelfer war die Loyalität zur Heimatranch, verbunden mit dem spartanischen Hinnehmen jeder Art von Ungemach – von Knochenbrüchen bis zum Hungerlohn –, das Fundament des Cowboyglaubens. Aber im März 1883 taten die Cowboys von drei großen Ranches aus dem Panhandle bei der Stadt Tascosa in Texas das Undenkbare: Sie streikten. 24 Männer unterschrieben die ursprüngliche Streikforderung *(unten)*, doch ihre Zahl stieg schnell auf rund zweihundert. Der Streik konnte jedoch nicht lange durchgehalten werden. Die Männer verspielten und vertranken den Streikfonds bald in den Saloons von Tascosa. Und schlimmer noch, die Stadt war voll von arbeitslosen Cowboys, die bereit waren, für den monatlichen Standardlohn von 30 Dollar zu arbeiten. Das war dann der Lohn, den die meisten der Aufsässigen akzeptierten, als der Streik zusammenbrach und sie sich um Wiedereinstellung bemühten.

Wir, die unterzeichneten Cowboys vom Canadian River, beschließen hiermit folgendes Übereinkommen, nämlich:

Erstens: Daß wir nicht für weniger als 50 Dollar monatlich arbeiten werden, und wir beschließen ferner, daß nach dem 31. März niemand mehr für weniger als 50 Dollar monatlich arbeiten soll.

Zweitens: Gute Köche sollen ebenfalls 50 Dollar monatlich erhalten.

Drittens: Jeder, der eine Ranch leitet, soll nicht weniger als 75 Dollar monatlich erhalten.

Jeder, der das obige Übereinkommen bricht, soll die Konsequenzen tragen. Wer nach dem 31. März nicht selbst für seinen Unterhalt aufkommen kann, wird 30 Tage lang in Tascosa versorgt werden.

Thos. Harris	J. A. Marrs
Roy Griffin	Jim Miller
J. W. Peacock	Henry Stoffard
J. L. Howard	Wm. T. Kerr
W. D. Gaton	Bud Davis
B. G. Brown	T. D. Holliday
W. B. Boring	C. F. Goddard
D. W. Peepler	E. E. Watkins
Jas. Jones	C. B. Thompson
C. M. Hullet	G. F. Nickell
A. F. Martin	Juan A. Gomes
Harry Ingerton	J. L. Grissom

nungen geeignetes Tier ein und warf ihm seinen Sattel über. In der Dunkelheit vor Anbruch des Morgens zeichnete Popham den Plan für den Tag mit einem Stock in den Sand. Er suchte einen Roundup-Platz in der Mitte des Tagesgebiets aus, und sobald er das getan hatte, brach der Chuckwagen in schnellem Trab zu dieser Stelle auf, wobei der Koch seine Peitsche knallen ließ und der Wrangler die Cavvy hinterher trieb. Dann teilte Popham seine berittenen Männer in zwei Gruppen von je einem Dutzend auf, deren Aufgabe darin bestand, die linke beziehungsweise rechte Hälfte des vor ihnen liegenden Gebiets zu durchkämmen.

Als die Sonne die ersten langen Schatten über die Range warf, brachen die beiden Gruppen auf. War das Land flach, ritten die Männer zunächst in einem bestimmten Winkel zur Route des Chuckwagens, hielten sich dann parallel dazu und beschrieben schließlich eine Kurve, um sie wieder zu erreichen. Alle paar Kilometer stationierte der Anführer einen Reiter, so daß die beiden Gruppen einen Kreis von ungefähr 30 Kilometer Durchmesser bildeten *(S. 122)*. Eine oder zwei Stunden nach dem Aufbruch zeigten Staubwolken am Rand des Kreises, daß die Reiter begannen, Rinder zu finden und zusammenzutreiben. Theoretisch – und auf flachen Ebenen auch tatsächlich – ritten die Cowboys dann zum Mittelpunkt des Kreises zurück, und zwar auf Routen, die den Speichen eines Rades glichen, und trieben das gefundene Vieh vor sich her. Dabei näherten sich die Männer einander immer mehr und bildeten durch ihr Hin- und Herreiten ein Netz, dem kein Tier entgehen konnte.

Aber das Land nordwestlich vom Yellowstone war durch etliche hohe Hügel in so viele kleinere Gebiete unterteilt, daß man fast nie so exakt und geometrisch vorgehen konnte wie im Idealfall. Wenn ein Reiter eine Hügelgruppe erreichte oder verließ, folgte er oft einem Fluß- oder Bachlauf, während der nächste auf der Wasserscheide zwischen zwei Flüssen ritt. Um die entferntesten Punkte eines Kreises zu erreichen, mußte man sehr schnell sein; mit einem Pferdewechsel legten Cowboys, die den Kreis abritten, oft 60 Kilometer am Vormittag und nachmittags noch einmal soviel zurück, manche von ihnen im Dauergalopp.

Bei diesen schnellen, beschwerlichen Ritten an Bächen und Flüssen entlang rutschten die Pferde auf den Hinterbeinen die Hügel hinunter oder sprangen von Bergsims zu Bergsims. Die Cowboys gaben den Tieren die Sporen, um Rinder aus Gebüschgruppen aufzuscheuchen, in steile Schluchten hinabblicken zu können oder Erhebungen und Vorberge zu erklimmen. Die überraschten Rinder warfen meist den Schwanz in die Luft und liefen erfreulicherweise in die gewünschte Richtung zum Roundup, so daß innerhalb kurzer Zeit kleine Gruppen zusammengekommen waren. Je größer diese Gruppen waren und je schneller sie anwuchsen, desto besser, denn die Bosse glaubten, der wahre Roundup-Test eines Cowboys bestehe darin, wie gut und schnell er auch die letzte Kuh aus einem bergigen Gebiet heraustreiben könne. Am meisten wurden knauserige Rancher gehaßt, die schlecht berittene und zweitklassige Cowboys zum Roundup schickten – Männer, die keine Senken und Schluchten übernehmen wollten oder konnten und dadurch die Zahl der unentdeckt bleibenden verstreuten Tiere beträchtlich vergrößerten. Glücklicherweise gab es keine solchen Leute in der Mannschaft auf der Westrange. Einige von Pophams Männern trieben jeweils Hunderte von Rindern zurück, und man sammelte pro Tag meist eine Herde von mehr als tausend Stück Vieh.

Wenn sich die Tagesherde dem Chuckwagen genähert hatte, mußten die LS-Männer warten, bis sich der unvermeidliche Aufruhr legte und die Kühe nach ihren Kälbern suchten. Inzwischen untersuchten die Cowboys die zusammengetriebenen Tiere, um zu sehen, welche Kuriositäten sich darunter befanden. In der Regel gehörten die meisten zu Ranches, auf deren Gebiet der Roundup gerade stattfand, denn die Linienreiter der einzelnen Besitzungen hatten den ganzen Winter ihr Bestes getan, um ihre Rinder zusammenzuhalten. Trotzdem gab es immer welche, die aus Nachbardistrikten oder sogar aus Wyoming weggelaufen waren.

Sobald sich das Vieh beruhigt hatte und die ganze Mannschaft sich wieder, heißhungrig nach dem Ritt des vormittags, zum Chuckwagen begeben hatte, nahmen die Männer ihre Hauptmahlzeit ein. Beim Roundup aßen sie meist besser, als Cowboys bei anderen Arbeiten gewohnt waren. Nach einem ungeschriebenen Gesetz schlachtete der Rancher, auf dessen Gebiet man gerade arbeitete, eines seiner Rinder. Ein guter Roundup-Koch briet das frische Fleisch dann im Stück, nachdem er schon den ganzen Vormittag mit der Zubereitung verschiedener Pasteten und Puddinge verbracht hatte. Und nach dem Essen schütteten die Männer den Rest ihres Kaffees auf das Segeltuch über dem Wasserfaß, damit dessen Inhalt durch die Verdunstung kalt wurde. Dann und wann wurde die Roundup-Mannschaft von dem Wagen eines Händlers eingeholt, und dann ging es um den Chuckwagen ziemlich festlich zu. In jenem Frühling des Jahres 1886 zum Beispiel schickten die Orschel Brothers einen solchen Wagen aus Miles City mit Hüten, Handschuhen, Wäsche, Kleinkram – und Whiskey.

Doch solche Unterbrechungen durften nie sehr lange dauern, denn die harte Arbeit des Nachmittags wartete noch. Nach der Mahlzeit trieb der Wrangler wieder die gesamte Cavvy in den Seil-Corral. Diesmal nahmen Sweetman und seine Kameraden Pferde, die eigens für die Arbeit mit dem

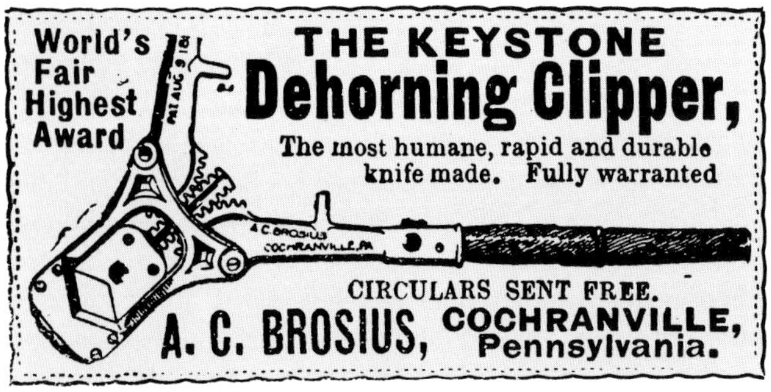

Lasso und das Absondern einzelner Kühe und Kälber von der Hauptherde abgerichtet waren. Es waren die tüchtigsten und zuverlässigsten Pferde der Range. Die besten unter ihnen waren so aufmerksam und intelligent, daß ihre Reiter kaum die Zügel benutzen mußten. Manche Reiter banden die Zügel sogar an das Sattelhorn und lenkten ihre Reittiere allein durch Kniedruck, da sie wußten, daß allzuviel Führung das Tier ablenken und seine Konzentration – die sehr groß war – vermindern könnte. Sobald der Mann dem Pferd gezeigt hatte, welches Tier er von der Herde trennen wollte, begannen die Ohren des Pferdes zu zucken, und seine Augen richteten sich fest auf das verfolgte Rind, während es zum Brändfeuer gejagt wurde. Meist arbeiteten Reiter und Pferd so unauffällig, wie sie konnten, damit die Herde ruhig und die Kälber bei den Muttertieren blieben.

„Ein Pferd, das weiß, was man will, geht ganz ruhig durch die Herde, während man sein Brandzeichen sucht", schrieb 1884 der Cowboy Reginald Aldridge aus Montana. „Wenn man das gewünschte Tier ausfindig gemacht und behutsam an den Rand der Herde gedrängt hat, begreift das Pferd sofort, welches herausgetrieben werden soll. Wenn man das Rind nahe am Rand hat, galoppiert man ein bißchen hinter ihm her, und es läuft ganz heraus; aber ebensogut kann es versuchen, wieder zurückzulaufen, wenn es feststellt, daß es nicht mehr bei der Herde ist, und schwenkt dann plötzlich nach links, um an einem vorbeizukommen. Sofort dreht das Pferd auch nach links und läuft zwischen ihm und der Herde, so daß es nicht hineinkommen kann. Dann versucht es, hinter einem hineinzuschlüpfen. In dem Augenblick, wo es umdreht, bleibt das Pferd stehen und jagt wieder herum, sich immer zwischen der Herde und dem Rind haltend, bis dieses aufgibt und zur Brändstelle läuft, wohin man es haben will." Gelegentlich trieb das Pferd ein Rind auch durch einen kleinen Biß an.

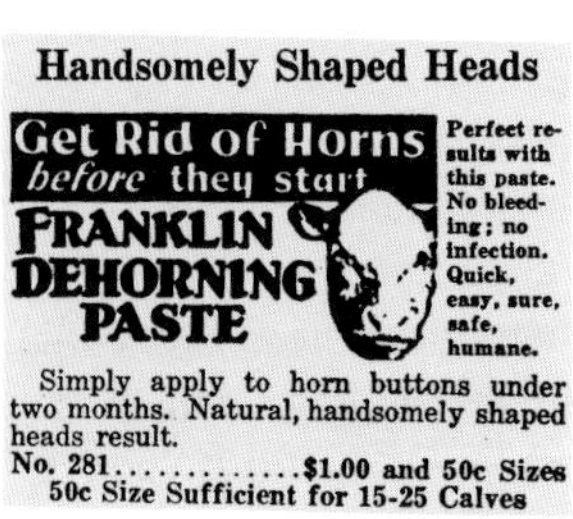

Das Absondern von der Herde ging nach Regeln vor sich, deren Reihenfolge streng festgelegt war, nach den gleichen Regeln, die schon am ersten Tag des Roundup bei Miles City befolgt wurden. Die Ranch, der die meisten Rinder in der Herde zu gehören schienen (meist diejenige, auf deren Range man sich gerade befand), war zuerst an der Reihe und schickte zwei oder drei Männer in die Herde, um ihre Kälber abzusondern. Dann schätzte Popham ab, welches Brandzeichen am zweithäufigsten vertreten war, und die Cowboys der betreffenden Ranch ritten in die Herde. Und so ging es weiter, bis fast alle Rinder identifiziert worden waren. Schließlich winkte man die Reps herbei, damit sie die restlichen abgekommenen Tiere aussuchten und so nahe wie möglich ans Brändfeuer trieben.

Wenn das Kalb oder der Jungstier sich dem Feuer genähert hatte, nahm der verfolgende Cowboy sein Lasso *(S. 124–127)*, um das Tier einzufangen. Ein Kalb konnte auf zweierlei Art zum Bränden eingefangen werden. Im Idealfall, wenn es sehr nahe am Feuer stand, wurde es an den Hinterbeinen gefesselt, auf die Seite geworfen und so zum Brandeisen gezogen, wo man es dann nicht weiter zu drehen brauchte. Sonst mußte es am Kopf eingefangen und dann zu Boden geworfen werden. Die größeren Jungstiere mußten von mehreren Männern gefesselt werden. Das Einfangen mit dem Lasso war die gefährlichste Einzelaufgabe beim Roundup, ganz gleich, um welches Tier es ging oder welche Methode man anwandte. Ein Lasso, das nicht richtig am Sattelhorn festgezurrt war, konnte den Daumen oder die Finger eines Mannes abschnüren, wenn ein Stier es straffzog. In dem allgemeinen Aufruhr stürzten die Männer mit ihren Reittieren zu Boden; andere fielen vom Pferd. Bei einem Roundup in New Mexico wurde ein unglücklicher Cowboy sogar über eine Felswand geschleudert, als der eingefangene Jungstier sich so schnell in den Abgrund stürzte, daß er das Pferd mitriß. Doch das Lasso verfing sich an einem Baumstumpf, und als der benommene Cowboy hochblickte, sah er, wie sich Pferd und Stier, nebeneinander aufgehängt, sanft im Wind drehten.

Solche Vorfälle waren glücklicherweise selten, und die zum Bränden bestimmten Männer warteten am Feuer in Staub und Hitze, daß die

ZEICHEN AUF DEM FELL

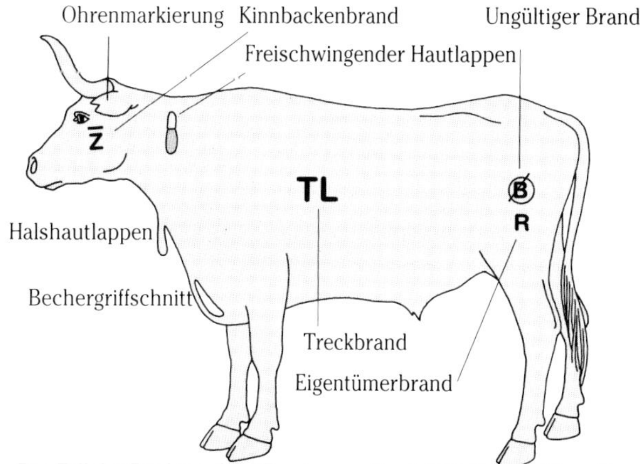

Das Fell des Rindes auf der Range war oft mit Mitteilungen übersät, die mit Brandeisen und scharfen Messern geschrieben wurden. Dafür waren die hier gezeigten Stellen am gebräuchlichsten. Von seinem ersten Eigentümer bekam das Tier häufig einen Hinterlaufbrand (und einen Kinnbackenbrand, wenn das ursprüngliche Brandzeichen undeutlich oder falsch war). Ein Treiber versah es später auf der Flanke mit dem Treckbrand. Ein späterer Eigentümer konnte den alten Hinterlaufbrand ungültig machen und nahe dabei sein eigenes Zeichen einbrennen. Da man die Brandzeichen in der Herde schwer erkennen konnte, hatten die Rinder außerdem Messerschnitte an ihren Hälsen, Kehlen, Brustpartien und Ohren.

eingefangenen Tiere hergebracht wurden. „Man mußte laut schreien, damit jemand, der genau vor einem stand, einen hören konnte, und bevor man seinen Mund wieder zumachen konnte, war die Kehle schon voller Staub und Rauch von den verbrannten Haaren", erinnerte sich S. R. Cooper, ein Cowboy aus Texas. Wenn ein Kalb mit dem Lasso um den Kopf herangezogen wurde, rannte ein sogenannter „Flanker" aus der ungefähr ein halbes Dutzend Männner starken Gruppe am Feuer los und ging am gespannten Seil entlang, bis er die Schlinge um den Nacken des Tieres greifen konnte. Dann streifte er das Seil ab, beugte sich über den Rücken des Kalbs, packte eine Handvoll schlaffen Fells an der Flanke und zog kräftig daran, wobei er dem verängstigten Tier gleichzeitig das ihm am nächsten stehende Vorderbein mit dem Knie unter dem Leib wegstieß. Das nach Luft schnappende Kalb stürzte zu Boden, und während der Mann, der es zu Fall gebracht hatte, auf seinem Kopf saß, stieß ein anderer das unten liegende Hinterbein mit seinem Fuß nach vorn und zog das oben liegende Hinterbein mit den Händen nach hinten. Auf diese Weise lag das Fell des Kalbs brändbereit da, und wenn es ein männliches Tier war, konnte der Cowboy gut an den Hodensack herankommen, um es mit dem Messer zu kastrieren.

Das Brändfeuer hatte nur Lagerfeuerstärke, da sich Eisen, die so stark erhitzt wurden, daß sie heller als dunkelrot waren, zu tief in die Haut des Tieres einbrannten und die Haare in Brand setzten. Als ungefähr richtig galt ein gleichmäßiges Brandzeichen, das nur die äußere Hautschicht wegnahm und die Farbe eines neuen Sattels hinterließ. Wenn der Bränder das Eisen aufdrückte, stieß das Kalb gewöhnlich ein lautes und gepeinigtes „Muh – h – h!" aus, denn das Bränden schmerzte. „Ich habe einem Burschen erklärt", sagte D. J. O'Malley, ein Cowboy aus Montana, „wenn er sich eine Minute lang auf einen glühend heißen Ofen setzte, hätte er eine ganz gute Vorstellung davon, wie sich ein Kalb fühlt, wenn es mit einem heißen Eisen gebrändet wird." Das Bränden ging schnell; der Durchschnitt lag bei 300 Kälbern pro Nachmittag.

Bei der Arbeit wurden die Bränder vor verschiedene kleinere Markierungsprobleme gestellt, die sie aber alle lösten. Wenn ein Kalb der L U Bar aus Versehen ein LS-Brandzeichen erhielt, brachte man die Sache wieder in Ordnung, indem das nächste LS-Kalb das Brandzeichen von der L U Bar bekam. Dann gab man beiden Jungtieren die entsprechenden Kinnbackenzeichen, die später Cowboys oder Käufern verständlich machen würden, weshalb ein Kalb anscheinend von der falschen Mutter gesäugt wurde. Gelegentlich erwischte man eine Kuh, deren Brandzeichen niemand kannte, doch Popham hatte den soeben veröffentlichten Brandzeichenkatalog der Viehzüchter von Montana bei sich und konnte das unbekannte Brandzeichen nachschlagen. Unter den Brandeisen befanden sich die Stempel aller bekannten Ranches der Umgebung, und man hatte Eisen in Bogen- und Stabform, um andere Zeichen nachzuahmen.

Beim Bränden schnitten die Cowboys den Kälbern oft noch ein Zeichen ins Ohr, um zusätzliche Erkennungsmöglichkeiten zu schaffen. Das Ohr konnte auf 200 verschiedene Arten, die man mit Namen wie „Unterbiß", „Überkerbe" und „Spitzgabel" bezeichnete, eingekerbt oder eingeschnitten werden, und zwar oben, in der Mitte oder unten. Um eine weitere Identifikationsmöglichkeit zu schaffen, schlitzten manche Cowboys auch den freischwingenden Halshautlappen unter der Kehle des Tieres ein, so daß eine einzelne Hautfalte mehrere Zentimeter lang herabhing.

Obgleich es nicht unbedingt zur Roundup-Arbeit gehörte, waren die Männer am Feuer immer darauf vorbereitet, kranken Tieren eine improvisierte ärztliche Schnellversorgung zukommen zu lassen. Sie waren keine Tierärzte, aber sie konnten Strahlenpilz, Entzündungen oder offene Wunden mit den verschiedensten Salben und Tinkturen behandeln. Manchmal empfahl es sich auch, einige Tiere zu enthörnen. Ein wildgewordener Ochse mit langen Hörnern konnte anderen Rindern gefährlich werden, und schlecht gewachsene Hörner krümmten sich manchmal nach hinten und verletzten unter Umständen ihren Träger; die Mannschaft war bereit, diese Probleme mit einer besonderen Schere, Axt oder Säge zu lösen.

Der Nachmittag schritt weiter fort, und die gebrändeten, verarzteten und enthörnten Tiere liefen wieder vom Feuer fort. Die in einen Eimer geworfenen abgeschnittenen Hodensäcke und Ohrteile, die beim Feuer verblieben, dienten beim späteren Zählen als zusätzliche Kontrolle für die Zahl der gebrändeten Rinder. Die Hauptverantwortung für diese Aufgabe und für die Gesamtzahl der verschiedenen Brandzeichen trug ein Mann, der sich ausschließlich mit dem Zählen und Registrieren beschäftigte und Zeichen in sein Notizbuch kritzelte. Die Zeichen würden einem Laien verwirrend vorkommen, waren für einen Cowboy jedoch eine schnell und leicht zu überblickende Inventarliste. Beim Roundup von Distrikt 8 hatte der Zähler außerdem die Aufgabe, für jeweils 100 Jungkühe acht vielversprechende Jungstiere auszuwählen; ihnen blieb die Kastration erspart, damit man später genügend Zuchtbullen hatte.

Wenn das nachmittägliche Bränden zu Ende ging, sammelten sich kleine Gruppen bewachter Rinder bei der Haupt- oder Tagesherde, die zusammengehalten wurde, damit man sie zum Platz des nächsten Roundup treiben konnte. Eine dieser Gruppen bestand aus den gebrändeten Kälbern und Muttertieren der Range, auf der man sich gerade befand. Sie wurden sorgfältig daran gehindert, sich wieder mit der Hauptherde zu vereinigen. Und es gab auch eine Gruppe von Ochsen, Kühen und Kälbern, die man auf Besitzungen zurückbringen mußte, die das Roundup bereits passiert hatte. Diese Tiere von den anderen fernzuhalten, war eine lästige Arbeit, denn der Herdentrieb ließ sie immer wieder den Versuch unternehmen, zu den anderen Rindern zu laufen. Oft mußten die Reiter hinter einem davonlaufenden Ochsen hergaloppieren und ihn zurückjagen.

Waren alle Kälber und Muttertiere von der Herde abgesondert, blieben oft noch ein oder zwei nicht zu identifizierende Kälber zurück, gewissermaßen ein verwaister Rest. Diese „Leppies" oder „Dogies" – Kälber, die ihre Mütter verloren hatten oder vorübergehend von ihnen getrennt waren – waren die Mavericks oder zukünftigen Mavericks. Und in der Atmosphäre des schnellen Profits, die Mitte der achtziger Jahre auf der Nordrange herrschte, bemächtigte man sich der Mavericks umgehend als potentieller Marktware. Popham und seine Männer brändeten solche Kälber mit dem Zeichen der Ranch, auf deren Gebiet sie gefunden worden waren. Schließlich sonderten die Reiter die gebrändeten Ochsen und Jungkühe ab, die zur Range gehörten, auf der sie gerade arbeiteten. Mit lauten Rufen und Salven aus ihren Sechsschüssern trieben die Cowboys diese Tiere, zusammen mit den frisch gebrändeten Kälbern und deren Müttern, aus der Marschlinie des Roundup, damit sie auf ihrem eigenen Land weiden konnten.

Gegen Ende jedes Nachmittags wurde der Wagen zu einem Nachtlager gefahren, und nach dem Bränden zogen die Mannschaft und die Rinder der Hauptherde ebenfalls zu diesem Lager. Während ein paar Männer die Herde umritten und dadurch zusammenhielten, aßen die übrigen nach 15 oder mehr Stunden im Sattel die letzte Mahlzeit des Tages. Einige bereiteten sich darauf vor, die Rinder in der Nacht zu bewachen, und der Rest der Mannschaft ging schlafen.

Das Bett eines Cowboys war sein ganz persönlicher Zufluchtsort auf der Range. Wie Will James berichtete, enthielt die Bettrolle meist Tabaksbeutel, Zigarettenpapier, Hirschlederjacke und Beinschutz, einen Marlspieker, vielleicht ein Photo vom Mädchen des Cowboys, ein paar alte Briefe, Magazine, Hemden, Unterwäsche, Socken, einen sauberen Anzug, ein zweites Paar Stiefel, schmutzige Kleidung, einen Reservesattelgurt und ein Lasso. Alles zusammen konnte bis zu 70 Kilogramm wiegen. Auf trockenem, kühlem Boden in weichem Gras ausgelegt, konnte eine Bettrolle recht behaglich sein.

Doch wie jede Übernachtung im Freien, so erschienen auch die Nächte beim Roundup in der Erinnerung meist schöner, als sie in Wirklichkeit waren. Auf hartem, nur durch eine Decke gepolstertem Boden war der Schlaf kurz und wurde oft unterbrochen. In der Nähe von Präriesümpfen erstickten die Männer im Spätfrühling fast unter den Zelttüchern über ihrem Kopf, mit denen sie die Stechmücken abwehrten (diese Insekten konnten einen Rotschimmelwallach so dicht befallen, daß er ganz grau aussah; waren sie wieder fortgeflogen, war er mit blutenden Wunden übersät). Das Segeltuch – zwei mal fünf Meter groß, so daß es ganz um die Bettrolle herumgewickelt werden konnte und als Bettunterlage und Decke zugleich diente – hielt leider manchmal den Sauerstoff ab, aber nie einen starken Regen. Das bedeutete, daß die Männer nach einem starken Guß in durchnäßten Decken schliefen.

Ob die Nacht nun kalt oder feucht oder beides gewesen war, jeder Morgen, an dem die Männer jenes Roundup aus dem Jahre 1886 erwachten, leitete unweigerlich einen brennend heißen Tag ein. Während die Männer Tag für Tag bei glühender Hitze (später im Jahr wurde daraus eine große Dürre) jeden Fluß und Bach absuchen mußten, erinnerten sie sich, daß ihr Problem im Vorjahr in Dauerregen, Schlamm und Überschwemmungen bestanden hatte, und beklagten sich bitter: War denn das Wetter nie richtig? Natürlich nicht!

Die Wappenkunde des Brandeisens

Evans Coleman aus Arizona erklärte einmal, er kenne Cowboys, „die weder lesen noch schreiben, aber jedes Brandzeichen, ob Buchstaben oder Figuren, auf einem Rind erkennen können". In einer Branche, in der das Eigentumsproblem alles war, diente das Brandzeichen als Eigentumsschlüssel. Viele Viehzüchter nannten ihre Ranches sogar nach ihren Brandzeichen. Das Bränden wurde schon in uralten Zeiten praktiziert, bevor das erste Rind nach Amerika kam. Auf einigen 4000 Jahre alten ägyptischen Grabmalereien sind Männer zu sehen, die ihre fetten, gefleckten Rinder bränden. Hernando Cortez brannte den Rindern, die er nach Mexiko mitbrachte, Kreuze ein. Die Vaqueros gaben diesen Brauch an die amerikanischen Cowboys weiter.

Auf einer Ranch des 19. Jahrhunderts beherrschte selbst der Cowboyneuling schon nach kurzer Zeit die drei wichtigsten Elemente des Brandzeichenalphabets *(unten)*. Er lernte, wie man die Bestandteile eines Brandzeichens in der richtigen Reihenfolge liest: von links nach rechts, von ober nach untern oder von außen nach innen (ein T in einem Rhombus hieß nicht T-Rhombus, sondern Rhombus-T). Mit der Zeit konnte er ohne Mühe unter hundert verschiedenen Brandzeichen ein bestimmtes herausfischen; ein guter Cowboy, so Coleman, könnte „die Verfassung der Vereinigten Staaten verstehen, wenn sie mit dem Brandeisen auf die Flanke eines Rinds geschrieben wäre"

DAS GEHEIMALPHABET DES COWBOYS

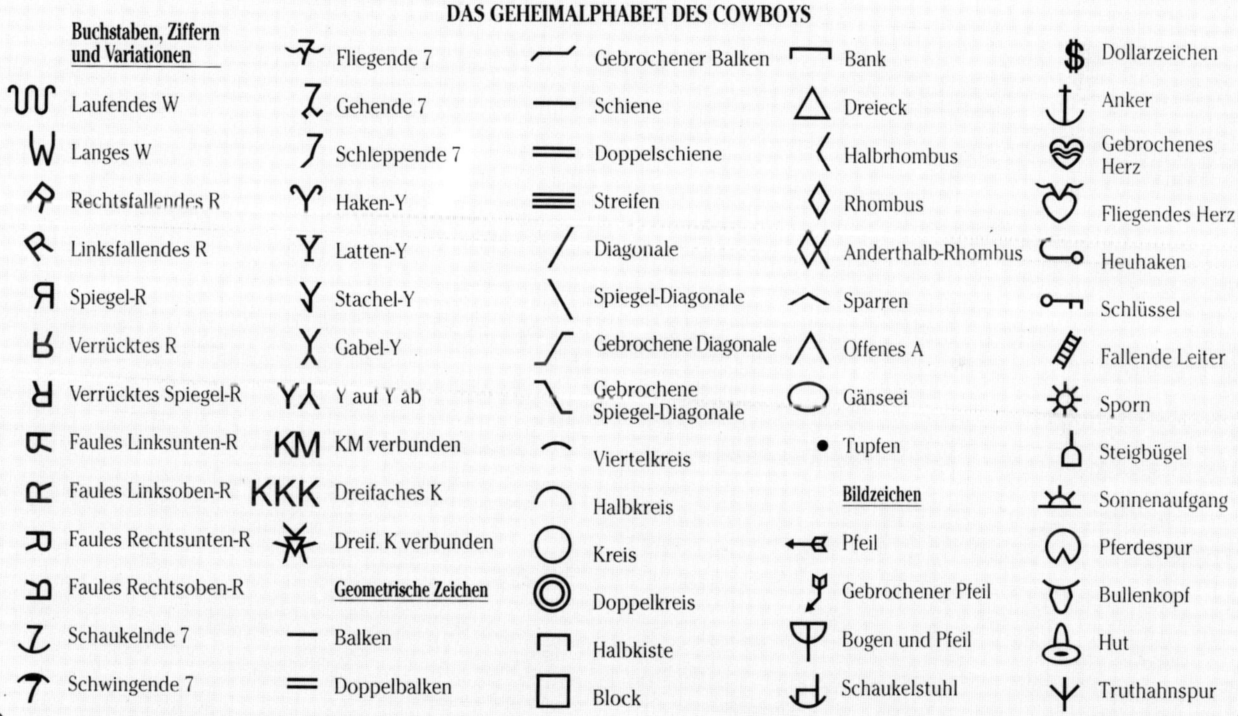

VIER TYPISCHE BRANDZEICHEN

Charles Goodnights einfaches und berühmtes JA bezeichnete die Initialen seines Partners John Adair. Die laufenden Bögen waren außerdem praktisch: Sie waren deutlicher als scharfe Winkel.

Rancher J. H. Barwise bildete aus beiden Silben seines Namens sein Brandzeichen. Von oben nach unten gelesen, ergibt dieses Puzzle „Bar (Balken)-Ys" (englische Aussprache für Y: uai).

Ein Rancher, der früher Revolvermann war, hatte nur zwei Revolver vom Kaliber .45 bei sich, als er in den Westen kam. Später verewigte er diese beiden Schießeisen in seinem Zeichen.

„Ein Mann, der Rinder züchtet, ist ein Narr *(fool)*", sagte der Texaner T. J. Walker und wählte das Wort als Zeichen. Spaßvögel machten manchmal aus dem F ein B (so daß man Bulle las).

Beim Roundup hatten Cowboys oft ein Notizbuch mit allen Brandzeichen und Ohrenmarkierungen bei sich, die man wahrscheinlich an den Rindern finden würde. Auf dieser Liste aus dem Jahre 1886 sind die verschiedenen Brandzeichen von drei Ranches aus dem nördlichen Montana aufgeführt.

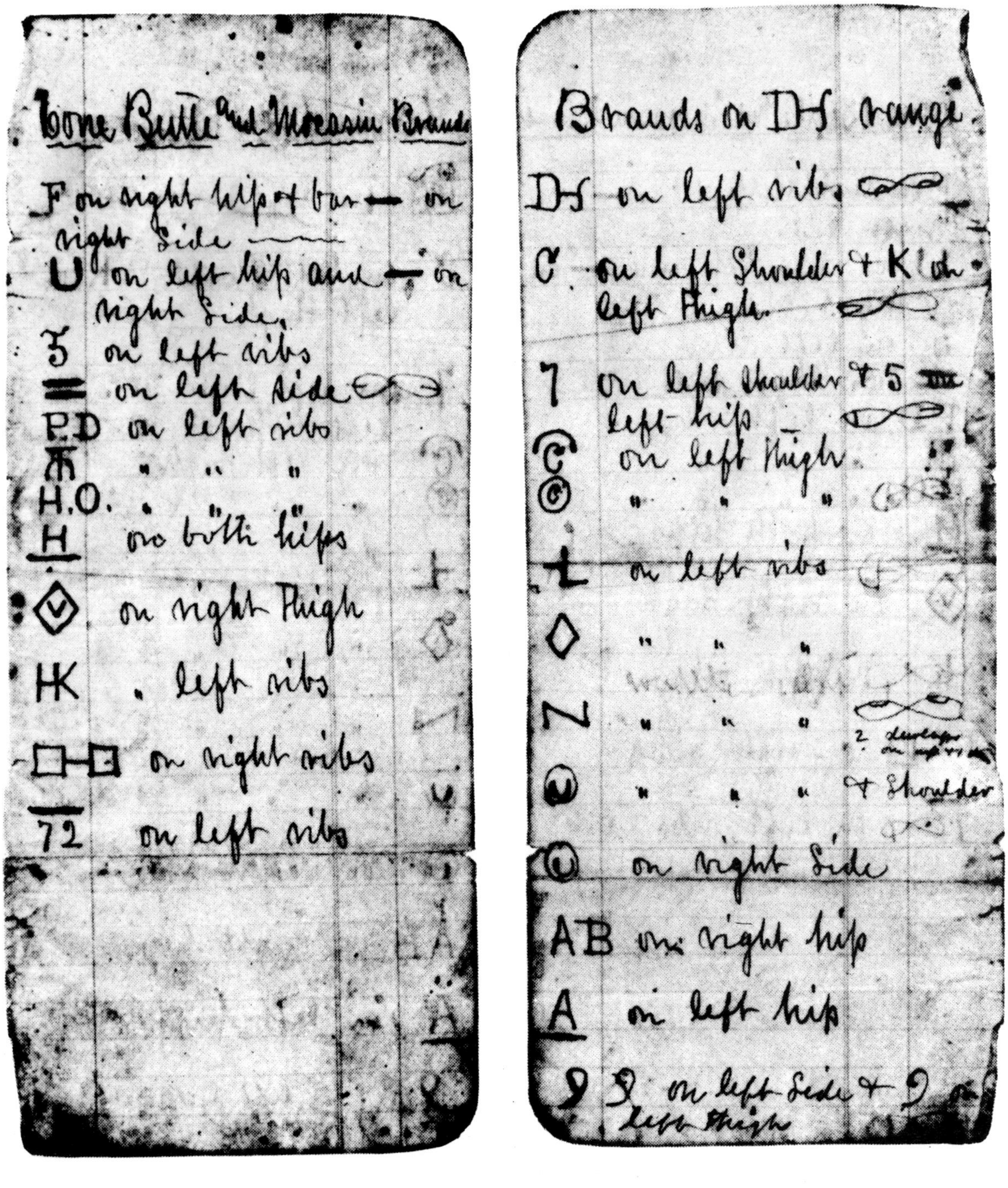

Cone Butte and Mocasin Brands

F on right hip of bar — on right side

U on left hip and — on right side.

on left ribs

on left side

P.D on left ribs

" " "

H.O. " " "

H on both hips

on right thigh

HK " left ribs

on right ribs

72 on left ribs

Brands on DS range

DS on left ribs

C on left shoulder & K on left thigh

7 on left shoulder & 5 left hips

on left thigh

" " "

on left ribs

" " "

" " "

" " " & shoulder

on right side

AB on right hip

A on left hip

9 9 on left side & 9 left thigh

Bei Hitze wurde ein Reiter, der lange Strecken zurücklegte, gegen Mittag oder später am Tag vom Durst geplagt. „Ich war oft froh, wenn ich mich hinlegen und ein paar Schluck aus einer alten Rinderspur trinken konnte, die im Schlamm zurückgeblieben war und noch einige Tropfen Feuchtigkeit enthielt", sagte ein Cowboy aus Colorado.

Die Männer, die im westlichen Gebiet des großen Roundup von Montana im Jahre 1886 arbeiteten, hatten noch ein spezielles Problem. Tag für Tag geisterte eine stumme Mannschaft schwerbewaffneter Cowboys hinter ihnen her. Es waren die Leute von der STV Ranch, der vom Viehzüchterverband die Teilnahme am Roundup verweigert worden war, weil sie 3500 Rinder aus Texas auf Gebiete gebracht hatte, die nördlich vom Yellowstone lagen und schon fast abgeweidet waren.

Boykotte wie diesen gab es überall im Westen, da große Viehzüchter, die Regierungsland besiedelt hatten, kleinere Neuankömmlinge daran hindern wollten, dasselbe zu tun – oder ebenfalls die Weiderechte zu beanspruchen. 1883 veröffentlichten die 20 Besitzer, die sich die 1580 000 Hektar große Musselshell Range in Montana teilten, folgende Bekanntmachung: „Wir betrachten besagte Range als bereits überbesiedelt; deshalb lehnen wir es entschieden ab, Fremdparteien oder andere Parteien, die Herden auf diese Range bringen, an Roundups teilnehmen zu lassen." Der für diese Region zuständige Agent vom Allgemeinen Landbüro schrieb nach Washington, diese Taktik sei „fast genauso wirksam wie das Umzäunen des gesamten Gebiets". Und als Viehzüchter aus Texas die Bundesregierung ersuchten, einen nationalen Rindertrail von Texas zu den Nordranges einzurichten, legten die Männer aus dem Norden sofort ihr Veto gegen das Projekt ein.

Solche Methoden funktionierten jedoch nicht immer. Der Versuch, beim Roundup von Montana die STV Ranch zu boykottieren, mißlang, weil STV-Besitzer John H. Conrad aus Fort Benton, Montana, ihn zu ignorieren beschloß. Er gab seinen Cowboys Anweisung, dem LS-Wagen in Sichtweite zu folgen. Jeden Nachmittag, wenn die offizielle Roundup-Mannschaft die abgesonderten Tiere laufen ließ, untersuchten STV-Männer, die bewegungslos auf ihren Pferden gesessen und der Arbeit zugeschaut hatten, die freigelassenen Rinder und fanden unweigerlich ein paar von ihren Tieren. Sie waren noch dreister und folgten den Roundup-Cowboys beim Einkreisen. Wenn Sweetman beispielsweise auf ein Rind mit dem STV-Brandzeichen stieß, hatte er keine andere Wahl, als es wieder fortzujagen, und der STV-Mann, der ihn beschattete, nahm es unter seine Obhut. So zog die STV-Ranch Nutzen aus dem Roundup, ohne daß sie dazugehörte. Wie Sweetman feststellte, gab es kein wirksames Mittel, einen Mann daran zu hindern, fünf oder zehn Meter vom Roundup-Kreis entfernt zu reiten, „besonders dann, wenn er bewaffnet ist". Und ohnehin, fügte er hinzu, „geschah es ja alles auf Onkel Sams Land".

Am Little Porcupine Creek, der Westgrenze des ihm zugeteilten Gebiets, vereinigte sich Popham mit den Roundup-Wagen von Distrikt 10, und beide Mannschaften taten sich ein paar Tage zusammen und zogen nordwärts.

Allmählich beschrieb der Roundup einen Bogen zurück zur Range der L U Bar. Luke Sweetman fand viele Rinder mit seinem Brandzeichen und trieb sie in beschwerlichen Ritten über die Hügel nach Hause zurück. Als Ausgleich genoß er das Prestige und die Unabhängigkeit eines Rep; die Reps waren der Ansicht, sie hätten mehr Spaß und lernten mehr Menschen kennen als andere Cowboys.

Der LS-Wagen erreichte bald die Wasserscheide von Yellowstone und Missouri, trennte sich von der Mannschaft des 10. Distrikts und gesellte sich einige Tage dem Roundup von Distrikt 9 zu. Die beiden Gruppen suchten zusammen den Big Dry Creek und den Little Dry Creek sowie deren sämtliche Nebenflüsse ab.

Als Teil dieser Arbeit schickte Popham eine Mannschaft mit Packpferden zu den Missouri-Nebenflüssen Squaw Creek und Hell Creek, die durch ein Gebiet flossen, das für Chuckwagen zu unwegsam war. Wie Sweetman später in der gestelzten Sprache seiner reifen Jahre schrieb, drangen diese Männer dabei „in jene ständig sich verändernden, unzugänglichen Alpträume der wilden Erde vor und holten Rinder heraus, die seit mehr als zwei Jahren von keiner Menschenseele mehr erblickt worden waren".

Mit dieser letzten Aufgabe hatten die Männer im Westgebiet ihre Pflicht in jenem Frühling des Jahres 1886 getan. Und es war eine beachtliche Leistung gewesen, den ihnen zufallenden Anteil an der Gesamtmenge von mehr als einer Million Rinder zu finden, mit dem Lasso einzufangen und zu bränden. Im Herbst würde man den gesamten Roundup-Prozeß wiederholen, teilweise um das marktfähige Vieh zum Transport zu sammeln, teilweise um die Kälber zu bränden, die man im Frühling nicht gefunden hatte. Hatte man zu viele Kälber nicht gefunden, konnten die Rancher sogar beschließen, sofort ein zweites Roundup zu veranstalten. Die Cowboys im Westen waren jedoch völlig davon überzeugt, daß kein Vormann sie in diesem Frühling in Distrikt 8 zurückrufen würde. Was eine Mannschaft erfahrener Cowboys nämlich tun konnte, hatten diese Männer getan: Sie hatten in dem schwierigen Gebiet, das ihnen zugeteilt worden war, jedes Rind aufgetrieben. Wie Luke Sweetman stolz in seinem Tagebuch festhielt, war „perfekte Arbeit" geleistet worden.

5 Der große Viehtreck

Für den Cowboy des Wilden Westens gab es keine größere Herausforderung, kein entbehrungsreicheres Unternehmen als den langen Treck – dieses einzigartige und kurzlebige Phänomen. Es war der Höhepunkt seines Arbeitslebens, die Gelegenheit, seine Tüchtigkeit zu beweisen, indem er große Herden Longhornrinder von der heimatlichen Range, wo ein Tier vier Dollar wert war, zu den Märkten trieb, wo es bis zu 40 Dollar bringen konnte.

Die große Zeit der Viehtrecks dauerte nur rund 20 Jahre, vom Ende des Bürgerkriegs bis Mitte der achtziger Jahre des 19. Jahrhunderts. In dieser kurzen Periode legten zehn Millionen Rinder die Trails von Texas zu den Eisenbahnstationen in Kansas und Missouri zurück. Viele von ihnen liefen noch weiter, nach Wyoming und Kanada.

Eine kleine Herde zählte unter Umständen nur 500 Rinder; die größte Herde, die je auf den Trail kam, bestand aus 15 000 Tieren und verließ Texas im Jahre 1869.

Und bei der Frühjahrsüberschwemmung des Jahres 1871, als zahlreiche Herden an einem Flußübergang warten mußten, waren nicht weniger als 60 000 Rinder in einer einzigen sich im Kreis drehenden Masse zusammengepfercht. Doch wie groß die Herde auch war, jeder Treck schien sein besonderes Maß an Plackerei und Zwischenfällen zu haben. Ochsen ertranken beim Flußübergang an tiefen Stellen. Indianer versuchten ständig, Kühe zu erbetteln oder zu stehlen. Siedler verjagten die Herden mit dem Gewehr von ihren Feldern. Ein Donnerschlag konnte eine Stampede auslösen, bei der ein halbes Dutzend Kälber zertrampelt wurde. Nur selten gab es genug Wasser für das Vieh und nie genug Schlaf für die erschöpften Cowboys. Als ein Cowboy sich einmal über mangelnden Schlaf beschwerte, erwiderte sein Treckführer: „Was, zur Hölle, beklagst du dich? Du kannst doch den ganzen Winter schlafen, wenn du in Montana bist.“

Eine Herde Herefordrinder stampft unter den wachsamen Augen eines Cowboys aus Wyoming, der sich in seine Ziegenfell-Chaps und seine Schaffelljacke gehüllt hat, durch den Schnee. Dieses Photo wurde nach 1900 aufgenommen, als die Longhornrinder schon von fleischigeren Shorthornrindern abgelöst worden waren.

Die durstige Herde der Spur Ranch stürzt bei Roaring Springs, Texas, eine Böschung hinunter und watet in den Strom. Auf langen Trecks durch Dürregebiete witterten die Rinder Wasser schon auf 15 Kilometer Entfernung.

Thomas Gilcrease Institute, Tulsa, Oklahoma

Der lange Weg nach Norden

Erstes Morgengrauen auf der Prärie nach einer Juninacht des Jahres 1879. Auf dem Chisholm Trail jenseits der Nordgrenze von Texas zeigt das Licht aus dem Osten einen Chuckwagen, umgeben von schlafenden Gestalten und einem Mann, dem Koch, der mit seinen Töpfen und Pfannen hantiert. Die Stille wird unterbrochen: Der Koch brüllt seine tägliche Frühwarnung, er werde Speck, Bohnen und Brötchen in den Fluß werfen, wenn die Cowboys nicht aufstünden.

Einer der Treiber, ein 19jähriger Rotschopf namens Baylis John Fletcher, erwacht, richtet sich halb auf und stöhnt. Gerade an diesem Morgen wird ihm das Aufstehen zur Qual, ist es doch erst drei Stunden her, daß Fletchers Nachtwache bei den Rindern zu Ende ging. Wie alle Cowboys beim Treck, scheint auch er nie genug Schlaf zu bekommen. Er fühlt sich zerschlagen, und außerdem schmerzen auch noch seine Knöchel, weil er sich kürzlich entzündlichen Rheumatismus zugezogen hat, als er schlechtes Wasser, die stark alkalischen Reste eines Prärierinnsals, trank – das ist jedenfalls der Grund, den er vermutet. Seine Beine sind vom Knie an abwärts so böse geschwollen, daß er seine Stiefel seitlich aufschlitzen muß, um sie noch anziehen zu können.

Draußen in der langsam weichenden Nacht reiten die beiden Männer der letzten Wache immer noch ihre entgegengesetzten Kreise um die schlafende Herde von 2500 Rindern. Fletcher und die anderen fünf wachgebrüllten Cowboys ziehen Hosen und Stiefel an, machen sich das Gesicht mit Wasser aus dem Faß auf dem Chuckwagen naß, trocknen es mit einem Gemeinschaftshandtuch und knöpfen sich die Wollhemden zu.

Der Treckführer George Arnett, ehemaliger Südstaatensoldat und Indianerkämpfer, beschließt, daß die Herde heute bis zum South Canadian River, der das Indianerterritorium zwischen Texas und Kansas von West nach Ost durchfließt, getrieben werden soll. Es ist erst Viertel nach fünf, und die Cowboys trinken gerade den Rest ihres heißen schwarzen Kaffees, als die Sonne aufgeht. Der Wrangler, der hinausgeritten ist, um die Pferde zu sammeln, treibt sie in einen Corral, der noch improvisierter ist als die Roundup-Corrals: In diesem Fall halten zwei Cowboys Seile gespannt, die an den Wagenrädern festgebunden sind. Die Männer suchen sich ein Pferd für den Vormittag aus, indem sie es mit dem Lasso einfangen oder einfach hingehen und einem Tier den Zaum überwerfen. Zwei Cowboys reiten hinaus und lösen die Männer der letzten Wache ab; diese galoppieren herbei, um in aller Eile ihr Frühstück zu verschlingen und die Pferde zu wechseln.

Jetzt springen die Rinder mit der schnellen, anmutigen Bewegung, die Longhorns eigen ist, auf. Normalerweise treiben die Cowboys das Vieh schon im Morgengrauen auf den eigentlichen Trail, um die kühle Luft auszunutzen und die Tiere vom feuchten Gras fernzuhalten, das ihre Hufe aufweichen kann. Doch wie Mr. Arnett (der Treckführer wird immer mit „Mister" angeredet) feststellt, ist das Büffelgras heute morgen ziemlich trocken, und er bestimmt, daß die Herde bis neun Uhr weiden darf.

Die Männer werfen ihre umfangreichen Bettrollen, die in Zelttuch eingeschlagenen Steppdecken, auf den Chuckwagen. Die rauchgeschwärzten Dutch-Öfen klingen wie dissonante Glocken, als der Koch die Kochkiste hinten auf dem Wagen verstaut und quer durch die Herde zum Mittagstreffpunkt aufbricht, den der vor den Tieren und seinen Männern herreitende Arnett ausfindig machen wird.

Um neun Uhr beginnen die Männer, das Vieh auf den eigentlichen Trail zu treiben, indem sie immer näher an die Rinder heranreiten und die breite Herde einengen und in Marschlinie bringen: „Ho, Rinder, ho ho, ho ho." Die Cowboys hinten und auf beiden Seiten weichen keinen Zentimeter, jagen vom Weg abgekommene Tiere zurück und treiben die Nachhut an; die Männer vorn führen die Treibherde. Es handelt sich um eine gemischte Herde aus Kühen und Kälbern, die schlecht zu treiben ist, weil Muttertiere und Junge immer wieder umkehren und einander

Ein Cowboy, der sich die Bandanna, sein großes Halstuch, als Schutz gegen den dichten Staub vor Mund und Nase gebunden hat, reitet hinter einer Treckherde und treibt die Nachzügler immer wieder mit schneidenden Lassohieben an.

Beim Treck reiten die Cowboys in der in dieser graphischen Darstellung gezeigten Formation. Währen der Treckführer auf der Suche nach Wasser und Gras vorausreitet, übernehmen die Treiber abwechselnd die verschiedenen anderen Positionen.

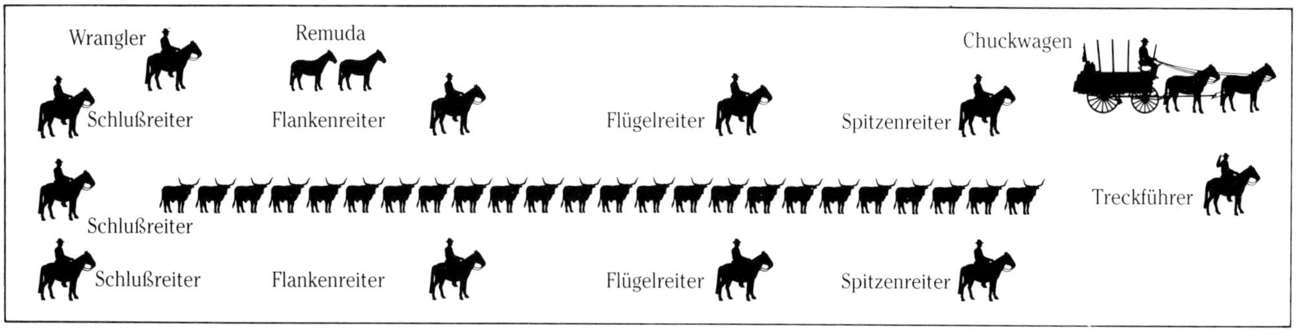

suchen, wobei sie traurige Muhtöne ausstoßen, die den Klängen von Orgelpfeifen ähneln. Um eine größere Ordnung in den Treck zu bringen, hat Arnett ein paar Ochsen als Leittiere mitgenommen. Diese übernehmen jetzt instinktiv die Führung, und Kühe und Kälber schließen sich an. Die Marschkolonne verengt sich, wird immer länger und dehnt sich schließlich auf drei Kilometer aus; in jeder Reihe laufen gewöhnlich vier oder fünf Tiere.

Fletcher reitet heute morgen an der linken Flanke der Herde. Die Männer halten es für fair, sich bei den verschiedenen Reitpositionen *(oben)* abzuwechseln, mit denen man die laufenden Rinder unter Kontrolle behalten will. Die schlimmste Arbeit fällt den sogenannten Dragreitern, den Schlußmännern, zu, die auch von ihren Bandannas, ihren großen, über den Mund gezogenen Halstüchern, nicht vor dem Staub geschützt werden, während sie lahmende Rinder und schwache, verwaiste Jährlinge antreiben, damit sie nicht den Anschluß verlieren. Wenn der Tag zu Ende ist, wird die Herde ihrem Ziel in Wyoming, wo man sie als Zuchtvieh verkaufen will, nachdem sie sich auf dem Weg nach Norden am Präriegras gemästet hat, 15 bis 20 Kilometer näher gekommen sein.

An diesem frühen Sommermorgen waren Fletcher und seine Kollegen nun schon zwei Monate unterwegs und hatten 800 Kilometer zurückgelegt auf dem langen Treck, der das größte und beschwerlichste Abenteuer war, das ein Cowboyleben bot. Sie waren in Südtexas aufgebrochen, wo die Einheimischen mit spanischem Akzent sprechen und die Luft nach dem Salz des Golfs von Mexico riecht. Nach weiteren 1200 Kilometern würden sie in Wyoming eintreffen, wo der Wind vom schneebedeckten Kamm der Rocky Mountains bläst und nach Kiefern duftet. Bei der Ankunft des Trecks in Wyoming würden sie vier Monate lang täglich im Sattel gesessen und ein gewaltiges und gefährliches Abenteuer durchgestanden haben, das glattgesichtige Jünglinge wie Baylis John Fletcher zu vollgültigen Cowboys machte. Mehr als zwei Drittel der 2000-Kilometer-Reise mußten sie der Hauptroute der nach Norden ziehenden Viehtrecks, dem alten Chisholm Trail, folgen.

Der Chisholm Trail war nach dem Fuhrunternehmer und Händler Jesse Chisholm, Sohn eines schottischen Squatters und einer Cherokee-Indianerin, benannt worden, der einen Teil der Route als gerade und ebene Wagenstraße mit bequemen Flußübergängen zwischen dem südlichen Teil von Mittelkansas und seinem Handelsposten am Canadian River angelegt hatte. Als Rindertrail hatte man ihn 1867 zum erstenmal benutzt; in fünf Jahren waren mehr als eine Million Rinder die Strecke entlanggezogen, die inzwischen stellenweise 180 bis 360 Meter breit getrampelt und durch Erosion so stark abgetragen worden war, daß sie tiefer lag als die Ebenen, die sie durchquerte. Neben dem Trail lagen die Skelette von Kühen, die bei Stampeden ums Leben gekommen waren, und von Kälbern, die man bei der Geburt erschossen hatte, weil sie nicht mithalten konnten. Man sah auch die Gebeine von Menschen, die man in flachen Gräbern verscharrt hatte – Ertrunkene, die in der Nähe eines Flußübergangs aus dem Wasser gezogen worden waren, oder Treiber und Siedler aus früheren Tagen, die die Indianer getötet hatten. Jeder, der sich auf den Weg machte, kannte die Gefahren und wußte, daß er beim Treck weniger wert war als die Rinder, die er trieb.

Doch die Cowboys waren sehr darauf bedacht, mitzuziehen, viele noch als Knaben, die das Abenteuer des Unbekannten bestehen wollten, wie es junge Leute schon immer getan hatten, indem sie in den Krieg zogen oder zur See fuhren. Es war ihnen gleichgültig, daß der lange Treck für die profitorientierten Rinderbarone nur dazu diente, große Fleischmassen zum Preis von einem knappen Penny pro Kopf und Kilometer zum Markt zu bringen. Es war gleichgültig, daß die rauhe Wirklichkeit des Treiberlebens einen Mann so weit erniedrigen konnte, daß er den Pferdeschweiß vom Sattel leckte, wenn im Küchenwagen das

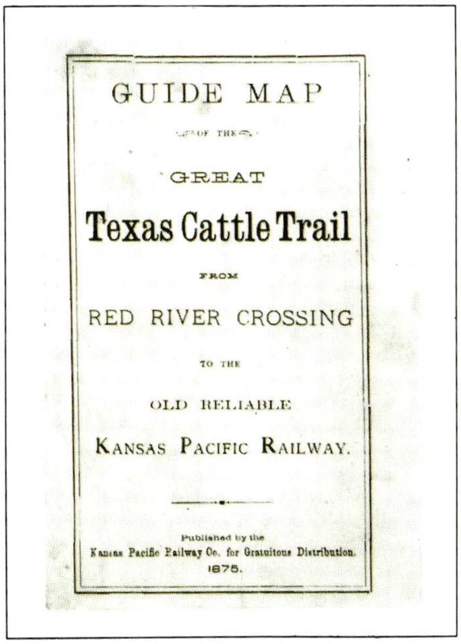
GUIDE MAP
OF THE
GREAT
Texas Cattle Trail
FROM
RED RIVER CROSSING
TO THE
OLD RELIABLE
KANSAS PACIFIC RAILWAY.

Published by the
Kansas Pacific Railway Co. for Gratuitous Distribution.
1875.

Bevor die Treckführer auf den langen Treck gingen, besorgten sie sich die handlichen Trailführer, die die verschiedenen Eisenbahngesellschaften zur Ankurbelung ihres Transportgeschäfts verteilten.

Salz ausging. Und es war ihnen auch gleichgültig, daß der Cowboy als Entgelt für drei oder vier Monate Staub, Durst, Blasen, Kälte und Gefahr einen Nettolohn von 100 Dollar bekam – kaum genug für einen neuen Hut und ein gutes Paar Stiefel. Natürlich gab es einen Ausgleich für die Strapazen: die Kameradschaft auf dem Treck, das Schauspiel großer, brauner, langsam dahinziehender Rinderströme (1883 sah ein Treiber, der auf einem Hügel in der Nähe des North Platte stand, an einem einzigen Tag 28 Herden am Horizont vorbeiziehen), die Genugtuung, die härteste Prüfung des Cowboy-Daseins bestanden zu haben, und vielleicht auch das stolze Bewußtsein, Teil von etwas Fundamentalem und Grandiosem zu sein. Es waren solche Herausforderungen und Emotionen – zu denen in manchen Fällen die nackte Notwendigkeit kam, eine Arbeit zu finden, wie schwer sie auch war –, die junge Männer wie den „Texasburschen der Pionierzeit“ (so Fletchers Selbstcharakterisierung) auf den Trail zog.

Fletcher ließ sich im Frühling des Jahres 1879 anheuern. Sein Arbeitgeber war der berühmte und wagemutige Treiber Tom Snyder aus Texas, der gewöhnlich selbst mit seinen Herden ritt, für diesen Viehtreck aber Arnett als Treckführer angestellt hatte. Snyder war ein gottesfürchtiger und vorsichtiger Mann. Er verbot seinen Cowboys das Fluchen. Er wollte auch nicht, daß sein Vieh nachlässig behandelt wurde, und heuerte deshalb einen Cowboy für jeweils 250 Rinder an, wogegen manche Treiber ein Verhältnis von 1: 400 für ausreichend hielten. Der Lohn betrug etwa 30 Dollar monatlich plus Ernährung für die Cowboys; weniger als 30 Dollar für den tieferstehenden Pferde-Wrangler, der gleichzeitig Gehilfe und Botenjunge des Kochs war; 100 Dollar für den Treckführer und einen Betrag dazwischen für den Koch – in Anerkennung seiner Funktion als Cowboymutter. Als Transportmittel der Mannschaft hatte Snyder eine Reserveherde oder Remuda von 80 Pferden, das Stück zu 15 Dollar, gestellt. Er hatte außerdem einen Wagen beschafft, der zusammen mit Pferden und Rindern verkauft werden sollte.

Die zehnköpfige Mannschaft hatte die 2500 Rinder – eine Treibherde durchschnittlicher Größe – in der ersten Aprilwoche auf der Green Ranch etwas nördlich von Corpus Christi übernommen. Während die Cowboys die letzten Vorbereitungen für den Treck trafen, verstreute Tiere zur Herde jagten und widerwillige Kühe aus Dickichten im Flußbett holten, begann Fletcher, sich genaue Notizen über die Pflichten und Einzelheiten des Treiberlebens zu machen. Später wurden seine Erinnerungen als Memoirenwerk veröffentlicht und blieben als bemerkenswerter Bericht von den beschwerlichen alltäglichen Abenteuern des langen Trecks bis in unsere Zeit erhalten.

Als man, so Fletcher, schließlich alle Rinder unter Kontrolle hatte, trieben die Männer sie über eine enge, seitlich vergitterte Gleitbahn und drückten ihnen mit einem Brandeisen das Treckbrandzeichen – in diesem Fall ein TL – auf, um sie so als Treckvieh zu kennzeichnen. Diese Vorsichtsmaßnahme war von Treibern entwickelt worden, die es oft mit Herden mehrerer Ranches mit verschiedenen Brandzeichen zu tun hatten. Das zusätzliche Treckbrandzeichen auf der Flanke bedeutete, daß es sich nicht um einen vermischten Haufen gestohlener Rinder, sondern um eine legitime Treibherde handelte.

Am Abend, bevor Fletcher und seine Kollegen mit der Herde nach Norden aufbrachen, engagierten sie ein paar mexikanische Gitarrenspieler und veranstalteten auf der Ranch ein ausgelassenes Fest, bei dem jeder Cowboy, wie Fletcher später amüsiert schrieb, „in der warmen Umarmung eines anderen mit Sporen, ledernen Beinschützern und breitkrempigem Sombrero ausgerüsteten Mannes“ tanzte.

Am nächsten Morgen, dem 11. April, begannen sie den langen ersten Abschnitt – einen 50-Tage-Treck über 650 Kilometer, nur um aus Texas herauszukommen. Und es gab schon gleich zu Anfang einige Zwischenfälle. Am zweiten Tag, als die Herde gerade vorsichtig durch die Straßen von Victoria getrieben wurde, schlug eine reizbare alte Dame mit ihrem Sonnenhut nach den Tieren, um sie von ihren Rosen fernzuhalten, worauf sich die Leittiere in plötzlicher Panik den nach ihnen kommenden entgegenwandten, die blindwütig auseinanderstoben. Longhornrinder rannten durch alle Straßen, und die aufgeschreckten Bürger verschwanden in ihren Häusern. Es wurde niemand verletzt, aber Arnett und seine Männer brauchten mehrere Stunden, um die Tiere anzuhalten, zu sammeln und wieder loszutreiben. Wie so oft bei Treibherden, machte diese anfängliche Stampede die Rinder schreckhaft. Schon in der folgenden Nacht setzten sie von Mitternacht bis fast zum Morgengrauen immer wieder zu neuen Stampeden an, und alle Männer mußten im Sattel bleiben und waren morgens völlig erschöpft.

Es war ein schlechter Anfang, und ein paar Abende darauf wurde es noch schlimmer. Fletcher und sein Partner bei der Nachtwache waren gerade nach ihrer Schicht von den Pferden abgesessen und wärmten sich am Feuer auf, als die zur Ruhe gekommenen Rinder plötzlich wieder aufsprangen und in eine polternde Stampede ausbrachen. Die beiden Cowboys verkrochen sich hinter einer Eiche, an der die Ochsen so dicht vorbeirannten, daß sie mit ihren Hörnern die Rinde vom Baum rissen. Als alle Rinder vorbei waren, sprang Fletcher aufs Pferd, galoppierte zur Spitze der Stampede und brachte die Leitrinder zum Wenden, so daß die Herde die Form eines rotierenden Rades annahm, das allmählich langsamer wurde und schließlich anhielt. Am nächsten Morgen fehlten 100 Rinder. Vier verwegen aussehende Männer kamen herangeritten und boten an, das Vieh für einen Dollar pro Stück wiederzubeschaffen. George Arnett vermutete richtig, daß er es mit den Männern zu tun hatte, die die Stampede ausgelöst hatten, und bot fünfzig Cent. Die Reiter akzeptierten, brachten aber nur 60 Rinder zurück. Arnetts eigene Leute holten weitere 20 entlaufene Tiere wieder; die verbleibenden 20 fielen den Viehdieben in die Hände – aber man konnte natürlich nichts beweisen.

In der folgenden Samstagnacht wurde die Herde in einem der Corrals untergebracht, die Rancher in besiedelten Gebieten in Südtexas an die Männer mit Treibherden vermieteten. Wieder brach sie in eine Stampede aus. Diesmal gab es keine Viehdiebe und keine andere offensichtliche Ursache. Das Vieh stürzte einfach los, durchbrach den Corral und verschaffte allen Cowboys eine weitere harte Nacht im Sattel. In dem Durcheinander verlor Fletcher den stolzesten Besitz aller Cowboys, seinen Hut. Am nächsten Tag fand er einen Laden, der Hüte führte, aber der überfromme Besitzer wollte unter keinen Umständen am Sabbat einen Hut verkaufen. So ritt Fletcher barhäuptig – für einen Cowboy ein beinahe unerträglicher Zustand – weiter, bis er einen Tag später endlich Ersatz bekam.

Und das war gut so. Zwei Wochen darauf, als die Herde Mitteltexas erreicht hatte, öffnete sich nämlich der Himmel, und eine Kanonade von Hagelkörnern prasselte auf sie herab, die so groß wie Wachteleier waren, Vögel und Wildkaninchen töteten und den Männern so schlimme und zahlreiche Quetschungen zufügten, daß sich später die Haut schälte. Das Unwetter ließ die Rinder vom Trail abkommen und zerstreute sie; die gesamte Mannschaft mußte die Tiere einholen und wieder in Marschlinie zwingen. Das war der einzige Hagelsturm auf dem Treck, wofür Baylis Fletcher mit Recht dankbar war. Bei der Arbeit auf der baumlosen Prärie, die keinerlei natürlichen Schutz bot, fürchteten die Cowboys den Hagel; die Männer konnten nur Schutz finden, indem sie blitzschnell absaßen und sich den Kopf mit dem Sattel bedeckten. Hagel war jedoch nur eines der wetterbedingten Risiken. Ein anderes war der Schnee, denn Blizzards aus dem Norden konnten Südtexas noch im Mai erreichen.

Vier Tage nach dem Hagelunwetter näherte sich die Herde Fort Worth, dem größten Ort (1879 zählte er 6500 Einwohner) am Chisholm Trail. Die Vertreter der Geschäfte in der Stadt kamen angeritten, um den Treck zu begrüßen, und versuchten, dem Treckführer Vorräte für den Chuckwagen zu verkaufen. Von den anderen ermutigt, hielt einer der Cowboys den ersten Händler an, tat so, als sei er der Treckführer, und nahm Werbegeschenke in Form von Whiskey und Tabak entgegen. Dann galoppierte ein anderer Mann, wie vereinbart, herbei und rief ihm zu: „Der Boß sagt, du sollst sofort herkommen und arbeiten, du faules Aas, oder er setzt dich in Fort Worth auf die Straße.“ Die Cowboys schrien vor Vergnügen über den seltenen und großartigen Erfolg, einen Städter hereingelegt zu haben.

Die nächsten 160 Kilometer nördlich von Fort Worth boten keine Schwierigkeiten – drei Wochen mit gutem Gras und ruhigem Wetter. Doch dann tauchte ein Hindernis auf, das für jeden Cowboy, der Herden aus Texas nach Norden trieb, von entscheidender Bedeutung war: der Red River. Wie die meisten der anderen großen Ströme der Great Plains floß auch der Red River in westöstlicher Richtung. Die wichtigsten Rindertrecks gingen nach Norden und Süden. Diese unbequeme geographische Sachlage zwang den Cowboy, der gewöhnlich als ausgedörrt, durstig und staubbedeckt geschildert wird, viele Stunden halbnackt bis zum Hals in braunem Wasser zu verbringen, damit beim Überqueren möglichst keine Tiere verlorengingen – oder Cowboys. Diese Flüsse entsprangen nämlich alle in den fernen Bergen des Westens, und Stürme in jenen Gegenden konnten ganz unvermittelt und ohne Warnung zu Überflutungen der Flußübergänge führen. Ein 15 Zentimeter tiefer Fluß konnte an einem einzigen Tag um acht Meter anschwellen. Wenn man Glück hatte, führten große Flüsse wie der Red River so wenig Wasser, daß man durchwaten konnte. Die Cowboys haßten tiefes Wasser. Nur wenige konnten gut schwimmen, viele konnten es überhaupt nicht. Und es beruhigte sie nur wenig, daß ihre Pferde ausgezeichnete Schwimmer waren und mit einem Mann, der sich ans Sattelhorn klammerte oder gar im Sattel saß, die tiefen Stellen überwinden konnten.

Der Red River bot besondere Gefahren – physische, geographische und psychische. Hier verließen Männer und

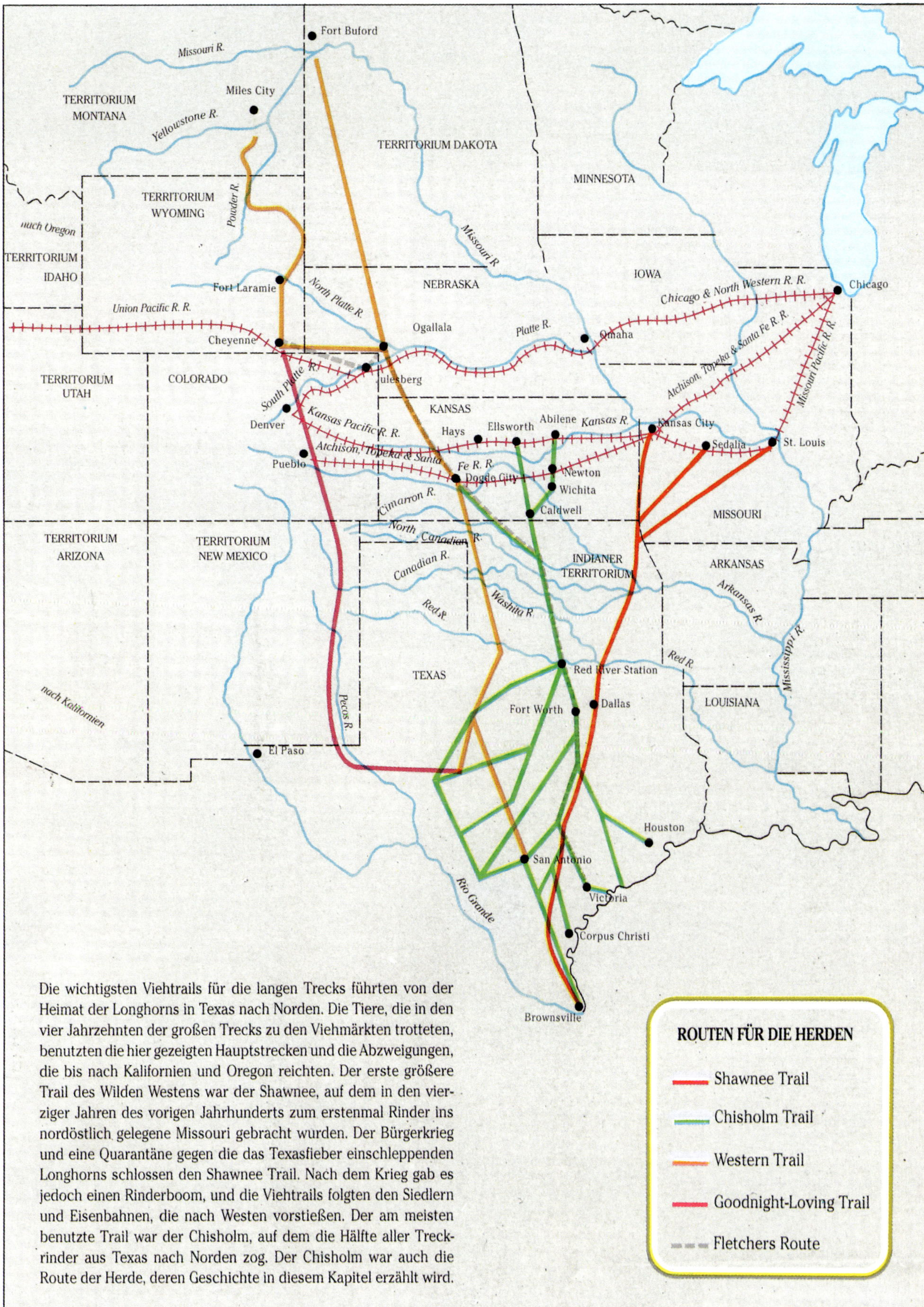

Die wichtigsten Viehtrails für die langen Trecks führten von der Heimat der Longhorns in Texas nach Norden. Die Tiere, die in den vier Jahrzehnten der großen Trecks zu den Viehmärkten trotteten, benutzten die hier gezeigten Hauptstrecken und die Abzweigungen, die bis nach Kalifornien und Oregon reichten. Der erste größere Trail des Wilden Westens war der Shawnee, auf dem in den vierziger Jahren des vorigen Jahrhunderts zum erstenmal Rinder ins nordöstlich gelegene Missouri gebracht wurden. Der Bürgerkrieg und eine Quarantäne gegen die das Texasfieber einschleppenden Longhorns schlossen den Shawnee Trail. Nach dem Krieg gab es jedoch einen Rinderboom, und die Viehtrails folgten den Siedlern und Eisenbahnen, die nach Westen vorstießen. Der am meisten benutzte Trail war der Chisholm, auf dem die Hälfte aller Treckrinder aus Texas nach Norden zog. Der Chisholm war auch die Route der Herde, deren Geschichte in diesem Kapitel erzählt wird.

Neben einer Herde, die durch ein nächtliches Gewitter in Panik versetzt wurde, galoppiert ein Cowboy und versucht, die Spitze der Stampede zu erreichen, um die Herde zu „drehen“, indem er die Leittiere zum Umkehren veranlaßt.

Thomas Gilcrease Institute, Tulsa, Oklahoma

Vieh den Schutz der Gesetze des Staates Texas und betraten „The Nations", das Indianerterritorium (heute das östliche Oklahoma), das von Cherokee, Creek, Seminole, Choctaw und Chickasaw besiedelt und von einigen der berüchtigten Kriegerstämme, vor allem den wilden Comanche und Kiowa, durchstreift wurde. Hier, im rauhen Grenzdorf Red River Station, das auf der texanischen Seite am bequemsten Flußübergang lag, entließ der Treckführer die schwarzen Schafe der Mannschaft und heuerte neue Cowboys an. Und hier befand sich vor allem der Fluß selbst mit den tückischen Treibsandstellen und den Bäumen am Ufer, in deren Zweigen noch Treibholzstücke hingen, die von dem hohen Wasserstand bei früheren Überschwemmungen zeugten. Verstreut liegende, primitive Gräber bei der Station erinnerten an die Männer, die beim Versuch, den Fluß zu durchqueren, umgekommen waren.

Die Treckführer versuchten, ihre Herde durch einen Fluß wie den Red River in derselben Formation zu führen, in der sie auch auf dem Trail getrieben wurde. Manche Kühe schienen dabei geradezu stolz auf ihre Schwimmtalente zu sein – „stolz wie die Schwäne", sagte ein Cowboy. „Alles, was man sehen kann, sind ihre Hornenden und Nasenspitzen." Selbst Kälber stürzten sich furchtlos ins Wasser, ihre kleinen Köpfe in der Nähe des Muttertiers.

Doch nur selten verlief eine Flußüberquerung glatt. Oft blieb das Vieh im Treibsand stecken. Geriet ein Rind in eine solch üble Lage, sank es unter Umständen einen ganzen Tag lang Millimeter um Millimeter, bis zuletzt seine Nase verschwand. Gewöhnlich konnten die Cowboys das versinkende Tier jedoch mit Hilfe einer schwierigen und riskanten Prozedur retten. Da die ausgestreckten Beine der Kuh wie Anker im Treibsand steckten, mußten die Cowboys ein Loch um jedes Bein graben, die Beine einknicken und an den Knien festschnüren. Dann wurde ein Seil um die Hörner geschlungen. So verschnürt, konnte das Tier von vier oder fünf Pferden oder mit Hilfe eines aufgebockten Rades des Küchenwagens, um dessen Nabe das Seil gelegt wurde, das als Winde fungierte, herausgezogen werden. Wenn bei diesem Versuch ein Tau riß oder abrutschte, wurde dem Tier dabei unter Umständen ein ganzes Bein abgerissen. Dann konnte man das verstümmelte Geschöpf nur noch mit einer Kugel von seinen Qualen erlösen.

Hatten die Rinder den Treibsand erst einmal hinter sich und das tiefe Wasser erreicht, gerieten sie möglicherweise in Panik oder fingen an, eine „Mühle" zu machen, schwammen also in einem turbulenten Durcheinander von Hörnern und Köpfen und unter Wasser gedrückten Leibern im Kreis, wobei viele Tiere zu ertrinken drohten. So etwas hatte sich im Frühjahr 1871 ereignet. Der Red River führte infolge der Schneeschmelze so viel Wasser, daß sich 60 000 Stück Vieh am Ufer drängten und auf eine Gelegenheit warteten, den Strom zu überqueren. Ein Cowboy, der dabeigewesen war, schilderte es so: „Das Gewirr von vorbeisausendem, dichtem Gestrüpp und abgebrochenen Baumstämmen gab einem das

Die Leittiere der Herden

„Unsere Anführer waren ein Paar Präriestiere namens Broad und Crump", erinnerte sich der Cowboy Alonzo Mitchell voll Respekt für ein Paar schlaue Longhorns, die einer Herde auf dem Chisholm Trail nach Kansas voranmarschiert waren. Solche Leitrinder gab es oft beim Treck. Bei fast jeder Herde übernahmen ein paar Stiere schon am ersten Tag instinktiv die Führung und blieben an der Spitze. Die anderen Rinder folgten – durch Schluchten und Flüsse. Cowboys gaben offen zu, daß die Führung durch die Leitstiere genausoviel zum stetigen Vorankommen der Tiere beitrug wie ihre eigene Treibarbeit.

An der Eisenbahnstation gingen diese langhörnigen Rattenfänger gewöhnlich den Weg der anderen Rinder – sofort auf die Verladerampen und zum Schlachthaus. Einige erwiesen sich auf dem Trail allerdings als so wertvoll, daß ihnen dieses Schicksal erspart blieb, damit sie wieder anführen konnten. Am bekanntesten war Charles Goodnights Stier Old Blue, der in acht Saisons rund 10 000 Stück Vieh nach Dodge City führte. Unterwegs trug er am Hals eine Glocke, deren Läuten die anderen Rinder bald zu folgen lernten. Nachts bewegte sich Old Blue frei im Camp und nahm von den Cowboys Leckerbissen entgegen. Nach seinem letzten Treck ging er auf einer üppigen Weide in den Ruhestand, und als er schließlich starb, wurden seine Hörner im Ranchbüro aufgehängt.

Gefühl, daß alles, was auf Hunderten von Kilometern wuchs, an den Wurzeln herausgerissen und mitgespült worden war." Endlich trieb ein ungeduldiger Treckführer seine Herde in das aufgewühlte, rotbraune Wasser. Auf halber Flußbreite fing das Vieh an, im Kreis zu schwimmen. Der Cowboy zog sich bis auf die Unterwäsche aus, schwamm mit seinem Pferd zur „Mühle" und sprang „genau aufs Vieh. Es war so dicht zusammengedrängt, daß es war, als ginge ich auf einem Floß aus Baumstämmen. Als ich auf der anderen Seite auf den einzigen richtig großen Ochsen der Gruppe traf, kletterte ich auf ihn, und er schwamm auf das Ufer zu". Zum großen Glück des Treckführers folgte die Herde, denn die meisten Rinder, die am Südufer geblieben waren, brachen in eine Stampede aus. Die 350 Männer der anderen Treibmannschaften brauchten zehn Tage, um die durcheinandergeratenen Tiere wieder in die mehr als 30 Herden zu teilen, die ursprünglich dort gewartet hatten.

Fletcher und die TL-Herde erreichten den Red River zu einem Zeitpunkt, als der Fluß wenig Wasser führte und zu durchwaten war; doch Schwierigkeiten konnte er auch jetzt noch verursachen. Mitten im Strom, die Herde ging brav durchs Wasser, und der Red River schien bereits geschafft, hielt der Koch seinen Wagen an, um das Wasserfaß aufzufüllen. Prompt versank das Fuhrwerk bis an die Achsen im Treibsand. Die Zugochsen kämpften sich weiter und rissen dabei die Wagendeichsel ab. Die Cowboys wurden schnell zu Tischlern, schnitzten einen Pappelstamm zurecht und stiegen in die Fluten, um ihn als Ersatzdeichsel am Wagen zu befestigen. Dann liehen sie sich von einem Treck, der noch am Übergang wartete, zwei weitere Ochsengespanne. Zusammen gelang es den sechs Tieren, den Wagen hinüberzuziehen, während Baylis Fletcher und die anderen Cowboys auf dem anderen Ufer die Herde für den Treck durchs Indianerterritorium in Marschlinie brachten.

Als einigermaßen gebildeter junger Bursche wußte Baylis Fletcher alles über Indianer, was man aus den Romanen von James Fenimore Cooper lernen konnte. Wie andere Cowboys hatte er ab und zu einen kleinen Grabhügel am Trail gesehen oder davon gehört, an dem eine Tafel mit dem lakonischen Hinweis „Von Indianern getötet" stand. Viehdiebstähle von Indianern waren immer noch ziemlich häufig. Nachts schlichen sich die besonders mutigen Comanche zu einer Herde, standen dann plötzlich auf und schwangen Büffeldecken, um eine Stampede auszulösen. Später machten sie sich mit einigen der im allgemeinen Aufruhr von der Herde abgekommenen Tieren davon. James Baker, ein anderer Cowboy aus Texas, der 1870 auf den langen Treck zog, schrieb folgenden Bericht über einen typischen Indianerüberfall: „Wir wurden letzte Nacht von den Wachen geweckt und sahen Indianer, die schreiend und schießend durchs Lager liefen. Sie brachten unsere Herde in Stampede und erwischten in dem folgenden Durcheinander 15 von unseren Pferden, wodurch uns nur noch fünf blieben, und plünderten unsere Wagen aus, wobei sie mein ganzes

Die Anatomie des Chuckwagens

Der Mittelpunkt für Trecks auf dem Trail war ein ausladendes, solide gebautes Gefährt, das praktisch alles aufnahm, was zehn Männer bei einer bis zu fünfmonatigen Präriereise brauchten. Die endgültige Form dieses Wagens schuf der Rinderbaron Charles Goodnight, der für seine Treckmannschaft 1866 einen Vorratswagen der Armee umbaute, den er in erster Linie wegen seiner ganz besonders stabilen Eisenachsen ausgesucht hatte. Dem eigentlichen Wagenkasten, wo sperrige Güter wie Proviant und Bettrollen verstaut wurden, fügte er bereits bekannte Treck-Ausrüstungsstücke hinzu: auf der einen Seite ein Wasserfaß, das einen Zweitagevorrat Wasser faßte; auf der anderen Seite eine Werkzeugkiste; oben Verdeckstreben aus Bandeisen, über die man eine Plane ziehen konnte.

Aber die Neuerung, die den Goodnight-Wagen zum Prototyp aller nachfolgenden vollwertigen Chuckwagen machte, war die Installation einer Küchenkiste. Sie ragte hinten über die Achse hinaus und hatte einen Klappdeckel mit Klappbein, der als Arbeitstisch diente, wenn er heruntergeklappt wurde *(Seitenansicht, unten)*. Die Küchenkiste enthielt Schubladen und Abstellfächer *(Rückansicht)*. Hier – und in dem darunter befestigten Kutschkasten – verstaute der Koch seine Utensilien und alles, was er gerade für die Tagesmahlzeiten benötigte. Der typische Aufbau einer Küchenkiste wird auf diesen Seiten gezeigt – die am leichtesten zugänglichen Fächer beherbergen die Kaffeekanne und den Whiskey, den der Koch als Medizin allein verwaltete (und bekanntlich besonders parteiisch verteilte). Darüber befindet sich die sogenannte „Notlade", die buchstäblich alles enthielt, was man in irgendeinem Notfall nur brauchen konnte, von der Quecksilbersalbe bis zur Nähnadel. Goodnights Wagenentwurf erwies sich als so praktisch, daß er von den Ranches des ganzen Westens übernommen wurde. Die Idee wurde natürlich schon bald kommerziell verwertet und der Wagen somit zum Standardprodukt der größeren Fuhrwerkbauer, darunter auch der berühmten Studebaker Company, die Chuckwagen für 75 bis 100 Dollar verkaufte.

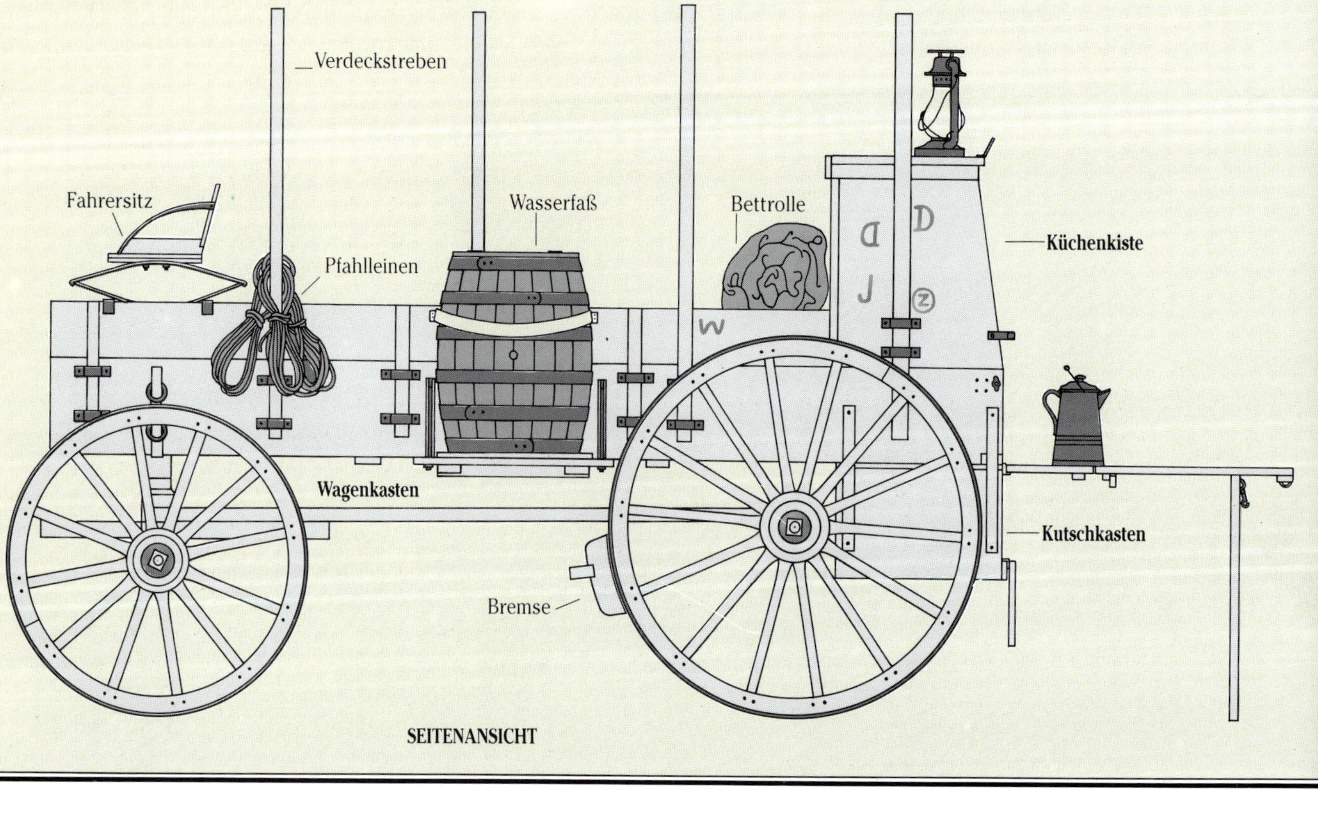

SEITENANSICHT

Wagenkasten

Bettrollen
Regenumhänge
Wagenplane
Corral-Seil
Feuerwaffen, Munition
Laterne, Leucht-petroleum
Achsenschmierfett
Ersatzrad
Gesalzenes Schweine-fleisch
Rohes Rindfleisch

Sammelproviant:
Grüne Kaffeebohnen
Mehl, Bohnen
Zucker, Salz
Getrocknete Äpfel
Zwiebeln, Kartoffeln
Getreide für die Mannnschaft

Werkzeugkiste

Schaufel
Axt
Brandeisen
Hufeisenausrüstung
Fesselschlingen
Stangen für Kochgestell
Ersatzbratpfannen

Küchenkiste und Kutschkasten

1 Mehl
2 Zucker
3 Trockenfrüchte
4 Geröstete Kaffee-bohnen
5 Bohnen
6 Teller, Tassen, Eßbestecke
7 *Notlade:* Rizinusöl, Quecksilbersalbe, Verbandszeug, Nadeln, Garn, Rasierzeug, Streichriemen
8 Salz, Schmalz, Backsoda
9 Essig, Kautabak, Rolltabak
10 Sauerteigfaß, Streichhölzer, Sirup
11 Kaffeekanne, Whiskey
12 Bratpfannen, Dutch-Öfen, Topfhaken

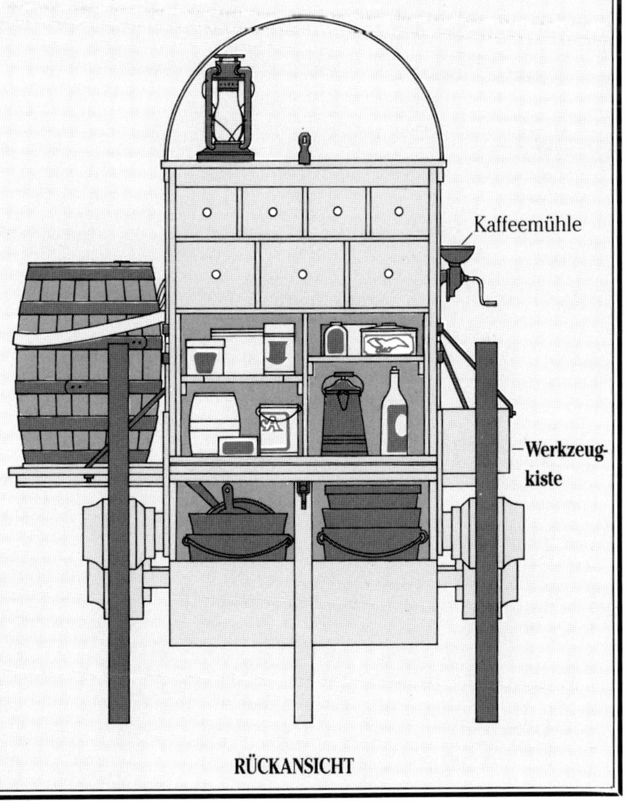

RÜCKANSICHT

Spesengeld stahlen. Wir verbrachten den nächsten Tag damit, das Vieh wieder zu sammeln, wobei ein Teil der Männer zu Fuß gehen mußte, und schafften es, die Tiere ... über eine Strecke von 25 Kilometern zu treiben."

Obgleich die Indianergefahr 1879 nicht mehr groß war, dachte Baylis Fletcher voller Aufregung daran, daß man von nun an fast 500 Kilometer weit durch unwegsames, gesetzloses Land ziehen würde, das Indianern gehörte, von denen viele immer noch feindselig waren. Er holte also seinen Winchester-Karabiner, der mit den anderen Gewehren der Mannschaft im Wagen verstaut war, und steckte ihn in den Gewehrschuh an seinem Sattel. Die anderen Cowboys schnallten sich ihre Sechsschüsser um und putzten sie blank.

„Jetzt marschierten wir bis an die Zähne bewaffnet weiter, ständig gefaßt auf grausame Gegner und wilde Tiere", schrieb Fletcher. Eine Zeitlang ging alles gut, und sie erblickten keine Feinde. Etwas enttäuscht feuerten sie ihre Schießeisen auf Wildkaninchen und Klapperschlangen ab. Dann, eines Morgens Mitte Juni, als sie gerade den South Canadian River durchquert hatten, sahen sie, daß sie in einem großen Kreis umritten wurden ... von Indianern! Der Häuptling kam näher. Fletcher nahm eine gespannte Haltung ein – wie ein Hochwildjäger auf der Pirsch – und beugte sich vor, um die kühnen Worte des Kriegers zu vernehmen.

„Weißer Häuptling vielleicht Injun Fleisch geben?" bettelte der Indianer. „Injun mächtig hungrig. Squaw mächtig hungrig. Papoose mächtig hungrig."

Diese Konfrontation war typisch für viele Treckbegegnungen zwischen Indianern und Weißen. Da gab es nichts von der Romantik der Romane eines Cooper. Selbst in den frühen Tagen drehte sich das Sinnen und Trachten fast aller Indianer um Geld, Pferde oder Rinder – ob sie das nun durch Drohungen, Diebstahl oder Bitten bekamen. Auf dem alten Shawnee Trail erhoben die Cherokee Wegzölle von zehn Cent pro Rind für die Durchquerung des Indianerterritoriums und unterhielten eine straff geführte Polizeipatrouille, die Cherokee Light Horse, um das Geld einzutreiben. Weniger zivilisiert in ihrem Verhalten waren die Comanche, die in einem furchterregenden Massenangriff auf eine Herde losdonnerten. Wenn die entsetzten Cowboys um ihr Leben liefen, gingen die Comanche an ihr eigentliches Tagesgeschäft – sie schlachteten Rinder und schmausten.

Um derartigen Ärger zu vermeiden, versuchten die Treckführer gewöhnlich, den Indianern auf halbem Weg entgegenzukommen und sich loszukaufen, indem sie ihnen ein paar Rinder schenkten, eine Beschwichtigungspolitik, die fast zur tagesfüllenden Arbeit werden konnte.

Das Ganze war eine vernünftige Taktik, und die einzige Frage lautete manchmal nur: wessen Rinder? Ein Treckfüh-

Ein Treckführer gibt einem Indianer das „Rindersignal", indem er mit erhobenen Armen Rinderhörner imitiert. Damit teilt er dem Krieger mit, daß dieser sich aus der Herde, die das Indianergebiet durchquert, ein Schlachttier holen darf.

Amon Carter Museum, Fort Worth, Texas

rer namens Bill Jackman fand einmal zufällig einen fetten, davongelaufenen Ochsen mit dem Brandzeichen eines texanischen Nachbarn, Ike Pryor. Bill wollte den Ochsen zu Pryor bringen, der sich nur ein paar Kilometer vor ihnen befand, wie man wußte. Plötzlich galoppierten 40 Indianer herbei und übergaben Bill einen Zettel.

An alle Treckführer:
Dieser Mann ist ein guter Indianer; ich kenne ihn persönlich. Behandelt ihn gut, gebt ihm ein Rind, und ihr werdet beim Durchqueren seines Landes keine Scherereien haben.
Ike T. Pryor

Nie hatte es eine deutlichere Einladung zur Großzügigkeit gegeben. Bill holte Pryors Ochsen aus der Herde und übergab ihn ohne die geringsten Gewissensbisse den Indianern. Leider hatte Fletchers Boß keine gefundenen Tiere zu verschenken, und deshalb befahl er den Männern, einen der TL-Ochsen von der Herde abzusondern. Dann lieh er den Indianern ein paar Revolver, um das Tier zu töten. Sie töteten es, häuteten es sofort danach ab und aßen das noch zuckende Fleisch, wobei ihnen das warme Blut am Kinn herunterlief. Nach dieser Begegnung mit den wilden Rothäuten legte Fletcher seine Winchester – wehmütig der vergangenen Epoche des James Fenimore Cooper gedenkend – wieder in den Wagen.

An den folgenden Tagen fiel der Treck wieder in die normale Routine zurück. Frühmorgens zog das Vieh weidend einige Kilometer nordwärts. Dann wurde es auf den eigentlichen Trail getrieben und trottete im Laufe des Vormittags weitere sechs bis acht Kilometer. Arnett, der vorausgaloppierte, fand dann eine gute Mittagsweide, wo noch keine andere Herde gehalten oder über Nacht gelagert hatte. Die Reiter an der Spitze des Trecks behielten ihn im Auge, bis sie sahen, daß er im Kreis ritt und stehenblieb, wobei er der Herde die Seite zuwandte und der Kopf seines Pferdes die Richtung anzeigte, die das Vieh einschlagen sollte. Ungefähr zur gleichen Zeit zeigte eine Rauchwolke, daß der Koch García mit dem Wagen angekommen war und das Mittagessen kochte. Die Herde ruhte oder graste während der Mittagspause, und die Männer aßen schichtweise, damit mindestens zwei Reiter immer draußen sein konnten, um die Rinder zu bewachen. Eine Stunde später waren die Tiere dann wieder auf dem Trail. Die Nachmittage im Indianerterritorium vergingen fast wie im Traum, und die Prärie entfaltete langsam vor den Reitern ihr majestätisches Panorama. Kilometer um Kilometer sahen die Cowboys nichts als ein wogendes Meer von welkem braunem Gras. Wolken aus Staub stiegen vor ihnen hoch. Man hörte nur das

Wiegenlieder für unruhige Rinder

Viele Cowboyballaden entstanden usprünglich, um Rinder, die zu Stampeden neigten, nachts zu beruhigen. Diese Stegreifkompositionen der Cowboys, die um ihre Herden ritten, waren oft atonal und richteten sich im Rhythmus nach dem Gang eines Pferdes. Manche hatten traurige Melodien, aber keinen Text und hießen „Texas-Wiegenlieder". Andere hatten Standardstrophen und wurden außerordentlich beliebt.

Klein-Joe, der Wrangler

Klein-Joe, der Wrangler, wurde mit den anderen rausgerufen,
Obgleich er die Herde kaum erreicht hatte,
Als die Rinder wie ein Hagelsturm in der Stampede dahindonnerten.
Und wir jagten alle zu den Leittieren.

Am nächsten Morgen, es dämmerte gerade, fanden wir den Platz, wo sein Pferd
In eine Schlucht, zehn Meter tief, gefallen war;
Und unter dem Pferd, zu Brei zerquetscht, hatte sein Sporn die Totenglocke geläutet.
Da lag unser kleiner Texas-Junge, der arme Wrangler Joe.

Der Alte Chisholm Trail

Morgens bin ich vor dem Tageslicht auf,
Und ehe ich schlafe, scheint der Mond schon hell.

Keine Chaps und kein Umhang, und es gießt in Strömen,
Und ich schwöre, bei Gott, daß ich nie wieder auf Treck gehe.

Oh, Speck und Bohnen heißt's fast jeden Tag –
Und bald werd ich sicher Präriegras fressen.

Ich ging zum Boß und holte meinen Lohn;
Er hatte ausgerechnet, daß ich neun Dollar wert war.

Ich verkauf' mein Pferd und verkauf' meinen Sattel,
Geht doch zur Hölle mit eurem Longhorn-Rappel!

dumpfe Knacken der Knöchelgelenke der Rinder, das stetige Huftrappeln, das gelegentliche Klappern langer Hörner, die gegeneinanderstießen.

Die Remuda befand sich immer in der Nähe der Herde und begleitete sie unter den Augen des Wranglers, der die Pferde am Tag weitertrieb, sie nachts bewachte, morgens zusammentrieb und jedesmal in die von mehreren Männern straffgehaltenen Seil-Corrals brachte, wenn die Cowboys ihre Pferde wechseln mußten. Das war etwa zwei- oder auch dreimal am Tag der Fall, da die Treibponys, obgleich schnell und so genügsam, daß sie mit wenig Wasser und Gras auskamen, nur drei bis vier Stunden hintereinander hart geritten werden konnten.

Die Herde hatte immer noch nicht mehr als die halbe Strecke nach Wyoming zurückgelegt, aber die Treckgeschwindigkeit blieb absichtlich bequem, denn beim Herdentreiben war es wesentlich, daß die Rinder zunahmen. „Euer Gewinn hängt davon ab, ob ihr sie ruhig und leicht weitertreibt", erkiärte ein Treckführer und fügte hinzu: „Ihr habt keine Ahnung, wie leicht ein Rind wertvolles, gewinnbringendes Gewicht verliert." Longhorns waren zwar zu mager und faserig, um als bestes Rindfleisch klassifiziert zu werden, doch sie paßten sich dem Leben auf dem Treck relativ gut an. Ihre langen Beine und stahlharten Hufe halfen ihnen, die großen Entfernungen zu überwinden. Sogar auf den Trails im Westen konnte man diese zähen Tiere mit leichter Hand treiben. „Die Leute trieben das Vieh gar nicht richtig – sie bewegten es", erklärte ein alter Cowboy. Ein Treckführer wie George Arnett versuchte, die Herde so sanft wie möglich voranzubringen – zu schnelle Leittiere wurden ein bißchen zurückgehalten, zu langsame, lahmende Tiere oder Rinder mit wunden Hufen etwas angetrieben. Außerdem nutzten die Treckführer raffiniert das Bedürfnis der Tiere aus, Wasser zu erreichen. Manche Treiber wählten Nachtlager in der Nähe von Wasserstellen, eine Taktik, die das Vieh noch spät am Nachmittag schnell laufen ließ, da es das vor ihnen liegende Wasser wittern konnte. Andere tränkten die Tiere mittags zwei oder drei Stunden lang und übernachteten an höher gelegenen Stellen, wo es kein Wasser gab, zu dem die Tiere in der Dunkelheit laufen konnten. Für welche Methode er sich auch entschied, das Auffinden von Wasserstellen war für jeden Treckführer eine wichtige Aufgabe.

In diesem Jahr bestand auf dem Chisholm Trail allerdings keinerlei Notwendigkeit, weit zu reiten, um irgend etwas zu entdecken. Die Route war nämlich stark befahren, und man hatte ein erstaunlich gutes Kommunikationsnetz in einem Umkreis von Hunderten von Kilometern. Frachtfahrer, die mit schweren Planwagen auf dem Trail nach Süden fuhren, brachten Neuigkeiten über das Wetter und die Indianer. Cowboys anderer Herden, die entlaufene Pferde suchten, berichteten den TL-Männern genau, welche Herde vor ihnen und welche Herde hinter ihnen getrieben wurde. Und um eine genaue Beschreibung der Strecke zu haben, die sie gerade vor sich hatten, brauchte Arnett, wenn nötig, nur nach einer Karte und dem dabeiliegenden Trailführer zu greifen, den die Kansas Pacific Railway veröffentlicht hatte, um die Treiber an ihre Verladestationen zu locken.

Ein typischer Eintrag für einen Trailabschnitt, den die TL-Mannschaft Ende Juni zurücklegte, beschrieb das Terrain auf beiden Seiten des Cimarron River, den die Herde jetzt zum erstenmal überschreiten mußte. Insgesamt würde sie den Fluß mehrmals durchqueren, da Cimarron und Trail sich parallel zueinander durch das nördliche Indianerterritorium schlängelten und sich dabei des öfteren überschnitten.

Trail läuft vom King Fisher Creek über ebene Hochprärie. Wasser auf der Westseite des Trails. Lagergebiet drei Kilometer hinter dem Flußübergang, Nordufer des Flusses. Holz und Wasser im Überfluß.

Der Führer erwähnte allerdings nicht, daß das Flußwasser beim nächsten Übergang, vier Tagesreisen weiter, durch riesige Alkaliablagerungen verseucht war. Arnett wußte, daß seine Rinder eingehen konnten, wenn sie zuviel von diesem Wasser tranken. Doch es würde außerordentlich schwer sein, die nach einem trockenen Tag durstige Herde beim Durchqueren des Flusses am Trinken zu hindern. Ihm fiel nur eine wirksame Methode ein: Die Kühe in einer absichtlich ausgelösten Stampede über den Fluß zu jagen. Die Männer trieben die dichtgedrängte Herde ans Ufer; dann schwenkten sie auf ein Zeichen hin ihre Ponchos oder Regenumhänge, um die Tiere zu erschrecken. Die Herde brach auch prompt los und raste durch den Fluß ans andere Ufer. Als sie drüben war, versuchte sie umzukehren, und die Reiter hatten die ganze Nacht und einen Teil des nächsten Tages damit zu kämpfen, die Tiere wieder voranzubringen.

Jeden Nachmittag gegen fünf Uhr näherte sich die Herde der Stelle, die Arnett für das Nachtlager ausgesucht hatte. Er bezeichnete den Platz, indem er langsam seinen Hut um den Kopf schwenkte, worauf die Flankenreiter auseinanderritten, damit die Herde in die betreffende Richtung drehen konnte. Inzwischen öffnete der Koch die Küchenkiste auf seinem Wagen und machte ein Feuer für das Abendessen. Überraschenderweise schien es auf der riesigen, öde wirkenden Ebene immer reichlich Feuerholz zu geben. Jedesmal, wenn die Herde tagsüber einen Fluß durchquerte, nahmen der Koch und der Wrangler Gestrüpp und abgebrochene Zweige der an den Wasserläufen wachsenden Pappeln mit und warfen das Holz auf ein Kalbsfell, das unter dem Wagen aufgespannt war. Wenn der Treck dann noch trockeneres Gebiet erreicht hatte, belud man diese Hängematte aus Kalbsfell mit trockenem Rinder- oder Büffelmist, der als „Präriekohle" bezeichnet wurde, weil er mit steter und heißer Flamme brannte, wenn man ihn mit Hilfe von Speckschwarten anzündete. Um dieses Zeug aufzusammeln, brauchte man Handschuhe, denn unter fast jedem Kuhfladen lauerte ein Skorpion.

Auf seinem Feuer kochte García dann wie üblich die Bohnen, die seine Spezialität waren – „Pecos-Erdbeeren" nannten die Cowboys sie. Als Fleisch servierte García fast immer gebratenen Speck, „Überlandforelle". Obgleich die Cowboys buchstäblich von Rindern umgeben waren, aßen sie während eines Trecks nur selten Rindfleisch. „Ein Rind auf dem Trail zu töten war eine große Verschwendung, da man nur einen kleinen Teil des Fleisches essen konnte, bevor es verdarb", erklärte Fletcher in seinem Tagebuch. Aber die TL-Mannschaft schlachtete dann doch einen fetten, verirrten Jährling, der sich der Herde angeschlossen hatte.

Wenn man ein junges Rind schlachtete, hatte man nicht nur Fleisch, sondern auch die Zutaten für jenes Feinschmeckergericht, das „Hurensohn-Stew" genannt wurde und wofür es beinahe soviel verschiedene Rezepte (*S. 87*) wie Köche gab. Auf dem Trail enthielt es meist zerschnittenes Herz, Hoden, Zunge, Leber und (als Würze) Eingeweidemark, also den halbverdauten Inhalt der Speiseröhre zwischen den verschiedenen Mägen der Wiederkäuer. Nur in besiedelten Gebieten bekam ein Cowboy so etwas wie eine regelmäßige Ernährung mit frischen Nahrungsmitteln – aber nicht, wenn die lokalen Farmer feindselig gesonnen waren. Waren sie freundlich, machte der Treckführer vielleicht ein Geschäft: Die Herde blieb die Nacht über auf einer Weide des Farmers; als Bezahlung für die ihm dadurch zugute kommenden Dunghaufen lieferte der Farmer Eier und Gemüse. Oder die Mannschaft bot ein neugeborenes Kalb, ein Glücksfall für den Farmer – und für die Cowboys, die das Tier sonst hätten erschießen müssen, weil es nicht mit der Herde hätte Schritt halten können.

In seinen Erinnerungen beschrieb Fletcher in allen Einzelheiten die routinemäßige Arbeit, die in einer typischen Nacht auf dem Trail anfiel. Wenn es langsam dunkel wurde, brachten die Männer der ersten Wache – von Einbruch der Dämmerung bis etwa 22 Uhr – das Vieh zur Ruhe, indem sie die Tiere eine halbe Stunde lang in einer immer kleiner werdenden Spirale umritten. Dann ritt einer der Posten

Überfälle auf dem Trail

Diese Zeichnung, auf der Cowboy J. M. Daugherty aus Texas von Grenzland-Banditen verprügelt wird, veranschaulicht eine der Gefahren, die auf dem Trail lauerten. Der 1873 angefertigte Stich beruht auf einem tatsächlichen, wenn auch nicht so dramatischen Vorfall.

Was passierte, war schlimm genug. Bei einem Treck nach Sedalia, Missouri, erschossen einige bewaffnete Männer, die sich Jayhawkers (etwa „Unglücksfalken") nannten, 1866 Daughertys Spitzenreiter und versetzten 500 Longhornrinder in Stampede. Daugherty selbst wurde gefangengenommen, doch nach einer Debatte darüber, ob sie ihn aufhängen oder zu Tode

Auf dieser Zeichnung wird der 16jährige Daugherty fälschlich als Mann mittleren Alters dargestellt.

anders herum, um die Gegenroute der regulären Nachtwache festzulegen. Fletcher ging zur Remuda und holte das Pferd, das ihm für die Nachtarbeit am geeignetsten schien – Happy Jack. Er führte es an einen Platz ungefähr auf halber Höhe zwischen dem Lager und dem nächstliegenden Bogen des Nachtwachenkreises und band es an einen in die Erde getriebenen Eisenpflock. Er stellte sich auch ein Ersatzpferd bereit, dem er die Vorderfüße lose mit einem Hanfseil zusammenband, damit es nicht davonlaufen konnte. Dann begab er sich wieder ins Lager zurück, mit einem Ohr den langsamen, sentimentalen Klängen des Wachtpostens lauschend, der eine der endlosen Weisen sang, die die Cowboys als Wiegenlieder erfanden oder lernten, um die unruhigen Tiere in der langen Nacht zu beruhigen. Der Cowboy einer anderen Mannschaft pflegte der Herde beim Reiten etwas mit seiner Fiedel vorzuspielen, und er schwor, daß den Kühen seine beiden Lieblingsweisen besonders gut gefielen.

Als Fletcher das Lagerfeuer wieder erreicht hatte, war es bereits stockdunkel. Die anderen Cowboys waren schon mit dem Essen fertig, saßen am Lagerfeuer und spannen ihr Präriegarn. Einige drehten sich Zigaretten, die sie völlig erschöpft rauchten. Ein Kamerad spielte auf seiner Mundharmonika; ein anderer feilte an einer neuen Strophe für den bekanntesten Nachtwachen-Gesang, „Der alte Chisholm Trail". Fletcher, zu müde zum Singen, Reden oder Rauchen, rollte seine Zeltplane und Bettdecke aus, machte sich aus Hose und Hemd ein Kissen zurecht und schlief sofort ein.

Um Mitternacht weckte ein Cowboy der zweiten Wache Fletcher mit einem leisen Zuruf; man durfte nämlich keinen Schläfer berühren oder schütteln, um ihn zu wecken, da man dann Gefahr lief, den Schlafenden zu erschrecken (und vielleicht angeschossen zu werden, wenn jemand sich mit einem Revolver in Griffweite hingelegt hatte). Fletcher, von seinem kurzen Schlummer erquickt, stand sofort auf und bestieg Happy Jack. Als er hinausritt, um seine Runde anzutreten, legten sich die Rinder, die beim Postenwechsel aufgesprungen waren, wieder hin, und die Sterne strahlten, wie nur Präriesterne strahlen können. Mit einem Blick zum Großen Bären vergewisserte sich Fletcher, daß man ihn fast genau um Mitternacht geweckt hatte. Nur wenige Cowboys besaßen eine Uhr, deshalb dienten auf dem Trail die Sterne als Zeitmesser *(S. 161)*.

Wenn der Himmel nachts wolkig war, mußten sich die Cowboys auf ihre Pferde verlassen, um pünktlich die Wachrunde zu beenden. Es gab ein Nachtpferd namens Old Sid, ein Texaspony, das unter keinen Umständen bereit war, mehr als zwei Stunden Nachtwache zu machen. Wenn Sids Reiter aus irgendwelchen Gründen Überstunden machen

---

prügeln sollten, ließen ihn die Jayhawkers laufen, weil er erst 16 Jahre alt war.

Daugherty und seine Mannschaft waren Banditen in die Hände gefallen – ein Risiko, daß noch zu der größten Gefahr hinzukam, mit der Texaner auf dem Treck rechnen mußten: wütende Farmer, die mit entsichertem Gewehr die nahenden Herden aufzuhalten versuchten. Die Motive der Farmer waren oft berechtigt, da Longhorns tatsächlich die Ernte zertrampelten. Schlimmer noch, sie schleppten häufig das Texasfieber ein, das für die im Norden gezüchteten Rinder der Farmer tödlich war.

Einfallsreiche Banditen machten sich jedoch die Nöte der Farmer zunutze, um die Viehtreiber hereinzulegen. Bei Banden wie der links gezeigten handelte es sich oft um reine Viehdiebe, die die Furcht vor dem Fieber ausnutzten, um Viehzüchter einzuschüchtern und Tiere aus ihren Herden zu stehlen. Zu den schlimmsten Übergriffen kam es in Kansas, doch auch in anderen Staaten war man nicht vor ihnen sicher. 1869 gaben 50 Männer in Colorado vor, das Texasfieber zu fürchten, versetzten 1600 Longhorns in Stampede und machten sich mit den verirrten Tieren davon. Ebenfalls 1869 versuchte der unerschrockene Charles Goodnight, mit den Wegelagerern zu diskutieren, entsicherte dann seine Winchester und drohte: „Ich hab' mich nun lange genug mit euch abgegeben." Sprach's und zog unbehelligt weiter.

Die Treiber wurden noch von allen möglichen anderen Gaunern geschröpft. Daheim in Texas, wo staatliche Inspektoren die Treckherden vor dem Aufbruch nach gestohlenen Rindern absuchten, forderten – und erhielten – sowohl echte als auch falsche Inspektoren häufig Schmiergelder. Andere Inspektoren, die darauf achten sollten, daß die Treiber nicht entlaufene Tiere anderer Ranches behielten, bereicherten sich oft selbst an den Herden.

Zu den schlimmsten Auseinandersetzungen kam es jedoch an der Grenze von Kansas. Obgleich die Zahl der Zwischenfälle in den siebziger Jahren nachließ, hatten die Kleinfarmer 1880 endgültig genug vom Texasfieber, das die Longhorns einschleppten, so daß praktisch ganz Kansas zum Sperrgebiet für Treckherden wurde. Angesichts einer Winchester-Blockade gereizter Grenzposten brüllte ein Treiber 1885 einen sarkastischen Befehl, der schließlich zum Slogan der Treckführer auf dem langen Treck wurde: „Treibt sie nach Westen, Jungs. Hier in Kansas gibt's nichts als die drei Sonnen – Sonnenblumen, Sonnenschein und diese Söhne von Huren." (Engl. *suns* = Sonnen wird genauso ausgesprochen wie *sons* = Söhne.)

Vermummt und zusammengekauert, um sich gegen die schneidende Kälte eines Blizzards in Montana zu schützen, passen die Cowboys auf der Nordrange auf, daß ihr Vieh mit der Windrichtung läuft, damit die Tiere nicht erfrieren.

W. H. D
Koerner

mußte, war er gezwungen, ins Lager zu reiten, abzusitzen, ein paar Minuten zu warten und dann wieder aufzusitzen. Das schien Sid zu überzeugen, daß er keine Überstunden machen mußte, sondern eine neue Schicht begann.

Ein gutes Nachtpferd hatte auch noch andere Talente. Seine Augen waren besser als die eines Tagpferdes, so daß es eine von der Herde abgekommene Kuh entdecken oder sich in pechschwarzen Nächten sicher in unwegsamem Gelände zurechtfinden konnte. Es war ruhig und neigte nicht dazu, bei jedem Schatten oder bei plötzlichen Geräuschen zu scheuen. Es konnte nachts galoppieren, ohne auch nur mit einem Huf in das Loch eines Präriehunds zu geraten. Und es konnte bei einer Stampede mutig mit den Rindern fertig werden. Das war eine entscheidende Fähigkeit, denn auf dem Treck war die Nacht die Zeit der Stampede.

Wenn es in der Nacht blitzte und regnete, schienen die Nerven der Rinder so angespannt zu sein, daß jeden Augenblick eine Stampede zu erwarten war. Bei einem der Kanonenschüsse von Präriedonner würden sie dann losbrechen. Doch selbst in klaren, ruhigen Nächten plagte alle Treiber der Gedanke, daß tausend Dinge die Tiere zum Aufstehen und Losrennen veranlassen konnten. Sie konnten so gewöhnlich und geringfügig sein wie das Heulen eines Kojoten oder das Wiehern eines Pferdes, ein aufgeschreckter Hase oder ein springendes Reh, das Klappern von Kochtöpfen oder das Aufflammen eines Streichholzes. Eine Herde brach einmal selbst bei Tag in eine Stampede aus, als plötzlich ein Huhn aus der Hütte eines Siedlers über den Trail flatterte; als man die Rinder endlich wieder zusammengetrieben hatte, weigerten sie sich, noch einmal an der Hütte vorbeizuziehen. Bei einem anderen Treck landete der Kautabakrest eines Cowboys im Auge eines Ochsen und war Anlaß für einen wütenden Angriff, der zum Tod von zwei Reitern und zum Verlust von 400 Rindern führte.

Manchmal stürmten die Tiere auch ohne jeden Grund los. Eine Herde, die zwei- oder dreimal wild geworden war, wurde es wahrscheinlich immer wieder (umgekehrt konnte eine Herde auch einen langen Trail ohne eine einzige Stampede zurücklegen). Bei vielen Herden konnte ein halbes Dutzend Störenfriede von „chronischem Entsetzen [ergriffen werden], von dem sie sich niemals erholen", schrieb Joseph McCoy, ein Viehunternehmer aus Abilene. „Sie wollen jederzeit lieber laufen als fressen. Manchmal sieht man, daß solche Tiere die ganze Zeit dicht zusammenbleiben, als berieten sie, wie man Aufruhr stiften und plötzlich mit Höchstgeschwindigkeit loslaufen könnte." McCoy war der Meinung, es sei „tatsächlich wirtschaftlich, ein Rudel dieser bösartigen Stampeder abzuknallen". Einige Treiber beruhigten zur Panik neigende Rinder, indem sie ihnen die Augenlider zunähten; nach etwa zwei Wochen, wenn der Faden sich auflöste, waren die Tiere beträchtlich sanfter.

Seltsamerweise stießen die Rinder keinen Laut hervor, wenn sie in eine Stampede ausbrachen. Ein Treiber, der gerade keine Wache hatte und schlief, bemerkte dann plötzlich ein tiefes Grollen, ein Zittern der Erde unter sich, und er wußte, daß die Rinder los waren. Und wenn der Treckführer den Ruf „Alle Mann und der Koch!" erschallen ließ, rannte die Mannschaft los und stolperte durch die Dunkelheit, um die Nachtpferde zu besteigen und blind hinter der Stampede-Herde herzugaloppieren. Obgleich die Longhorns ungeschlacht wirkten, liefen sie erstaunlich schnell; ihre Hufe trommelten auf den Boden, und ihre Hörner stießen klappernd aneinander, während sie dahindonnerten. Eine Stampede-Herde sah mit den Worten eines Cowboys aus wie ein „Sturm aus Hörnern und Schwänzen", und Charles Goodnight bezeugte, daß Stampede-Rinder eine Körperhitze ausstrahlten, von der die Gesichter der im Windschatten reitenden Männer „beinahe Blasen bekamen".

Zwei oder drei Cowboys, meist die besten Reiter, gaben ihren Pferden die Sporen, um die Spitze der Stampede zu erreichen. Dann verließen sie sich allein auf „die Sicherheit der Hufe ihres Pferdes, um der Hölle zu entgehen", und zügelten die Tiere, um die Stampede-Geschwindigkeit zu verringern. Inzwischen drängten sich andere Männer an der Spitze gegen eine Seite der Stampede, um die Herde zum Abdrehen zu veranlassen. Wenn das Vieh nicht drehen wollte, schleuderten die Cowboys den Leittieren ihre Regenumhänge ins Gesicht oder feuerten ihre Sechsschüsser dicht an den Ohren der Rinder in die Erde ab. Dann kamen die Leittiere unter Umständen ins Straucheln und fielen und wurden von anderen Rindern zertrampelt, wobei es viele tote Tiere und gebrochene Hörner und Knochen gab. Nach fünf oder sechs beängstigenden Kilometern begann die Herde gewöhnlich im Kreis zu laufen, dann eine „Mühle" zu machen. Für die Cowboys gehörte das zu den gefährlichsten Augenblicken, da die Kühe sich so dicht aneinanderdrängten, daß ein Reiter, der in diese Kreisbewegung geriet, leicht von seinem Pferd gerissen werden konnte. Am Ende einer Stampede beim Blue River in Nebraska, als die sich in der „Mühle" drehenden Rinder stehengeblieben und wieder zu ihrem Ruheplatz getrottet waren, entdeckten die entsetzten Cowboys die Überreste eines Kameraden, der unter die stampfenden und kreisenden Hufe gefallen war. Nur ein Gewehrkolben war intakt geblieben.

Doch wenn die Rinder noch in voller Stampede dahinbrausten, verletzten sie nur selten jemanden. Normalerweise teilte sich das anstürmende Vieh vor einem Reiter, der vom Pferd gefallen war. Die Cowboys versuchten allerdings nur selten,

In klaren Nächten konnte ein Mann, der die Herde nachts bewachte, ziemlich genau sagen, wann seine Wache zu Ende war. Er richtete sich nach der Position des Großen Bären, der sich alle 24 Stunden gerade einmal um den Polarstern dreht.

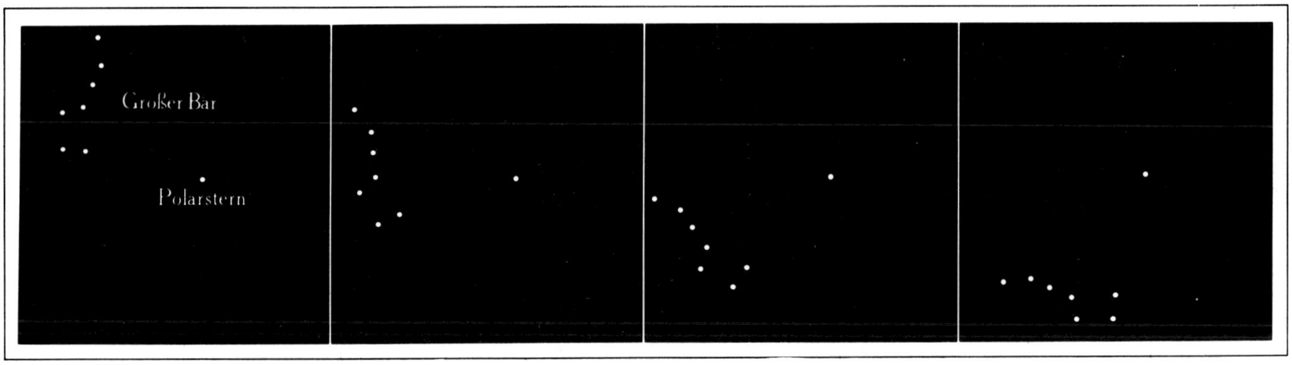

22 UHR MITTERNACHT 2 UHR 4 UHR

diese charakteristische Eigenschaft zu testen, und waren immer wieder so vorsichtig, hinter dem Chuckwagen in Deckung zu gehen. Ein Cowboy, der einmal bei einem Treck von einer Stampede erwischt wurde, fiel von seinem Pferd auf die Rücken der laufenden Rinder und wurde 400 Meter weit mitgetragen, bis er schließlich gesund und munter auf einer Seite herunterrollte.

Meist traf der einzige bei einer Stampede angerichtete Schaden die Tiere – und den Gewinn der Viehzüchter. Bei einem sechs Kilometer langen Galopp in einer heißen Nacht konnte ein Rind bis zu 20 Kilogramm abnehmen, und eine schreckhafte Herde machte den Käufern dann bei ihrer Ankunft an der Eisenbahnstation einen mächtig sehnigen und wenig genießbaren Eindruck. Schlimmer noch, sie war unter Umständen um eine ganze Reihe von Tieren reduziert; bei einer donnernden Stampede fügten sich die Rinder Quetschungen zu, zermalmten sich gegenseitig und spießten einander auf. Bei der schlimmsten Stampede der Geschichte im Juli 1876 stürzte eine große Herde beim Brazos River in Texas in eine Schlucht, da die Leittiere von der nachfolgenden Herde einfach niedergetrampelt wurden; als alles vorbei war, zählte man mehr als 2000 tote oder vermißte Rinder.

Die TL-Mannschaft hatte das Glück, daß die Herde nach der ersten Woche in Texas in keine einzige Stampede mehr ausbrach. Gegen Ende Juni sollte die Herde gerade den Cimarron River zum letztenmal durchqueren, und zwar an der Stelle, an der er die Grenze zwischen dem Indianerterritorium und dem souveränen Staat Kansas bildete. Als sie sich dem Fluß näherten, bemerkte Fletcher auf der anderen Seite etwas, das ihm wie verstreut liegende Büffelknochen vorkam, und das erinnerte ihn an einen Wagenführer, dem er auf dem Trail begegnet war. Der Mann war Büffelknochensammler gewesen, ein Symbol des sich schnell ändernden Prärielebens. Diese nomadisierenden Händler zogen über die Prärie und sammelten die Überbleibsel des großen Büffelschlachtens der frühen siebziger Jahre und verkauften die kalkhaltigen Knochen an Fabrikanten aller möglichen Dinge, von Kunstdünger bis Knochenporzellan. In früheren Zeiten, als die Büffelherden noch über die Prärien zogen, schlossen sich manchmal Hunderte von Rindern ihren wilden Artgenossen an und waren für immer verloren. Ein Treckführer hielt 1871 seine Herde an und sah ungläubig zu, wie eine gemischte Herde von Tausenden von Büffeln, Pferden, Elchen, Rehen, Antilopen, Wölfen und Rindern den Trail kreuzte – ein friedfertiges Königreich der Prärie.

Jetzt war von den großen Büffelherden nichts übriggeblieben als die Knochen, doch hier am Cimarron River hatten die Knochen eine besondere Bedeutung. Beginnend am Nordufer, bezeichnete die Linie der Skelette, die in einem Abstand von jeweils 800 Metern hingelegt waren, eine Abzweigung nach Dodge City, das 280 Kilometer südwestlich des Ausgangspunkts des alten Chisholm Trails in Abilene lag. Diese neue Route war vor einigen Jahren notwendig geworden, als die Regierung von Kansas unter dem Druck der ansässigen Siedler grundsätzlich verbot, Rinder aus Texas durch den mittelöstlichen Landesteil zu treiben. Und sie hatte allen Grund dazu.

„Es verging kaum ein Tag, an dem wir nicht mit irgendeinem Siedler Streit bekamen", berichtete ein Cowboy namens Bill Poage. „Unser Treckführer wurde an einem Tag zweimal wegen unbefugten Betretens von Weideland verhaftet. Der Siedler pflegte um das von ihm beanspruchte Land eine Furche zu pflügen. Nach den Gesetzen von Kansas war das ein Zaun. Jedes frei laufende Rind, das die Furche überschritt, machte sich des unbefugten Betretens schuldig, und sein Besitzer haftete für Schäden." Meist wurden diese Schadenersatzansprüche ohne Gericht geregelt, denn die Treckführer wußten, daß sie vor einem Richter in Kansas keinerlei Chance hatten, und gaben den Farmern lieber Summen zwischen 50 Cent und 100 Dollar, statt den Zeitverlust und die zusätzlichen Kosten eines Gerichtsverfahrens zu riskieren.

In den ersten fünf Jahren der großen Trecks stieg die Zahl der Rinder, die von Texas nach Norden getrieben wurden, bis 1871 an und sank dann infolge einer Absatzkrise und einer Depression.

Die großen Jahre

1867	35 000
1868	75 000
1869	350 000
1870	300 000
1871	600 000
1872	350 000
1873	405 000
1874	166 000
1875	151 618
1876	321 998
1877	201 159
1878	265 646
1879	257 927
1880	394 784
1881	250 000

Auf der neuen Strecke gab es zwar keinen Ärger mit Farmern, sie konfrontierte die TL-Herde aber mit einer schweren Prüfung, die jeder Treckführer fürchtete: einem Trockentreck, einem erschöpfenden 160-Kilometer-Treck vom Cimarron zum Arkansas durch beinahe wasserloses Land. Bei der normalen Geschwindigkeit der TL-Herde hätte man für diese 160 Kilometer acht Tage benötigt. Doch Arnett wußte, daß die durstigen Rinder dann vielleicht schon verendet oder kurz vor dem Verenden sein würden. Besondere Sorgen machte er sich um die Kühe, die in Panik geraten würden, wenn sie spürten, daß ihre Kälber litten. Er beschloß deshalb, die Trockenstrecke in vier Tagen mit doppelter Treckgeschwindigkeit hinter sich zu bringen.

Die Herde betrat den Trail bei Sonnenaufgang des 1. Juli, ruhte und graste während der Mittagshitze und zog dann bis nach Sonnenuntergang weiter. Diese sehr beschwerliche Tagesstrecke wurde auch an den beiden folgenden Tagen geschafft. Und das Glück der TL hielt an; die Vorsehung sandte einen Regenguß, der auf dem Trail ein paar Pfützen hinterließ, an denen die Tiere ihren schlimmsten Durst stillen konnten. Als sie den Arkansas River bei Dodge City erreichten, konnten sie Wasser zu sich nehmen, ohne sich zu übertrinken.

Wenn es nicht geregnet hätte, wären für die TL-Rinder zwei Folgen möglich gewesen – wie für alle Rinder, die man über lange, wasserlose Strecken trieb. Erstens hätte man das Vieh nach drei oder vier Tagen ohne Wasser nicht mehr unter Kontrolle bringen können, und die Mannschaft hätte entdecken müssen, daß die Tiere erblindet waren, eine häufige Auswirkung von Durst. Zweitens hätten die Rinder, die vor sich kein Wasser witterten, wieder zur letzten Wasserstelle umkehren können, an die sie sich erinnerten und die vielleicht drei oder vier Tagesmärsche hinter ihnen lag. Dabei wären viele verendet.

Den schlimmsten Trockentreck der Geschichte hatte zum erstenmal der Rinderbaron Charles Goodnight durchgeführt *(S. 48)* – die Strecke vom Concho River in Westtexas zum Pecos River in New Mexico, 130 Kilometer Wüste und brennende Sonne, heißer und noch unwegsamer als Südkansas. Die Strategie für diese Quälerei bestand darin, die Rinder um 11 Uhr morgens am Concho zu tränken und dann 60 Stunden lang voranzuhetzen, wobei nur morgens und um Mitternacht kurze Ruhepausen eingelegt wurden. Die Männer lebten von schwarzem Kaffee. Gegen Ende des grausamen Trecks mußten die ausgelaugten Cowboys, die sich dann und wann Tabaksaft in die Augen rieben, um wach zu bleiben, ihre letzten Kräfte zusammennehmen, um die brüllenden, bemitleidenswerten Tiere daran zu hindern, in einer Stampede zum Pecos zu rasen, als sie sein Wasser in einer Entfernung von etwa 15 Kilometern gewittert hatten. Am Fluß angekommen, stürzten sich einige Rinder blindlings vom Ufer ins Wasser und kamen darin um, einige trampelten andere zu Tode, einige übertranken sich und verendeten. Die meisten stapften jedoch ohne Hast ins Wasser, bis es sie halb bedeckte, warteten eine halbe Stunde, bevor sie tranken, und tranken dann nur wenig, blieben noch eine Stunde im Fluß stehen, um sich weiter abzukühlen, tranken noch etwas mehr und kamen ruhig wieder heraus, um zu weiden.

Nach einem derart strapaziösen Trockentreck ließen die Treckführer ihre Herde gewöhnlich ein paar Tage ausruhen, grasen und trinken, während sich die Männer ebenfalls erholten. So auch TL-Arnett, der sich ein altes Rindercamp genau auf der anderen Seite des Arkansas aussuchte. Nicht weit von dieser Stelle, in voller Sichtweite der Cowboys, lag Dodge City, das von einem romantischen Chronisten als das „wundervolle, trinkfreudige Babylon des Trails“ charakterisiert wurde. Babylon war es nicht, und wundervoll war es auch nicht. Trinkfreudig war es aber ganz bestimmt, der erste Ort nach Hunderten von Kilometern, wo ein Mann etwas Stärkeres als Chuckwagenkaffee schlucken konnte. Doch auch Arnett blieb dem puritanischen Geist der Herdentreiber Snyders treu und gab Fletcher und den Cowboys nur ein paar Stunden, um Dodge zu besuchen, und auch das nur tagsüber, wenn in den Vergnügungsstätten nur mäßiger Betrieb herrschte. Am 6. Juli ging die TL-Mannschaft wieder mit der Herde auf den Trail, um den letzten Abschnitt der Strecke, 600 Kilometer durch Kansas nach Wyoming, zurückzulegen.

Wenige Tage nachdem die Mannschaft Dodge City verlassen hatte, kam sie an dem Kadaver eines vom Blitz getöteten Pferdes vorbei, neben dem sich das Grab des

Reiters befand. Überraschenderweise gehörte der Blitzschlag zu den häufigsten Todesursachen auf dem Trail. In drei Jahren wurden auf dem Chisholm Trail vier Männer von Blitzen getötet und drei schwer verbrannt. Ein Cowboy erinnerte sich an einen Blitz auf dem Salt Fork in Kansas, der „die Abhänge jener Hügel traf und große Löcher in die Erde riß, als seien sie von einer Bombe getroffen worden, und er tötete sieben oder acht Rinder in der Herde hinter uns". Ein anderer lebhafter Bericht erzählt: „Zuerst kamen Linienblitze, dann Flächenblitze, dann Perlschnurblitze, gefolgt von den eigentümlichen blauen Blitzen. Nach diesem Schauspiel entwickelten sie sich schnell zu Kugelblitzen, die am Boden entlangrollten . . . dann kam das Schönste von allem, sie ließen sich wie Nebel über uns nieder. Die Luft roch nach brennendem Schwefel; man konnte sie auf den Hörnern der Rinder, den Ohren unserer Pferde und den Krempen unserer Hüte leuchten sehen. Sie wurde so heiß, daß wir dachten, wir würden verbrennen."

Die TL-Mannschaft überstand die heftigen Juligewitter ohne Schaden an Mensch und Vieh. Die Männer mußten allerdings noch einen letzten Schrecken ertragen, bevor sie nach Westen abdrehten und Kansas verließen. Bei dem Ort Oberlin am Sappa River wurden sie von Siedlern, die auf dem Trail angstvoll an ihnen vorbeieilten, mit einem fürchterlichen Gerücht begrüßt: Die Cheyenne-Indianer seien auf dem Kriegspfad und hätten bereits einige Heimstätter skalpiert. Überall flohen die Leute in die Forts und Städte. Als Sicherheitsmaßnahme beschlossen die Männer, nicht beim Wagen, sondern unter Bäumen versteckt zu schlafen. Die Nacht verging ohne Angriff. Am nächsten Tag traf die TL-Mannschaft den Führer einer Pferdeherde, die nach Ogallala in Nebraska zog. Der Mann erklärte ihnen lachend daß es gar keine Indianer in Westkansas gebe. Wie viele andere Viehtreiber hatte auch er es satt, sich dauernd von den Heimstättern belästigen zu lassen, die die Herden nicht grasen lassen wollten. Der gerissene Pferdetreiber war deshalb auf die Idee gekommen, Geschichten von marodierenden Indianern in Umlauf zu bringen, um die Prärie zu entvölkern. Das hatte er getan. So trieben die TL-Männer ihre Rinder weiter zur Grenze von Nebraska.

Nun hatte Fletchers Mannschaft den letzten Abschnitt des Trecks, eine leichte Strecke durch das Tal des Platte River und dann weiter nach Wyoming, erreicht. Während sie nach Westen zogen, stieg das Land immer mehr an, bis die Herde in 1200 Meter Höhe dahintrottete. Obgleich die Mittagssonne immer noch unbarmherzig brannte, wurde die Luft kühler und die Nächte waren jetzt fast zu kalt für Texaner, die im subtropischen Klima der Golfküste aufgewachsen waren. Als sie nur noch gut 160 Kilometer vor sich hatten, verließen sie das Tal des Platte und schlugen einen alten Mormonenpfad ein, der am Lodgepole Creek, einem Nebenfluß des Platte, entlanglief. Auf dieser Strecke konnte Baylis Fletcher die verwitterten Überbleibsel der schrecklichen Reise der Mormonen sehen. Dreiundzwanzig Jahre vorher waren Tausende von Auswanderern diesen Pfad mit Handwagen für ihr Gepäck entlanggekommen, da sie zu arm waren, um sich Planwagen und Zugtiere leisten zu können. Unaufhörliche Schneestürme hatten die Auswanderer heimgesucht; Krankheiten rafften ihre geschwächten Körper dahin, und sie wurden wiederholt von Indianern angegriffen. Nun lagen die zerbrochenen Teile der Karren am Straßenrand, und die TL-Herde kam an den Gräbern der 200 Menschen vorbei, die bei dem Treck das Leben verloren hatten.

Nach einigen Tagesreisen verengte sich das Tal des Lodgepole Creek zu einem Canyon, der von zwei kiefernbewachsenen Steilwänden eingefaßt wurde. Und kurz darauf führte der Trail durch einen Ort am Fluß, der den passenden Namen Pine Bluffs (Kiefern-Steilufer) trug und – endlich – die Grenze von Wyoming markierte. Ein Vormann aus der Gegend wies Arnett an, die Rinder auf einer Ranch 30 Kilometer nördlich von Cheyenne der Swan Brothers Cattle Company, einem der mächtigsten Unternehmen des Westens, zu übergeben.

Für Baylis Fletcher und die anderen erschöpften, bärtigen, zottelhaarigen und schmutzigen Männer war die Reise fast zu Ende. Am Morgen des 12. August 1879 erblickten sie das letzte Teilstück des Trails, das vom Canyon des Lodgepole Creek zu einer breiten, fast zweitausend Meter über Meereshöhe liegenden Hochebene führte. Und dort, dahingestreckt in einer fernen Linie aus Fels und Schnee, lagen die Rocky Mountains, nur noch 150 Kilometer entfernt.

Am 15. August erreichte die Treibherde das Weideland der Swan Brothers, wo Arnetts Männer das Vieh übergaben. Eine andere Viehgesellschaft kaufte die Reitpferde – darunter auch Fletchers Lieblingstier Happy Jack –, und ein weiteres Unternehmen erstand den Wagen und die andere Treckausrüstung. Mit beinahe schmerzlicher Schnelligkeit hatte die TL-Mannschaft alle Symbole ihrer Identität verloren, und für die Männer begann sich der Zauber eines gemeinsamen großen Erlebnisses aufzulösen. Mit einem auf eine Bank in Cheyenne ausgestellten Kreditbrief gab Arnett jedem Cowboy seinen Lohn, jeweils 100 Dollar oder weniger, was von den Verpflichtungen, Darlehen und anderen Schulden abhing, zu denen es während des Trecks gekommen war. Die Männer trennten sich in Cheyenne, um einen Teil ihres Geldes sofort für Rasieren, Haareschneiden, Baden und neue Kleidungsstücke auszugeben. So aufpoliert, erkannten sie sich auf der Straße kaum wieder.

Der Feierabend eines harten Tages

Das „Zuhause" des Cowboys war beim Treck oder Roundup ein Kreis, in dessen Mitte der Chuckwagen stand. Der Radius des Kreises war klein – nicht weiter, als ein Mann nach dem Abendessen noch gehen mochte, um sein Bettzeug aufzurollen. Der Chuckwagen selbst diente als fahrbare Intendantur und war von den Bettrollen bis zur Reservemunition mit allen möglichen Dingen vollgestopft. Zu den Mahlzeiten versammelte sich die rauhe, verschwitzte Mannschaft, die für so manchen Cowboy das Familienähnlichste war, was er in seinem ganzen Arbeitsleben kennenlernte, nahe dem Wagen auf der Erde. Obgleich die Cowboys ihre Befehle von einem Vormann oder Treckführer erhielten, besaß der Koch am Chuckwagen absolute Autorität – er war der Schlüssel für eine zufriedene Mannschaft. Auf der Range war sein Job doppelt so schwer wie daheim auf der Ranch. Er stand morgens als erster auf und war tagsüber meist am unermüdlichsten tätig. Er belud und fuhr den Wagen, machte jeden Tag drei warme Mahlzeiten, verarztete Schnittwunden (Leuchtpetroleum war eine bevorzugte „Salbe") und war Schiedsrichter bei Wetten.

Der Koch übte eine subtile, aber enorm große Macht aus, und die Cowboys gaben sich alle Mühe, in seiner Gunst zu bleiben. Beispielsweise mußte der Kaffee immer handgemahlen werden. Eine Lieblingsmarke war Arbuckle's, wo jedem Einpfundbeutel eine Pfefferminzstange beilag. Wenn der Koch polterte: „Wer will heute abend den Bonbon?", zankten sich jedesmal einige der hartgesottensten Burschen des Westens um das Privileg, die Kaffeemühle zu betätigen. Nachts blieb der Koch gewöhnlich auf, bis außer der Nachtwache auch der letzte Mann zur Ruhe gegangen war. Dann erledigte er die abschließende Arbeit des langen Tages: Er richtete die Deichsel des Chuckwagens zum Polarstern, damit der Treckführer einen sicheren Kompaß hatte, nach dem er sich am nächsten Morgen richten konnte.

Unter den väterlichen Augen eines pfeiferauchenden Kochs verzehren die Männer von der Bar CC Ranch auf Cherokeegebiet (im späteren Staat Oklahoma gelegen) ihr Abendessen. Schlafzelte wie der Segeltuch Wigwam, der hinter den Männern zu sehen ist, waren ein seltener Luxus auf der Prarie.

Ein Koch hat sich für kurze Zeit von seinen Töpfen getrennt, um sich rasieren zu lassen. Auf der Range kümmerten sich die Cowboys nur selten um ihr Äußeres, doch eine Einladung zum Essen auf einer nahe gelegenen Ranch veranlaßte die Dandys der Mannschaft, sich um eine Rasur oder einen Haarschnitt zu bemühen.

Der Koch der 344 000 Hektar großen Matador Ranch im westlichen Texas bereitet das Abendessen, gewöhnlich ein Eintopf aus Schweinebauch und Bohnen. Die zeltähnliche Plane, die auf Pfählen vor dem Wagen aufgespannt ist, läßt darauf schließen, daß man beim Roundup ist und der Chuckwagen einen oder zwei Tage an derselben Stelle bleiben wird. Auf dem Trail mußte der Koch zweimal am Tag weiterziehen und hatte infolgedessen selten Zeit, ein Schutzdach zu errichten.

Vor dem Chuckwagen posiert eine Roundup-Mannschaft bei einer Wasserstelle im Panhandle von Oklahoma für einen Wanderphotographen, der gerade vorbeikam, als fünf der Männer – und ein Pferd – ein Bad nahmen. Ende des 19. Jahrhunderts zogen manchmal Photographen über die Range und nahmen Bilder auf, von denen sie den Cowboys Abzüge zu 50 Cent das Stück verkauften.

Bei Anbruch der Nacht drängen sich Cowboys um eine Petroleumlampe, um der Geschichte eines gestikulierenden Kameraden zu lauschen. Nur selten blieben die Cowboys nach dem Abendessen lange auf, weil jeder noch eine zweistündige Nachtwache hatte.

Auf einer Decke beim Chuckwagen vergnügen sich Cowboys beim Würfelspiel. Um keine Scherereien zu haben, verboten die meisten Rinderbarone das Glücksspiel auf der Ranch, doch beim Roundup, wenn die Männer verschiedener Ranches zusammenkamen, wurden die Vorschriften nicht so streng beachtet.

An einen Stapel Bettrollen gelehnt, benutzt ein Treckführer eine freie Minute, um einen Brief nach Hause zu schreiben. Schreibkundige Männer, die nicht nur mit den Cowboys umgehen, sondern auch die Ranchbücher führen konnten, waren schwer zu finden und verdienten bis zu viermal soviel wie gewöhnliche Cowboys.

6 | Städte am Ende des Trails

Nach dem Bürgerkrieg schoß eine Reihe von Boomstädten an den Schnittpunkten der texanischen Longhorntrails und der neu gebauten Eisenbahnstrecken aus der Prärie. Die meisten entstanden in Kansas, und sie waren ein ganz neues Phänomen. Es gab dort nur Staub und rohe Bretter, Cowboys und Longhorns – manchmal überschwemmten 30 000 Rinder einen kleinen Ort mit 500 Einwohnern.

Für den Fleischmakler war eine Rinderstadt der Ort, wo er einen 20 000-Dollar-Handel per Handschlag abschließen konnte. Für die Eisenbahngesellschaften, deren Güterzüge vollbeladen nach Westen gefahrern und leer zurückgekommen waren, glich das Rindfleisch teilweise ein fehlendes Handelsgleichgewicht von fünf Millionen Dollar im Jahr aus. Für den Cowboy, der den Trail entlangzog, war die Rinderstadt eine strahlende Oase – ein Ort, wo er ein Bad und einen Haarschnitt, eine Frau und eine Flasche Whiskey bekommen konnte. Die Stadt bot ihm auch Gelegenheit, seinen mageren Lohn beim Glücksspiel aufzubessern – oder aber auch zu verlieren.

Abilene, die erste Rinderstadt, begann ihren Aufstieg 1867 und blühte vier Jahre lang. Dann, als die Eisenbahnstrecken weiter nach Westen gebaut wurden, zogen die Rinder und die Cowboys mit ihnen. Die letzte und betriebsamste Rinderstadt, Dodge City, die hier in ihrem Anfangsstadium gezeigt wird, properierte zehn Saisons lang und füllte während dieser Zeit Taschen mit Dollars, ihren „Boot-Hill"-Friedhof („Stiefelhügel-Friedhof") mit toten Revolvermännern und die Waggons der Santa Fe Railroad mit Rindern.

Die Randbezirke von Dodge City, Kansas, boten 1872 einen trostlosen Anblick – Zelte und Blockhütten, deren Ritzen mit Schlamm zugestopft waren. 12 Jahre später war Dodge die betriebsamste Stadt am Ende der Trails und besaß 19 Saloons und ein Tanzkasino. Während der Saison lebten hier 2000 Menschen.

CATTLE MEN READ THIS!

Great Inducements to those who wish to

Ship Cattle on the U. P. Railroad !!

Having entered into special arrangements with the U. P. R. R. Company, by which I can ship Cattle East at greatly reduced rates, and having selected a point between Carter and Church Buttes Stations some ten miles East of the former place, near the junction of the Big and Little Muddies, and having Constructed Commodious Lots and Extensive Enclosures, and the Company having put in a Switch capable of holding 40 Cars, I will be Prepared to Commence Shipping on or before the 15th of the Present Month, and will be able to promptly ship any Number of cattle that may be Offered.

Persons driving Cattle from Montana and Idaho, and passing by Soda Springs and the Bear Lake Settlements, will cross over from Bear River to the head of Little Muddy and follow down that stream, over a good road, to within a mile and a half of the junction of the Little with the Big Muddy, where they will cross a bridge and find a rich pasture, extending many miles; good water & perfect security for their stock, within convenient distance of the stock yards.

The cattle yards are in an enclosure of some 400 acres, and stock scales and all conveniences for shipping will be furnished. If parties do not wish to ship themselves, I will purchase, at good priees. all shipping cattle that may be offered. As cattle are now bearing excellent prices East, it would be well for persons to bring their Cattle forward as soon as possible.

For further particulars ,address

W. A. CARTER,
Fort Bridger, Wyo. Ter.

Fort Bridger, July 2, 1877.

K. P. DEAD LINE.

CATTLE DROVERS, NOTE LOCATION OF

KANSAS PACIFIC RAILWAY,

THE OLD ESTABLISHED AND POPULAR

Texas Stock Route

GRAZING GOOD, WATER PLENTIFUL. SHIPPING FACILITIES PERFECT, YARDS FREE, RATES LOW.

2 Fast Stock Express Trains Daily from Ellis, Russell, Ellsworth, Brookville, Salina, Solomon and

ABILENE TO

KANSAS CITY AND LEAVENWORTH

Connecting with the following Roads :

ST. LOUIS, KANSAS CITY & NORTHERN: MISSOURI PACIFIC; CHICAGO, ALTON & ST. LOUIS; CHICAGO & ROCK ISLAND; TOLEDO, WABASH & WESTERN; HANNIBAL & ST. JOSEPH, AND KANSAS CITY, ST JOE & COUNCIL BLUFFS.

The only route by which Shippers have the choice of all the following Markets :

Denver, Colorado, Russell, Ellsworth, Leavenworth, Kansas City, Quincy, St. Louis and Chicago.

Drive to the KANSAS PACIFIC RAILWAY, and avoid hauls over new roads of 300 and 400 miles without transfer or rest.

Edmund S. Bowen.
Gen'l Supt

T. F. OAKES, Gen'l Freight Agt.,

KANSAS CITY, MO.

AND GOVERN YOURSELVES ACCORDINGLY.

CIRCULAR.

TO DROVERS AND DEALERS IN SOUTHERN CATTLE.

Messrs. ______________________________

The following facts are respectfully offered for your consideration: The Town of

WICHITA,

Located at the mouth of the Little Arkansas River, offers the following facilities for the transaction of your business: [illegible] straight, short and safe route is opened to the southern herding grounds, by whic. you can make TWO trips each season instead of one. It is the center of a splendid stock country, where stock will thrive six weeks earlier and later, than on the line of the Pacific Railroad. It is the natural point where buyer and seller should meet, to their mutual advantage. Here the drover can close out his entire drove without sacrificing a portion of it, and the buyer can take only such as are fit for shipment, leaving the balance in a rich pasture to recruit, or sell to settlers at good rates. Here the drover can procure all needed supplies for his return trip at as low rates as at any western point on the Railroad. A permanent

MILITARY POST

Has been established at Wichita, thus affording perfect protection for the herds, and at the same time by constant communication with the other Southern and Southwestern Posts, will keep the shortest and most practicable rot entirely free from all obstructions. An excellent Ferry will soon be in operation at this point, furnishing safe transit for teams and cattle at all stages of water.

Yours, Respectfully,

E. H. DURFEE & CO.

Exact size

Atchison, Topeka & Santa Fe
RAILRORD
FROM
ATCHISON, KAS. TO GRANADA, COL.
SHORT LINE Between MISSOURI RIVER
AND
Colorado, New Mexico and Arizona.

THE ROAD BEING NEW—WITH GOOD LINE—EASY GRADES, AND EQUIPPED WITH FIRST CLASS ROLLING STOCK AND POWER, OFFERS SUPERIOR ADVANTAGES TO SHIPPERS AND TRAVELERS.

The Live Stock Business
IS MADE A SPECIALTY. ROOMY AND SUBSTANTIAL YARDS ARE LOCATED AT CONVENIENT DISTANCES, AND EXPERIENCED STOCKMEN ON HAND TO LOAD STOCK.

AT GRANADA, GREAT BEND, NEWTON AND WICHITA
GOOD STOCK SCALES ARE PROVIDED.

Large Resting and Feeding Yards
AT
HUTCHINSON,
WITH GOOD ARRANGEMENTS FOR FEEDING, AND CLEAR WATER RUNNING THROUGH THEM, ARE PROVIDED FOR
COLORADO CATTLE.

Large Sale Yards at Atchison.

THE RATES TO
Atchison, Leavenworth and Kansas City
ALWAYS THE SAME.
And are guarandteed to be as low as by any other Line from corresponding points. ☞Stock in Train Loads will be run extra, and will receive special attention.
For Particulars, Address
G. H. NETTLETON, Supt., Topeka, Kas.
M. L. SARGENT, Gen. Frt. Agt., Topeka, Kas.
STOCKWELL & HAMILTON, Stock Agts., Atchison, Kas.

Handzettel von geschäftstüchtigen Rindermaklern und Eisenbahngesellschaften, die um das Vieh wetteiferten, überschwemmten die Viehzüchter schon vor Beginn der Frühjahrstrecks. Solche Zettel erschienen auch als Zeitungsannoncen und schmückten die Pappelstämme an den Trails nach Kansas und zur Nordrange.

Cowboys benutzen lange Stöcke *(oben)*, um Ochsen auf einer Gleitrampe in die Eisenbahnwaggons zu treiben, und zwar jeweils 18 Stück pro Waggon. Diese langwierige Arbeit fiel nach jedem langen Treck an. Die Männer haßten sie, doch sie verschaffte ihnen den bleibenden Spitznamen „Cowpoke" (Kuhschieber).

Geschäftlicher Mittelpunkt aller Rinderstädte war das Verladegebiet mit den Verladegattern, wie dieses hier in Magdalena, New Mexico. In den Gattern, die 1867 in Abilene, der ersten Rinderstadt, gebaut wurden, konnten pro Saison bis zu 120 000 Rinder vor ihrem Abtransport untergebracht werden.

SAMMIS & Cº.
ISSION MERCHANTS.
OUR
AND
AIN.
BUTTER & EGGS,
AND
FRUIT'S
PRODUCE

Geschäftsleute der Rinderstadt – wie der Barkeeper, der hier im Eingang eines Saloons von New Mexico steht – knöpften den Cowboys den größten Teil des Geldes ab, das sie auf dem Trail verdienten. Die Cowboys gaben ihren Lohn auch in Läden wie dem von Wright, Beverley and Company in Dodge City aus, der in der Hauptsaison einen durchschnittlichen Tagesumsatz von 1000 Dollar machte.

Barkeeper George Masterson, der Bruder von Sheriff Bat Masterson, präsidiert 1878 über das blitzende Interieur eines Lokals mit dem Namen Varieties, das die erste Tanzhalle und der erste Spielpalast von Dodge City war. Obgleich Rinderstadt-Saloons meist Bier ausschenkten, konnten Cowboys mit ausgefallenem Geschmack im Varieties auch französischen Weinbrand probieren.

THE ABILENE CHRONICLE.

VOL. I. ABILENE, KANSAS, THURSDAY MORNING, MAY 12, 1870. NO. 9.

AN ORDINANCE

To Prevent Gambling.

Be it ordained by the Trustees of the town of Abilene,

SEC. 1. Every person who shall set up or keep any table or gambling device of any kind, adapted, devised, and designed for the purpose of playing any game of chance for money or property, and shall induce, entice, or permit any person to bet or play at or upon any such gaming table or gambling device, or on the side or against the keeper thereof, shall on conviction be fined in a sum not exceeding three hundred dollars nor less than twenty dollars, and imprisoned in the common jail of the town not exceeding thirty days.

SEC. 2. Every person who shall bet any money or property upon any gaming table, bank, or device prohibited by the foregoing section, or upon any game with cards, shall on conviction be fined in a sum not exceeding one hundred dollars nor less than ten dollars.

SEC. 3. Every person who shall permit any gaming table, bank, or device prohibited by section one of this ordinance, to be set up or used for the purpose of gaming in any house, building, shed, tent, booth, shelter, lot or premises to him belonging, or by him occupied, or of which he hath at the time possession or control, shall on conviction be fined not exceedidg five hundred dollars nor less than fifty dollars, or imprisoned in the common jail of the town not exceeding thirty days, or by both such fine and imprisonment.

SEC. 4. This ordinance shall take effect and be in force from and after the 20th of May 1870.

T. C. HENRY, Chairman.

Attest: G. L. BRINKMAN, Clerk,

AN ORDINANCE

Respecting Vagrancy

Be it ordained by the Trustees of the town of Abilene,

SEC. 1. Any person who may be found loitering around houses of ill-fame, gambling houses, or places where liquors are sold or drank, without any legitimate means of support, or shall be the keeper or inmate of any house of ill-fame or gambling house, or engaged in any unlawful calling whatsoever, shall be deemed a vagrant, and upon conviction thereof may be fined in any sum not exceeding five hundred dollars, and unless such fine shall be paid the person so offending shall be committed to the common jail of the town, and shall work the same out on any public work of the town at the rate of two dollars per day for each day so committed.

SEC. 2. This ordinance shall take effect and be in force from and after May 20th 1870.

T. C. HENRY, Chairman.

Attest: G. L. BRINKMAN, Clerk.

AN ORDINANCE

To Regulate the sale of Spirituous Intoxicating Liquors.

Be it ordained by the Trustees of the town of Abilene,

SEC. 1. That before a license shall be granted to any person or persons applying for the same, to sell spirituous and intoxicating liquors within the incorporate limits of the town of Abilene, Kansas, or after the 20th day of May, 1870, any person so applying shall present to the Town Trustees a petition signed by a majority of the residents of the town of Abilene, of twenty-one years and over, both male and female, recommending said applicant as a suitable and safe person to vend the same, and requesting that a license be granted to him for such purpose.

SEC. 2. That upon every license granted as aforesaid, there shall be levied and collected a tax of one hundred dollars for the year, for the use and benefit of the town of Abilene, for every period of twelve months from and after the 20th day of May 1870.

SEC. 3. That all licenses granted under this ordinance shall terminate on the 20th of May 1871.

SEC. 4. That any person or persons, who, without procuring a license as herein aforesaid, shall sell or cause to be sold, any intoxicating liquors, shall, upon conviction, be fined any sum not less than five dollars nor more than forty dollars for each offense, and shall be imprisoned in the town jail until said fines and costs are paid.

SEC. 5. That before any person or persons be licensed to sell spirituous or intoxicating liquors under the provisions of this ordinance, they shall in their application state the name or names of the person or firm applying for the same, and shall state therein the house in which said liquors are to be sold. No transfer of said license from one party to another party, or from the place licensed to a different place shall be valid, unless application be first made to the Trustees of the town, and authority granted therefor.

SEC. 6. This ordinance to take effect from and after May 20, 1870.

T. C. HENRY, Chairman.

Attest: G. L. BRINKMAN, Clerk.

AN ORDINANCE

To Prohibit Drunkeness and Disorderly Conduct.

Be it ordained by the Trustees of the town of Abilene,

That any person found in a state of intoxication within the corporate limits of the town of Abilene, or any person guilty of noisy, riotous conduct, or threatening violence against any person or persons, or against the town of Abilene, or running horses on the public streets or alleys, or of lassoing any animal, or leading any wild animal with lasso, or lassoing any person or persons, or of discharging fire-arms within the town limits, shall on conviction thereof before the Court, be fined in any sum not less than five dollars nor more than twenty-five dollars for the first offense, and for the second offense not less than ten dollars nor more than fifty dollars, with costs of prosecution added in both first and second offense, and may be committed to the town jail for any length of time not exceeding five days, provided at the end of that time all costs and fines are paid.

This ordinance shall be in full effect and force from and after the 20th of May, 1870.

T. C. HENRY, Chairman.

Attest: G. L. BRINKMAN, Clerk.

AN ORDINANCE

Relating to the Carrying of Fire Arms and other Deadly Weapons.

Be it ordained by the Trustees of the town of Abilene,

SEC. 1. That any person who shall carry, within the limits of the town of Abilene, or commons, a pistol, revolver, gun, musket, dirk, bowie-knife, or other dangerous weapon upon his or their person or persons, either openly or concealed, except to bring the same and forthwith deposit it or them at their house, boarding house, store room or residence, shall be fined in a sum not less than ten dollars nor more than fifty dollars; and it shall be the duty of any town constable, or policeman of this town, to arrest and disarm any person violating this ordinance, and to deposit the arms so taken with the captain of the town police, to be by him kept until he is, by the magistrate taking cognizance of the offense of carrying arms as aforesaid, authorized to deliver the same to the person or persons from whom the same shall have been taken.

SEC. 2. Any and every person who shall be in violation of this ordinance, within the town of Abilene, or commons, and who shall refuse to deposit his or their arms with the constable or policeman as aforesaid, or shall resist any officer who may attempt to disarm him or them according to the provisions of section one of this obdinance, shall be imprisoned in the common gaol of the town not less than twenty-four hours nor more than ten days, and fined not less than $10 nor more than one hundred dollars: Provided, that the provisions of this ordinance shall not apply to the constable or any officer of the town of Abilene, while in the discharge of their duties as such constable or policeman.

SEC. 3. That any person who shall intentionally discharge any pistol, revolver or gun, within the town of Abilene, in any street, alley, highway, lot, house or other place where the life or limb of any person could be endangered, shall be punished by a fine not less than ten dollars nor more than one hundred dollars.

SEC. 4. This ordinance shall take effect and be in force from the 20th of May 1870.

T. C. HENRY, Chairman.

Attest: G. L. BRINKMAN, Clerk.

AN ORDINANCE

Relating to Houses of Ill-Fame.

Be it ordained by the Trustees of the town of Abilene.

SEC. 1. That any and every person or persons who shall keep or maintain, in this town, a house of ill-fame or prostitution, or a house in which disorderly, licentious, obscene, lewd, profane or indecent conduct or language is permitted or allowed, shall be fined not less than twenty-five dollars nor more than two hundred dollars, and the fact that such language occurring in said house shall be prima facie evidence that the same is permitted or allowed by the person who maintains or keeps such house.

SEC. 2. That any and every person who shall be an inmate or resident of a house of ill-fame or prostitution in this town, or who shall visit or frequent any such house for lewd, licentious, obscene or indecent purposes, shall, on conviction, be fined not less than ten dollars nor more than one hundred dollars, and the fact of any person being found in any such house in the night time, between the hours of eight o'clock, P. M., and five o'clock, a. m., shall be prima facie evidence of his or her frequenting the same for such purpose.

SEC. 3. That any and every person who shall attend, visit or frequent any place in the last preceeding section mentioned, and engage or take part in any of the acts, conduct or language therein specified, shall be fined not less than ten dollars nor more than one hundred dollars for each and every offense.

SEC. 4. That any person or persons who shall hereafter knowingly let, lease or rent any house, hall, tenement or other place in this town to any person or persons, for the purpose of keeping or maintaining therein any place as described in the preceeding sections of this ordinance, shall, on conviction, be punished by a fine not exceeding one hundred dollars, and not less than ten dollars for each day that he, she or they allow the same to be tenanted for such purpose or purposes, or who shall suffer the same to be used after any of the Constables of this town have given notice that the same has been declared a house of ill-fame.

SEC. 5. Be it ordained, that any person convicted for keeping a house of ill-fame, or being an inmate thereof, as provided in the foregoing sections, shall be removed by any of the town Constables without the corporate limits of this town, upon the order of the Court.

SEC. 6. This ordinance shall be in force from and after the 20th of May 1870.

T. C. HENRY, Chairman.

Attest: G. L. BRINKMAN, Clerk.

AN ORDINANCE

Relating to Sundry Offences.

Be it ordained by the Trustees of the town of Abilene:

SECTION 1. That any person found guilty of committing any of the several acts and offenses prohibited in this town, shall be subjected to the penalty herein provided for them respectively.

SEC. 2. That for disturbing the peace of the town, or any lawful assembly of persons, or of any neighborhood, family, person or persons, or for indecent, obscene, improper or abusive language or conduct, or for any assault or affray, a fine of a sum not less than one nor more than one hundred dollars.

SEC. 3. For throwing stone or brick or pieces of wood or other hard substances in or across any building, street or alley of this town, or at or against any house, building, vehicle, person or animal, a fine shall be imposed of not less than one nor more than fifty dollars, at the discretion of the Court.

SEC. 4. For discharging any fire-arms, setting off fire crackers or squibs, throwing any fire balls or combustible substance, or making bonfires, within the limits of the town, a fine shall be imposed of not less than one nor more than twenty-five dollars: Provided, that this section shall not apply or be enforced on the first day of January, nor on the fourth day of July of each year: And provided further, that this provision may be applied to other days by the Trustees: Neither shall this section apply to the person authorized to keep a pistol gallery, nor to any gunsmith who may carefully discharge any fire-arms in the prosecution of his business, nor shall it apply to the person duly authorized to shoot dogs running at large in the town.

Viele Gesetze, wenig Ordnung

Wenn die Reiter nach einem langen Treck die letzte Anhöhe überwanden und in der Ferne die Rauchwolken oder die flackernden Lichter erblickten, die das Ende des Trails ankündigten, spürte jeder Cowboy ein unwiderstehliches Verlangen in sich aufsteigen. Gewöhnlich waren die Männer ein bis vier Monate im Sattel gewesen, meist Tag für Tag in denselben Kleidungsstücken, mit abgenutzten Stiefeln, schmutz- und staubüberkrusteten Hüten und keiner anderen Gesellschaft als ihren Kameraden und den Rindern. Sie hatten sich kaum rasiert und nur im schlammigen Wasser der Flußübergänge gebadet. Jetzt, da die Rinderstadt endlich in Sicht war, wußten sie alle, was sie am meisten brauchten, und das war weder ein Drink noch eine Frau. Sie brauchten wieder Sauberkeit. „Zuerst ging's ins Kartenhaus und dann zu Maisie", begann die alte, melancholische Ballade „Cowboyklage". Doch die meisten echten Trailreiter stiegen zuerst in die Badewanne und kauften sich dann neue Kleidung, und wenn auch nur, weil niemand einen Mann so richtig willkommen hieß, der noch nach einem Sommer im Sattel aussah und roch.

Aber selbst die einfachen Freuden der Sauberkeit standen nicht allen sofort zur Verfügung. Jemand mußte all die Rinder bewachen, und wenn die Tiere kurz hinter anderen Treibherden ankamen, mußten sie unter Umständen zehn Kilometer von der Ansiedlung entfernt warten, man mußte reguläre Posten aufstellen, und nur wenige Cowboys der Mannschaft konnten gleichzeitig in die Stadt reiten. (Einige Treckführer wie der, von dem der Cowboy Baylis John Fletcher berichtete, waren so strenge Puritaner, daß sie ihren Leuten nur einen kurzen Tagesurlaub gestatteten.)

Es war eine Quälerei für die wachhabenden Männer, schmutzig wie eh und je im Sattel zu hocken und zu den Lichtern der fernen Vergnügungspaläste zu starren, davon zu träumen, was sie wohl täten, wenn sie nur in jenem „Sodom der Prärie" sein könnten, wie ein zeitgenössischer Reporter eine Rinderstadt charakterisierte. Manchmal war es noch schlimmer, wenn man gerade mit einem langerwarteten Zechgelage beginnen wollte und dann plötzlich wieder zum Dienst befohlen wurde. „Es war meine freie Nacht", schrieb ein enttäuschter Cowboy, „und ich ging in die Stadt, um einen draufzumachen; aber als ich für Rasieren und Haareschneiden 1,25 Dollar bezahlt hatte, zog eine große Wolke auf, und ich mußte zurück zur Herde und die ganze Nacht bei einem schweren Unwetter Wache halten."

Aber früher oder später gelang jedem Trailreiter der Ausbruch, und war es auch nur für kurze Zeit. Wenn seine Chance kam, ergriff er sie und trat einen von Freudenschreien und Revolverschüssen begleiteten Rachezug an. „Wohlberitten und voll ihres Lieblingsgetränks", berichteten die *Annals of Kansas* 1886 in einem Artikel, „stürmen die Cowboys dann durch die Hauptstraßen einer Stadt, schreiend wie die Comanche. Das nennen sie ‚eine Stadt säubern'." Dieser Stadtgang war oft die einzige Möglichkeit im Jahr, „einen draufzumachen". Auf dem Trail oder daheim auf der Ranch mußten die Cowboys sich zusammennehmen, aber am Ende eines Trecks wurden die Regeln des guten Benehmens – und selbst lokale Verordnungen wie die links abgedruckten – häufig über Bord geworfen. Hier tobten sich die Cowboys immer wieder in ihrer klassischen Rolle als mit dem Geld um sich werfende, trinkfreudige und lärmende Gesellen aus, manchmal mehr zufällig, oft aber auch mit voller Absicht und getragen von Selbstbewußtsein.

In der Stadt stand fast zu jeder Tages- und Nachtzeit ein kleines Regiment gewinnsüchtiger Geschäftemacher bereit, um den Cowboy willkommen zu heißen und ihn um sein hartverdientes Geld zu erleichtern. Schon zu Beginn des Frühlings wettete das Stadtvolk, wann die erste Herde ankommen würde. Die Bruchbuden an den Straßen mit ihren falschen Fassaden aus unbemaltem Kiefernholz waren voll mit teuren Waren. 1877 berichtete ein Lokalblatt mit einem gewissen chauvinistischen Freimut, daß „die Stadt sich auf den Viehhandel einstellt. Erfrischungsstätten werden prachtvoll geschmückt, um den Vergnügen suchenden Cowboy

Verordnungen wie diese in Abilene veröffentlichten (gegen Glücksspiele, das Tragen von Waffen, Prostitution und anderes) sollten weniger das Verbrechen unterdrücken als – durch die verhängten Geldstrafen – Dollars in die Stadtkassen bringen.

Eichhörnchenzahn-Alice, ein Tanzmädchen aus Dodge City, zeigt ihr Warenzeichen – ein zahmes Eichhörnchen. Wie viele ihrer Berufskolleginnen in den Saloons der Rinderstädte trat auch sie schließlich in den Ruhestand, um zu heiraten.

anzulocken". Dieselbe Zeitung bemerkte auch, daß „Hotels und Restaurants Vorbereitungen für einen großen Zustrom von Menschen treffen, wobei man auch das Sprichwort ‚Leben und leben lassen' im Auge behält".

In diese gastliche Atmosphäre ritt der Cowboy ein und pausierte nur kurz, um sich in der Wanne eines Gasthauses oder im Badezimmer eines Saloons den Schmutz abzukratzen. Dann ging er, glattrasiert und ein neuer Mensch, daran, sich in einer geschäftigen Welt zu vergnügen, deren Anblick und Geräusche ihm nach der einsamen Weite der Range ausnahmslos wunderbar erschienen. Unten an den Verladegattern voll Rindern, die noch am selben oder am folgenden Tag verladen werden sollten, waren die Züge zu hören, und auf den hölzernen Gleitrampen trommelten die Hufe widerwilliger Rinder, die auf die Waggons gestoßen und geschoben wurden. Von den ungepflasterten Hauptdurchgangsstraßen stiegen dichte Staubwolken auf, während die Fußtritte der Menschen auf den hölzernen Trottoirs widerhallten, welche die Stiefel der Fußgänger vor dem Schlamm nach Regenfällen schützten.

Knäuel von Cowboys schwankten lautstark über diese Bürgersteige, rissen Witze und begrüßten alte Freunde, die sie zum letztenmal vor einem oder zwei Jahren daheim in Texas gesehen hatten, mit ziemlich unfrommen Redensarten. Dann und wann raste vielleicht ein davongelaufenes Longhorn die Straße hinab, und ein Cowboy ritt mit kreisendem Lasso hinter ihm her. An einer Ecke klimperte ein schwarzer Troubadour seine Balladen und trieb einem Kumpanen, der die Gebote einer improvisierten Pferdeauktion ausrief, eine kleine Schar von Interessenten zu. (In einer Rinderstadt nannte man den Platz, wo die Viehauktionen stattfanden, die Horse Thief Corner, „Pferdediebe-Ecke", ein Spitzname, der das in der Stadt herrschende Mißtrauen hinsichtlich der Herkunft der verkauften Tiere widerspiegelte.) Manchmal sah man zwei Hunde, die sich auf der nackten Erde knurrend und in tödlichem Kampf ineinander verbissen hatten, umgeben von Cowboys, die Wetten über den Ausgang des Kampfes abschlossen. Von der anderen Straßenseite drang vielleicht das laute Lachen einer Gruppe von Prostituierten, lebhaften Damen mit Namen wie Schinkenknochen-Jane, Großnasen-Kate, Galoppierende Kuh und Eichhörnchenzahn-Alice, herüber. Auf dem Höhepunkt der Saison wurde das Durcheinander auf den Trottoirs dann noch vom Ausrufer einer Straßenschau verstärkt, der die Cowboys einlud, die Schweine-Mißgeburt zu sehen oder der Vorstellung des „Armlosen Wunders" beizuwohnen.

Durch die offenen Türen der zahlreichen Saloons hörte man weitere Stimmen, die mit steigendem Branntweinkonsum immer lauter wurden. Im Hintergrund klapperten Pokerchips, und Berufsspieler riefen die Karten aus, während sie bei Poker und anderen Glücksspielen präsidierten. Dann und wann schrie ein Cowboy plötzlich mit lauter und betrunkener Stimme ein „Keno!" durch den allgemeinen Lärm und verkündete damit sein Gewinnerglück bei einem Spiel mit Zahlenprogressionen, das auf einem Tisch mit Spielfeldeinteilung ausgetragen wurde. „Gelegentlich", schrieb 1877 ein indignierter Reporter, „gesellt sich eine dunkeläugige Messalina oder eine freche Blondine zu den Rohlingen der Spielhöllen und Saloons, nimmt mit unbegreiflichem Eifer an dem abstoßenden Zeitvertreib teil und atmet die unmoralische Atmosphäre mit Wohlbehagen ein."

Wenn es Abend wurde, erfüllten Fiedeln die Nachtluft mit ihren Weisen, während die Cowboys sich Barmädchen zu einem ungestümen, stampfenden Tanz holten. War die Stadt dagegen wirklich „up to date", schmetterte eine Blaskapelle vom Balkon eines Saloons Lieblingsmelodien wie „Die Seen von Killarney" oder „Das Mädchen, das ich verließ", während nebenan vielleicht ein Klavierspieler die beliebte Weise „Schnell springt das Wiesel" klimperte. „Sogar der Bürgermeister der Stadt frönt dem wirbelnden Tanz mit den Mädchen", berichtete 1877 eine Rinderstadt-Gazette. „Und mit seiner Zigarre im Mundwinkel und dem Hut seitlich auf dem Kopf sieht er sehr charmant aus."

Inmitten dieser lärmenden Hektik der Boomstadt gab es aber auch Oasen der Ruhe. Ponys warteten geduldig vor den Läden und Saloons, manchmal angepflockt, öfter aber lediglich dadurch am Fortlaufen gehindert, daß die Zügel lose auf die Erde baumelten. Auf der Veranda des besten Hotels schlossen elegant gekleidete Fleischverarbeiter aus dem Norden und Viehmäster aus dem Mittelwesten Geschäfte mit den Viehtreibern aus Texas ab und besiegelten den Tausch von Tausenden von Rindern gegen viele Tausende von Dollar mit ein paar gelassenen Worten, einem Hände-

Messingmünzen mit den Namen von Tanzmädchen ersetzten in vielen schnell- und kurzlebigen Rinderstädten die gesetzlichen Zahlungsmittel.

druck und einem Drink. Auf den Bürgersteigen lungerten schweigende Cowboys, die den Verlockungen der Stadt widerstanden oder widerstehen mußten, weil sie Pech gehabt hatten, kein Geld besaßen, Abstinenzler – oder völlig erschöpft waren. Ein Einwohner von Wichita erzählte, daß sie „sich hauptsächlich auf den zu ihrer Bequemlichkeit aufgestellten Bänken vor den verschiedenen Kurzwarenläden und Lebensmittelgeschäften räkelten und dabei gedankenverloren mit ihren Klappmessern herumschnitzten".

Über diesem Schauspiel schwebte die strenge, aber nicht laut werdende Mißbilligung der Handvoll ehrbarer Bürger, die es in jeder Rinderstadt gab, denn all diese Orte waren in ihrer Struktur von einer fundamentalen Schizophrenie gezeichnet, die sie später zerstören oder zumindest so sehr verändern sollte, daß man sie kaum wiedererkannte. Die Städte entstanden aus einer Kombination von Viehmärkten und behelfsmäßigen Grenzwasserstellen, die erst lebendig wurden, wenn das Wetter gut genug für Viehtrecks war und, sobald der Novemberschnee einsetzte, wieder verlassen dalagen. Die meisten, die hier regelmäßig ihre Chance nutzten, waren geschäftstüchtige Saisonarbeiter – vor allem die Saloonbesitzer und Barkeeper, die ihre Etablissements mit dem letzten Treck des Jahres schlossen, die Glücksspieler von den Flußbooten und aus dem Osten, die Prostituierten, die in den Bordellen von Memphis, St. Louis und New Orleans überwinterten, wenn die Cowboys wieder daheim in Texas waren.

Doch die Rinderstädte zogen schon früh Heimstätter und Farmer an, die auf der Suche nach einem neuen Leben und neuen Möglichkeiten waren. Die Granger, die organisierten Siedler, zogen in die Nähe der Städte, weil sie dort wenigstens einige – wenn auch einfache – Annehmlichkeiten des zivilisierten Lebens fanden, und im Lauf der Zeit beeinflußten diese siedelnden Bürger die Viehmärkte mit ihren frommen Sitten und Gebräuchen. Außerdem zogen die ordentlichen Granger eine Anzahl von ebenso nüchtern denkenden Ärzten, Anwälten, Geistlichen und Lehrern nach sich, die in den dunklen Wintermonaten die ständige Stadtbevölkerung bildeten. Oft handelte es sich nur um einige hundert Menschen. Dann, im Frühling, wurden sie von vielleicht 1500 Cowboys, Treibern und Viehkäufern und Hunderten von Tagedieben überschwemmt.

Für diese niedergelassenen Bürger waren die Cowboys und die anderen Durchreisenden, die über sie herfielen, bizarre und fremdartige Geschöpfe, so wenig willkommen wie ein sommerliches Hagelunwetter. Ein ordentlicher Kansasbürger sagte gereizt über den Cowboy: „Seine großen Sporen klirrten laut und verkündeten Unglück wie das Rasseln einer Klapperschlange." Daß der Rinderhandel die wirtschaftliche Basis der Stadt war, spielte keine Rolle; die ehrbaren Farmer und ihre ehrbaren Ehefrauen verachteten das Sommervolk. Auch mancher Cowboy war von der Atmosphäre abgestoßen, die geldgierige Geschäftsleute geschaffen hatten. Einer schrieb nach dem Stadturlaub in einem Rinderverladezentrum: „Besuchte heute morgen die Sonntagsschule und war wirklich glücklich, denn es war die angenehmste Stunde, die ich verbracht habe, seitdem ich von zu Hause fort bin."

Viele Promoter des Rindergeschäfts waren selbst geteilter Meinung über all das Geschrei und Schießen. Einerseits hatten sie die Art Freizügigkeit gewollt, die von den Cowboys gern gesehen wurde. „Wenn wir eine miese Stadt machen", riet ein Promoter, „werden wir auch ein mieses

Mit diesen beiden Schildern, die 1878 an einen Brunnen in Dodge City genagelt wurden, warb man für ein besonderes Getränk des Ortes und verbot den Männern das Tragen von Schußwaffen. Trotzdem wurden in jedem Jahr fünf Männer in Dodge getötet.

Rindergeschäft machen." Andererseits war es zwar sehr lukrativ, wenn die Dollars der gewöhnlichen Cowboys in Läden und Saloons zirkulierten, doch das große Geld steckte hauptsächlich im regelmäßigen Handel sowie in Landspekulation und Baugeschäft – in Transaktionen, die mit den Dauersiedlern getätigt wurden. Diese Einsicht vor Augen, erklärte der ehrbare Redakteur einer Rinderstadt-Zeitung scharfsinnig, daß „Leute, die Geld anzulegen haben, dorthin gehen, wo sie den Schutz des Gesetzes genießen". Früher oder später einigten sich diese Gleichgesinnten in fast jeder Rinderstadt und taten sich zusammen, um eine Stadtregierung mit gewähltem Bürgermeister und einer Truppe von Sheriffs und Hilfssheriffs zu bilden, von denen man erwartete, daß sie mit ihren Fäusten und Revolvern schneller waren als die Treiber und Raufbolde.

Im Laufe der Zeit wurden die Rinderstädte immer strenger, zumindest in ihrer Einstellung zu den Cowboys. „Sie sollen soviel Spaß haben, wie sie bekommen können", verkündete ein Lokalblatt, „aber sie müssen einsehen, daß die Bürger unserer Stadt das Recht haben, auf einer strikten Unterordnung unter die städtischen Gesetze zu bestehen. Besucher sollten sich darüber im klaren sein", fügte er hinzu „und auch an die Tatsache denken, daß wir eine Polizeitruppe besitzen, die entschlossen ist, ihre Pflicht zu tun." An den Hauptdurchgangsstraßen wurden Warnschilder aufgestellt. Eines, das an zwei Pfosten aus Kiefernholz befestigt war, trug folgende Inschrift: „Hiermit wird allen Personen das Tragen von Feuerwaffen oder anderen gefährlichen Waffen innerhalb der Stadtgrenzen bei Geld- oder Gefängnisstrafe verboten. Auf Anordnung des Bürgermeisters." Ein anderes Schild *(oben)* begann mit einem strikten Verbot und endete mit der Anpreisung einer Wundermedizin.

Zur besonderen Abschreckung wurde eine Reihe strenger Gesetze verabschiedet, denen man mit einem System von Geldbußen Geltung verschaffte. Doch was die Ernsthaftigkeit einiger dieser frühen Bemühungen um Recht und Ordnung betraf, bestanden begründete Zweifel. Erstens lagen die meisten Geldbußen durchaus im Bereich dessen, was ein stürmischer Cowboy oder eine unternehmungslustige Prostituierte für einen Verstoß zahlen konnten. Viele Einwohner schienen dieses subtile Phänomen des Stadtlebens zu begreifen und verstanden auch, davon zu profitieren: Eine Stadt kassierte in einer einzigen Rindersaison 5600 Dollar an Geldbußen, so daß diese Beträge in Wirklichkeit keine Strafen, sondern sozusagen Gebühren für Ausschweifungen und damit regelmäßige Quellen des Gemeindeeinkommens waren. „Die aus Geldbußen für Glücksspiel und Prostitution erzielten Mittel", schrieb eine Zeitung 1879, „werden die Polizeitruppe finanzieren."

So wurde die Reformbewegung oft durch eine pragmatische und außerordentlich merkantile Einstellung zu den Cowboys gehemmt – „Laßt die Jungs sich doch austoben", sagte man etwa, auch wenn es wirklich sehr böse „Jungs" waren, was gelegentlich der Fall war. „Ein humorvoller Cowboy namens Todd fing Mr. Bowring, einen prominenten Bürger, mit dem Lasso ein", lautete ein Bericht, „und schleifte ihn einige hundert Meter so schnell mit, wie sein Pferd laufen konnte." Die Polizei kümmerte sich nicht um die Sache. In einer anderen Stadt ritt ein Cowboy mit seinem Pony in den Vorraum eines beliebten Vergnügungszentrums, wo sich die Rollschuhbahn befand – ähnliche Einrichtungen schossen seltsamerweise auch anderswo im Grenzland aus dem Boden. (Kegelbahnen waren eine weitere beliebte Zerstreuung.) Vom Schnaps benebelt, versuchte er, das Pferd mit den Sporen auf die Rollschuhbahn selbst zu treiben, als zwei Besucher ihn überredeten, es wäre doch vernünftiger, wenn er sich aus dem Staube machte, was er dann auch tat, ohne daß ihm eine Strafe angedroht wurde. Am 20. August 1878 berichtete ein Lokalblatt folgende Geschichte: „Einer der Cowboys, der betrunken war, unternahm den Versuch, die Theke zu besetzen. Es folgte ein Streit. Mehrere Männer beteiligten sich an der Auseinandersetzung, und einige von ihnen wurden mit Sechsschüssern auf den Kopf geschlagen. Mehrere Schüsse lösten sich. Wir sind froh, berichten zu können, daß niemand ernstlich verletzt oder erschossen wurde."

Leider war der Ausgang nicht immer so unblutig. „Ein Cowboy namens Taylor ritt in einen Saloon und verkündete er wolle das Haus ausräumen", lautet eine andere Geschichte dieser Epoche. „Er war schwer bewaffnet, doch bevor er seine Drohung wahr machen konnte, wurde er von einem unbekannten Mann erschossen, wobei sein Kopf fast vom Körper abgetrennt wurde. Unter den Cowboys herrscht große Erregung über Taylors Tod, und manche fürchten, daß es deswegen Unannehmlichkeiten geben wird."

So gediehen die Rinderstädte weiter nach dem Motto „leben und leben lassen", und ein paar Cowboys behaupteten steif und fest, sie seien trotz aller anderslautenden Geschichten im Grunde doch nur Burschen, die gern ihren Spaß hätten. „Es gibt viele Übertreibungen über uns Cowboys" klagte einer von ihnen. „Wir sind nämlich nicht einmai annähernd so schlecht, wie man uns hinstellt. Wir machen dann und wann gern ein bißchen Krach, aber das ist alles im Grunde genommen nur Spaß."

Die Orte, die solche Vorurteile entstehen ließen und solche gegensätzlichen Emotionen weckten, waren einmalig in der amerikanischen Geschichte. Es waren ganz besondere Boomstädte – so freizügig wie die rauhesten Goldgräberlager –, die überall dort aus dem Boden schossen, wo Viehtrecks aus Texas die Strecken der Eisenbahnen nach Westen schnitten. In den beiden Jahrzehnten nach dem Bürgerkrieg ritten Tausende von Treibern und Cowboys aus Texas zu diesen Rinderstädten und trafen sich mit Leuten aus dem Norden und Osten, die gekommen waren, um das Vieh zu kaufen und sich in dem exotischen Durcheinander der Cowboyparadiese selbst ein wenig zu amüsieren. Die erste dieser Städte, die sich aus der Prärie erhob, hieß Abilene, aber sie hätte ebensogut Newton, Ellsworth, Wichita, Caldwell, Ogallala oder Dodge City heißen können. Das waren nämlich die Namen der bekanntesten und berüchtigtsten Städte, deren überschäumende Lebensart von anderen Rindermärkten im ganzen Westen kopiert wurde. Die tonangebenden Städte lagen freilich samt und sonders in Kansas oder kurz hinter der Grenze. Ursprünglich wurden sie alle angelegt, um erstens mit den Longhorns und zweitens mit den Frustrationen der Cowboys aus Texas fertig zu werden.

In Abilene oder Ellsworth oder einer ihrer unbedeutenderen Schwesterstädte an den großen Trails – Hays City, Hunnewell, Ellis und einem Dutzend anderer – konnte der Cowboy in einem der Saloons trinken oder in einem Longhorn-Store neue Kleidung kaufen. Im Cowboy's Rest konnte er ein Bad nehmen oder ein Mädchen finden. Sein Boß konnte im Drovers' Cottage ein Geschäft abschließen. Und wenn eine Rinder-Boomstadt wegen der Frömmigkeit der Farmer, die durch ein immer härteres Durchgreifen der Polizeikräfte bei der Einhaltung der Gesetze unterstützt wurde, einen schnellen Tod starb, war das auch nicht weiter schlimm. Die Promoter konnten nämlich in einem einzigen guten Jahr ein Vermögen machen und ihr Tätigkeitsgebiet dann mit Leichtigkeit um ein paar Kilometer verlegen – Hauptsache, sie blieben an der Eisenbahnstrecke, wo sie dann einen neuen abenteuerlichen Marktort gründeten.

Jede Rinderstadt hatte eine andere Lebensspanne, obgleich sie alle einen sehr ähnlichen Lebenszyklus von Boom

Wie die meisten Rinderstädte entstand auch Newton, Kansas, an den Eisenbahngleisen und dehnte sich weiter aus. Im Gegensatz zu anderen Rinderstadtbewohnern brauchten die Leute von Newton jedoch keine Angst vor Cowboys zu haben, die mit ihren Herden durch die Stadt zogen. Joe McCoy, der aus den Erfahrungen mit seinem Unternehmen in Abilene gelernt hatte, baute die Verladegatter von Newton in vorsichtiger Entfernung von der Stadt – knapp drei Kilometer westlich.

A. F. HORNER. STORE

GRAND SPANISH BULL FIGHT!

AT THE OPENING OF THE

Dodge City Driving Park & Fair Association

AT DODGE CITY, KANSAS,

July 2, 3 and 4, 1884.

Horse Racing, Lassoing Matches, Grand Tournament, Shooting Matches, Base Ball, Etc.

$10,000 GIVEN AWAY IN PRIZES!

REDUCED RATES

On All the Railroads, from Chicago and St. Louis.

und Pleite durchmachten. Newton zum Beispiel bestand nur eine einzige Saison – 1871, als die Atchison, Topeka and Santa Fe Railway die Stadt erreichte. Die Geschwindigkeit, mit der Newton wuchs und starb, war selbst für eine Rinderstadt verblüffend. Ein Cowboy, der im Mai 1871 durchkam, erinnerte sich: „Eine Hufschmiedewerkstatt, ein Laden und ungefähr ein Dutzend Wohnhäuser bildeten damals diesen Ort, doch als ich 30 Tage später auf unserer Rückreise wieder durchkam, war er bereits zu einer recht großen Stadt angewachsen." Nur eines der vielen neuentstandenen Gebäude hatte verputzte Wände, und das war der Bahnhof. Der Rest bot das typische Bild einer Rinderstadt – nackte Bretter mit falschen Fassaden und ein buntes Gemisch von Hütten und Zelten. Als die ersten Rinder eintrafen, wuchs auf den Straßen noch das Gras; Präriehunde lugten aus dem Gras hervor, und das Wasser kam aus zwei Brunnen auf der Hauptstraße. Stärkere Getränke flossen zu 25 Cent pro Glas in 27 Etablissements. Die zweifelhafteren Saloons befanden sich in einem besonderen Bezirk, den die Einwohner von Newton Hide Park (Versteckpark) nannten. Ein Reporter der *Wichita Tribune* schrieb, daß „man Mädchen von höchstens 16 Jahren sehen kann, die Whiskey trinken, Zigarren rauchen, fluchen und schwören, daß man fast die Achtung verliert, die man vor dem schwächeren Geschlecht haben sollte. Ich hörte einen der Stadtbewohner sagen, daß es in der Stadt kaum ein Dutzend tugendhafte Frauen gebe".

Wichita hätte schweigen oder zumindest nicht so entrüstet protestieren sollen. Denn nach einer Schätzung war Wichita auf dem besten Weg, einen Rinderstadtrekord für Animierdamen aufzustellen: 300. Die meisten von ihnen arbeiteten in einer Tanzhalle, die den passenden Namen Rowdy Joe's trug; das Familienunternehmen, an dessen Geschäftsführung sich Joes Gattin, Rowdy Kate, beteiligte, wurde zum „heißesten Saloon von Kansas" erklärt, und in der Viehsaison nahm es pro Abend allein für Drinks 100 Dollar ein.

In seinem kurzen Dasein als Rinderstadt gelang Newton nie die Aufstellung einer Polizeitruppe, weshalb die Glücksspieler dort – die offensichtlich der Meinung waren, sie benötigten mehr Schutz als andere – Geld zusammenlegten, um ein paar Privatpolizisten zu engagieren. Diese Polizisten taten nach zeitgenössischen Berichten wenig zur Erhaltung des Friedens. „In der Stadt und ihrer Umgebung wurde ständig geschossen", sagte ein Einwohner, „es erinnerte mich an ein Fest zum Nationalfeiertag. Wenn ich aufstand und wenn ich zu Bett ging, hörte ich Schüsse." Derartige Berichte verhalfen der Stadt zu dem Beinamen Bloody Newton. Man führte keine genauen Statistiken, aber nach vorsichtigen Schätzungen wurden in Newtons einem und einzigem Ruhmesjahr neun Menschen erschossen. Andere beziffern die gewaltsamen Todesfälle auf bis zu 50.

Diese Geschichten über tödlich ausgehende Gewalttaten und besonders die Gesamtzahlen der Opfer halten allerdings nicht immer einer sorgfältigen historischen Nachprüfung stand. Zweifellos ging es recht rauh zu – und es gab zuviel Mord und Totschlag. Doch wie anderswo, stürzten sich die Leute auch hier auf die Geschichten über Rowdys und Bluttaten und vergaßen sie nie. Viele Berichte stammten aus orts- oder staatsfremden Zeitungen, deren Schreckensnachrichten über Rinderstädte meist kunstvoll ausgeschmückt oder absichtlich übertrieben wurden. Die dicht beieinanderliegenden Rindermärkte waren erbitterte Konkurrenten in dem Geschäft mit Rindern und Cowboys, die es zu guten Verladestationen mit viel rauhen Vergnügungen zog. Dessen bewußt, verpaßten die Zeitungsredakteure, die mit den führenden Geschäftsleuten des Ortes unter einer Decke steckten, keine Gelegenheit, zwei in der Konkurrenzstadt abgegebene Revolver-Freudenschüsse wie eine Massenschießerei am Marktplatz klingen zu lassen.

Die Städte machten sich auch in anderer Hinsicht gegenseitig schlecht. Wichita und Ellsworth führten einen dauernden journalistischen Kleinkrieg der Herabsetzung. „Wenn fehlendes Wasser und kurzes Gras für das Wohlergehen der Rinder aus Texas nötig sind", spöttelte *The Wichita City Eagle*, „dann ist Ellsworth sicher genau der richtige Ort." Worauf der *Ellsworth Reporter* erwiderte, wie jedermann wisse, werde das Vieh „wild und ungehorsam und gerate leicht in Stampede, wenn es durch Fliegen und Stechmücken belästigt wird, die es heuer in Wichita und Umgebung in alarmierendem Ausmaß gibt und die ihre Vermehrung dem feuchten und drückenden Wetter verdanken, das dort im Frühling und Sommer herrscht".

Die Lokalmatadore bewarfen ihre Rivalen nicht nur mit Schmutz, sondern übertrieben die Vorzüge ihrer eigenen Stadt auch in der für Frontiersmen typischen Weise.

Diese mexikanischen Toreros waren die Stars einer Festivität, die in Dodge aus Anlaß des Nationalfeiertags veranstaltet wurde *(links)*. „Sie sind ein wilder Haufen", schrieb ein Reporter, aber „sie haben einen erfreulichen Charakterzug: Man kann sie nicht dazu bringen, auch nur einen Tropfen Schnaps zu trinken."

Ellsworth pries seine Verladegatter als „größte im Staat" an und feierte ein Hotel am Ort als schönstes in den ganzen Staaten (und das neue Grand Central Hotel war in der Tat für die erstaunliche Summe von 27 000 Dollar hochgezogen worden, damals ein enormer Betrag). Geschäftsleute aus Ellsworth brachten eine Kollekte von 1000 Dollar auf, um den einflußreichen Rinderbaron Shanghai Pierce aus Texas (der noch im Vorjahr auf der Gehaltsliste von Wichita gestanden hatte) dafür zu bezahlen, daß er unter seinen Kollegen sechs Wochen lang die Werbetrommel für das Rindergeschäft in Ellsworth gerührt hatte.

Wichita konterte, indem es 2500 Dollar bereitstellte, von denen ein Teil als Schmiergeld für diverse Treiber verwendet wurde, damit sie ihre Herde nach Wichita brachten, ein Teil für einen neuen Trail und ein Teil für Flugblätter, in denen man die überragende Qualität der Verladegatter von Wichita pries. Einmal bot eine Delegation rinderhungriger Geschäftsleute einem Farmer, dessen Ernte am Rande Wichitas von Rindern zertrampelt worden war, 50 Dollar Schadenersatz, und ein andermal verabschiedete der Stadtrat eine Resolution, die den Rindern sogar auf der Hauptstraße freien Durchzug garantierte, wenn die Treiber es wünschten. In dem Sommer, in dem die Schmiergelder gezahlt wurden, verlud Wichita – das bereits Newton ausgestochen hatte – 30 000 Rinder mehr, als im gleichen Sommer in Ellsworth verladen worden waren.

Zu Beginn des Wichita-Booms dachte sich ein unternehmungslustiger Bürger, ein Landerschließer namens William (Dutch Bill) Greiffenstein eine ingeniöse Methode aus, die Stadt weiter voranzubringen und gleichzeitig etwas Geld in die eigene Tasche zu wirtschaften. Er baute eine Brücke über den flachen Arkansas, und zwar so, daß der ankommende Verkehr seine verschiedenen Handelsunternehmen passieren mußte. Die Treiber, die ihre Herden bereits durch den Red River und kleinere Flüsse gejagt hatten, bezahlten, um ihre Kühe sicher und trocken in die Stadt Wichita zu bringen. Die Farmer aus der Umgebung zahlten ebenfalls – 50 Cent, wenn sie die Brücke mit einer Wagenladung landwirtschaftlicher Erzeugnisse überqueren wollten, 25 Cent, wenn sie leer hinüberfuhren. In fünf Monaten raffte Dutch Bill auf diese Weise 10 000 Dollar Wegzoll zusammen.

Doch auch die Eisenbahngesellschaften beteiligten sich manchmal am Gerangel um das Rindergeschäft. 1880 senkte die Atchison, Topeka and Santa Fe ihre Frachtrate pro Waggon drastisch von 40 auf 10 Dollar. Worauf die Kansas City, Lawrence and Southern im benachbarten Hunnewell ihre Frachtrate entsprechend ermäßigte. Und während die Geschäftsleute solch verfeinerte Taktiken benutzten, um die Treiber mit ihren großen Herden anzulocken, vergaßen die Promoter nicht, daß die Cowboys in die Stadt kamen, um ihren Spaß zu haben. Wichitas *Eagle* berichtete stolz über das Geschehen auf der Pferderennbahn der Stadt, wo ein Cowboy, der auf den richtigen Gaul setzte, schnell reich werden und sich laut und fröhlich amüsieren konnte, letzteres auch, falls er verlor.

An einem Samstagnachmittag „waren mehr als tausend Männer anwesend", schrieb der *Eagle* und fügte hinzu: „Außerdem fünf Kutschen mit Tanzmädchen." Ein andermal bemerkte das Blatt: „Revolver findet man hier wie Sand am Meer." Es betonte jedoch: „Nichtsdestoweniger ist ein Mann in Wichita so sicher wie in jeder anderen Stadt, wenn er sich von schlechter Gesellschaft fernhält."

Solche Töne wurden im Laufe der Zeit immer häufiger angeschlagen. Ellsworth behauptete, es sei „die ordentlichste Stadt; hier herrschen Gesetz und Ordnung". Und Caldwell gehörte zu den Orten, die wirklich etwas dafür taten. 1879 wählte die Stadt einen besonnenen Textil- und Lebensmittel-

Der unermüdliche Promoter Joe McCoy errichtete eine Boomstadt in der Prärie und betätigte sich später als Zaunverkäufer, Lebensmittelhändler und Opium-Detektiv für das U.S.-Finanzministerium.

händler zum Bürgermeister und stellte eine Polizeitruppe auf. In Wichita brachte eine Vigilantengruppe unter Anführung des Rechtsanwalts S. M. Tucker, der immer einen Revolver trug, einen schießfreudigen Texaner namens Hurricane Bill, der in der Umgebung Vieh gestohlen und die Stadt mit seinem Schießeisen tyrannisiert hatte, zur Strecke und warf ihn ins Gefängnis. Von da an war es in Wichita beträchtlich ruhiger, obwohl es keineswegs langweilig wurde.

Doch ganz gleich, wie ordentlich sie zu werden versuchten oder mit wieviel Eifer sie die Werbetrommel rührten – keine Stadt schaffte es, sich so lange am Leben zu halten wie Dodge City, und keine Stadt konnte Dodge City in seinem dauerhaften Ruf als einen Ort übertreffen, wo Treiber ihr Vieh mit Gewinn loswerden und Cowboys sich richtig austoben konnten. Dodge hatte schon einige Jahre existiert, bevor 1876 die erste große Rinderladung aus der Stadt transportiert wurde. Sie lag bei Fort Dodge, und umsichtige Saloonbesitzer dachten an durstige Soldaten, als sie am Rand des militärischen Sperrbezirks ihre Etablissements eröffneten. Dodge erlebte einen Boom als Verladeplatz für Büffelhäute, und in dieser Zeit etablierte es seinen Ruf als Rowdyzentrum: Angeblich wurden in einem einzigen Jahr 24 Männer umgebracht.

Die Besitzer der Kaschemmen von Dodge City erkannten sehr früh die Vorzüge des Großgeschäfts zu kleinen Preisen. Als die Texaner mit den Rindern kamen, erhöhten sie keineswegs ihre Preise, und der Long Branch Saloon schenkte am Erntedankfest sogar gratis Eierpunsch aus. Er stellte auch die Gunst von drei Damen bereit, die angeblich als Sängerinnen engagiert worden waren. Die Sängerinnen zogen so viel Kundschaft an, daß A. B. Webster, der den Konkurrenzsaloon Old House leitete, seinen Freund, den Bürgermeister Lawrence Deger, überredete, sie ins Gefängnis zu stecken, was Websters eigenen Mädchen ermöglichte, von der Wettbewerbslücke zu profitieren.

Mit zunehmendem Rinderhandel sparten die Promoter von Dodge City keine Mühe, um es den Cowboys und Treibern in der Stadt gemütlich zu machen. Der Ort proklamierte sich als „Cowboyhauptstadt der Welt“ und warb, „das Gras ist bemerkenswert gut, das Wasser reichlich, zwei Drinks gibt es für einen Vierteldollar und keine Granger. Diese Tatsachen machen Dodge City zum idealen Ziel für Rindertrecks.“

Das war es bis Mitte der achtziger Jahre. Dodge City rühmte sich der buntesten Tanzhallen, der hübschesten Mädchen, der unbändigsten Cowboys und alles in allem der laxesten Gesetze – trotz der Anwesenheit von Sheriff Bat Masterson und Deputy Marshal Wyatt Earp. Dodge City verpaßte keine Gelegenheit, um zu zeigen, für wen das Herz der Stadt wirklich schlug – für den Cowboy aus Texas. Als ein bereits wegen Viehdiebstahls angeklagter Texaner nach einer Schußverletzung einen langsamen Tod gestorben war, pries der lokale *Ford County Globe* ihn als „einen guten jungen Mann mit jenen ritterlichen Eigenschaften, die bei Frontiersmen so verbreitet sind. Unter den Texanern, die ihn kannten, hatte er viele Freunde und keine Feinde. Seine Cowboybrüder ließen es ihm während seiner Krankheit an nichts fehlen und bereiteten ihm ein großartiges Begräbnis, als er tot war“.

Die schönste Stunde von Dodge City kam vielleicht 1884, als das Rindergeschäft bereits im Niedergang war und Caldwell zu einer letzten Konkurrenzschlacht angesetzt hatte. Für die Festivitäten zum Nationalfeiertag am 4. Juli ersann der erfinderische Saloonbesitzer A. B. Webster eine Veranstaltung, die die Viehverlader garantiert nach Dodge zurücklocken und alle auf der Lauer liegenden Rivalen verblüffen würde. Es handelte sich um einen spanischen Stierkampf. Webster brachte bei anderen Geschäftsleuten 10 000 Dollar zusammen, baute eine primitive Arena, trieb 12 wild aussehende Longhorns zusammen, engagierte fünf furchteinflößende mexikanische Toreros und lockte 4000 Zuschauer an. Einige von ihnen kamen von so weit her, daß sie die Eisenbahn nehmen mußten; andere trafen auf dem Pferderücken ein. Als das Fest vorbei war, erklärte die Zeitung eines Nachbarortes: „Eine ganze Reihe unserer Männer war letzte Woche in Dodge, um den Stierkampf zu sehen. Einige von ihnen sahen bei ihrer Rückkehr aus, als hätten sie eine persönliche Begegnung mit den Tieren gehabt.“ Einer kehrte überhaupt nicht zurück, da er kurz nach dem Stierkampf bei einer Schießerei mit einem berufsmäßigen Spieler namens Dave St. Clair in A. B. Websters Saloon getötet worden war.

Trotz des Todesfalls war Dodge über die Reklame entzückt. „Caldwell ist als Rinderstadt weit hinter der Zeit zurück“, verkündete die Zeitung der Stadt. „Sie hatten am Vierten keinen Stierkampf.“

Der große Stierkampf war jedoch alles andere als ein uneingeschränkter Erfolg. Noch im fernen New York beschrieben Leitartikler das Unternehmen als unmenschlich und unamerikanisch. Und schlimmer noch, die Reklame konnte das Schicksal nicht abwenden, das letzten Endes alle Rinderstädte ereilte. 1885 verabschiedete das Parlament von Kansas ein neues Quarantänegesetz, das das gesamte Staatsgebiet für die von Zecken befallenen Rinder sperrte, die von Texas heraufgetrieben wurden. Gegen Ende dieses Jahres waren die Trails durch lange Stacheldrahtzäune blockiert. Schließlich – und ironischerweise – halfen die Eisenbahngesellschaften, die den ursprünglichen Anstoß für die Rinderstädte gegeben hatten, jetzt auch dabei, sie zu Anachronismen zu machen. Sie taten es einfach dadurch, daß sie ihre Strecken bis nach Texas verlängerten.

In den 20 Jahren, in denen diese Städte gediehen, war Dodge City, wie es behauptete, vielleicht die großartigste gewesen. Newton war während seines kurzen Daseins vielleicht die gewalttätigste. Doch keins dieser späteren Rinderzentren übertraf die erste Boomstadt Abilene.

Abilene war der Prototyp der Rinderstadt. Praktisch alles, was später in Newton oder Ellsworth oder Wichita oder Caldwell oder Dodge City geschah, war zwischen 1867 und 1872 bereits in Abilene geschehen.

In diesen fünf Jahren gingen mehr als eine Million Rinder durch Abilene. In dieser kurzen Zeit gewann Abilene neben seiner einzigartigen Rolle als erste Rinderstadt in Kansas auch eine andere besondere Bedeutung. Hier kam es nämlich zur ersten Konfrontation der ehrbaren Bürger mit dem Cowboy als einer herausragenden, charakteristischen amerikanischen Figur – und hier erkämpften sie ihren ersten Sieg über ihn, ein Omen, das damals fast niemand erkannte.

Als Prototyp unter den Rinderstädten wurde Abilene im Kopf eines der genialsten aller Rinderstadt-Promoter, eines zähen, asketisch aussehenden, reichen und ehrgeizigen jungen Manns aus Illinois namens Joseph Geiting McCoy geboren. Es war McCoy, der in gewissem Sinn nicht nur das Konzept entwickelte, sondern auch die Rinderstadt realisierte. McCoy war eines von elf Kindern einer Familie aus Springfield, die in ihrer Gegend mit dem Rinderhandel reich geworden war; seine Augen begannen zum erstenmal zu glänzen, als zwei Freunde, die gerade aus dem Bürgerkrieg zurückgekehrt waren, von den Millionen von Longhornrindern berichteten, die auf den Ebenen von Texas weideten – und auf den Verkauf warteten. „Es dauerte nicht lange", schrieb McCoy, der immer in der dritten Person von sich sprach, wie es einem Mann von seiner Bedeutung geziemte, „und der junge Mann warf seine Augen auf die Karte der westlichen Staaten", um einen geeigneten Marktort zu finden. Er entschied sich für Kansas, „wo sich die Treiber aus dem Süden und die Käufer aus dem Norden auf gleicher Ebene treffen konnten, ohne vom Mob oder betrügerischen Dieben belästigt zu werden".

Im Frühling 1867 bestieg McCoy einen Zug nach Salina in Kansas, dem westlichsten Punkt der Union Pacific Railroad. Mitten auf der Strecke hielt der Zug eine Stunde, weil eine Brücke repariert werden mußte, und McCoy stieg aus und fand sich in dem Präriedorf Abilene.

Einen so wenig einladenden Ort hatte McCoy noch nie gesehen. Er beschrieb ihn als „einen kleinen, toten Ort, der aus ungefähr einem Dutzend Blockhütten bestand". Ein einzelner Pfosten mit einer Nummer und einem Haken für den Postbeutel zeigte dem Bremser, wo er den Zug anhalten mußte. Nur eine Handvoll Menschen war in Abilene ansässig. Tim Hersey, nach seiner Behauptung der erste Einwohner, servierte Postkutscheninsassen in einer Blockhütte Essen. Ein Lokalhistoriker erklärte, Horace Greeley, ein Redakteur der New *York Tribune,* habe es auf seinen berühmten Streifzügen durch den Westen als den letzten Ort beschrieben, wo man eine anständige Mahlzeit bekommen könne. Josiah Jones, ein dicker und liebenswürdiger Mann, betrieb einen Saloon und fütterte die einheimischen Präriehunde, von denen er ab und zu einige fing, um sie für fünf Dollar das Pärchen an die Reisenden loszuwerden.

Der Zug ratterte weiter nach Salina, das sich offenbar nicht für McCoy interessierte, und fuhr dann über Junction City, wo die Bodenpreise zu hoch waren, zurück. Etwas widerwillig begann McCoy, Abilene in Erwägung zu ziehen. Das Dorf bot ein paar offensichtliche Vorteile: Es lag westlich von Gebieten, die von Farmern besiedelt worden waren, befand sich aber mitten auf der Kansas-Route der Union Pacific Railroad Eastern Division (später umbenannt in Kansas Pacific). Andererseits besaß es weder Bahnhof, Verladegatter oder Verladerampen und befand sich ein gut Stück innerhalb der Quarantänegrenze. McCoy ließ sich von diesen Nachteilen nicht abschrecken. Er hatte seinen Entschluß gefaßt. Das sollte der Platz sein.

Er suchte den Governor von Kansas auf und bekam bald dessen Zusicherung, man werde die Quarantäne nicht erzwingen. McCoy, der unwiderstehliche Promoter, besuchte auch die Union Pacific und rang ihr das Versprechen ab, Weichen, Stellwerke und Abstellgleise zu installieren. Dann handelte er einen Transportpreis für die Rinder von fünf Dollar pro Waggonladung aus – ohne daß eine einzige Kuh in Sicht oder Aussicht war, außer den von ihm angekündigten. Inzwischen brachte McCoy günstig gelegene Parzellen von insgesamt 100 Hektar in seinen Besitz.

Eine Cowboykapelle posiert 1886 für den Photographen. Sie war von den Promotern von Dodge City gegründet worden und schon zwei Jahre zuvor beim Viehzüchterkongreß in St. Louis aufgetreten. Obgleich der Kapellmeister erzählte, er dirigiere mit einem geladenen Sechsschüsser, für den Fall, daß jemand einen falschen Ton blase, waren die „Cowboys" größtenteils Berufsmusiker.

Treiber J. D. Reed

Treiber Seth Mabry

Wieder daheim in Illinois, schrieb McCoy seine Brüder und ein paar Freunde auf seine Liste und nahm etwas vom Geld der Familie auf. Einer seiner Brüder bemühte sich in New York um die Mitarbeit von Kleinhändlern aus dem Osten. T. C. Henry, ein anderer Herr aus Illinois, der sich als ebenso gerissen wie McCoy erweisen sollte, half das Unternehmen voranzutreiben – und auch ein paar eigene Bodenspekulationen. W. W. Sugg, noch ein Bekannter aus Illinois, der selbst Viehhändler war, bestieg ein Pferd und ritt auf McCoys Bitte mutig 300 Kilometer ins Indianerterritorium hinein, wo er sich Treiber aus Texas vornahm und ihnen den Weg nach Abilene wies.

In weniger als zwei Monaten war die Verwandlung des Präriedorfes in vollem Gang. McCoy bestellte in Missouri teures Bauholz, um eine Reihe von Verladegattern zu bauen, die solide genug waren, um 3000 stampfende Longhorns beherbergen zu können; in der Nähe ließ er eine Zehn-Tonnen-Waage errichten, auf der man 20 Rinder gleichzeitig wiegen konnte. Er baute auch einen Mietstall, eine Scheune, ein Bürohaus und ein Hotel mit 80 Zimmern. Das Hotel nannte McCoy Drovers' Cottage.

Und an einem Augusttag, die Bauarbeiten in Abilene waren noch nicht einmal beendet, begann das Vieh einzutreffen. Am 5. September rollten 20 Waggonladungen nach Chicago. Als die Saison im November vorbei war, hatten weitere 1000 Waggons Abilene verlassen.

Das Unternehmen machte Schlagzeilen bis nach New York, wo die *Tribune* berichtete, McCoys Verladeeinrichtungen könnten „in zwei Stunden einen Zug von 40 Waggons abfertigen". Die Besucher strömten zu Hunderten nach Abilene, um zum Boom beizutragen, schrieb die *Tribune* und fügte mit der für die Epoche typischen Bigotterie hinzu: „Manche von ihnen zahlen ‚Höchstpreise' für Konfektionskleidung an zwei Juden, die aus einer leeren Getreidescheuer einen Laden improvisiert haben und die Waren, die sie aus Fort Leavenworth beziehen, mit einem Gewinn von 150 bis 200 Prozent fast so schnell verkaufen, wie sie sie aus den Schachteln holen können."

In einem einzigen heißen Sommer war McCoys Vision Wirklichkeit geworden; doch sein Werk war noch lange nicht vollendet. In der folgenden Saison, als die doppelte Zahl von Rindern nordwärts getrieben wurde, begann sich das Gerücht zu verbreiten, sie schleppten eine Epidemie des gefürchteten Texasfiebers ein. Diese Nachrichten schreckten die Käufer von Abilene ab und drohten McCoys neugeschaffenen Markt auszulöschen.

McCoys Lösung für dieses Problem war ebenso genial – und unwahrscheinlich – wie seine ursprüngliche Schöpfung. Seinen eigenen bescheidenen Angaben zufolge fesselte er jedermanns Aufmerksamkeit mit einer weiteren spektakulären Werbeaktion, der er einen faszinierenden kaufmännischen Kraftakt folgen ließ, was den Gesamteffekt hatte, daß die Fieberfurcht unter einer bunten Jahrmarktsdecke begraben wurde. Er inszenierte zunächst einen der Vorläufer späterer Wildwest-Shows. Auf McCoys Order ritt eine Gruppe von Cowboys auf die Prärie westlich von Abilene, um Büffel zu suchen. Sie fingen einige, darunter einen 1000 Kilogramm schweren Riesenbullen, den sie mit einem Flaschenzug auf einen wartenden Waggon hievten. McCoy tat später noch ein paar Elche und Wildpferde hinzu und fuhr mit einem Viehwaggon, der mit einer schreienden, die Vorzüge der Stadt Abilene und ihrer fetten Rinder

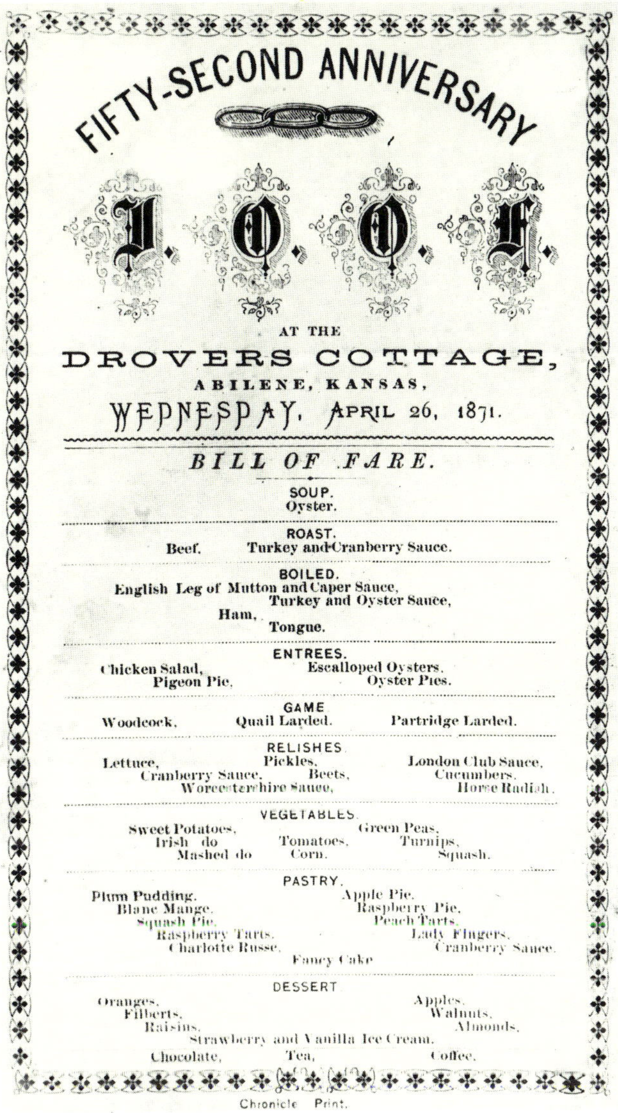
FIFTY-SECOND ANNIVERSARY

I. O. O. F.

AT THE

DROVERS COTTAGE,

ABILENE, KANSAS,

WEDNESDAY, APRIL 26, 1871.

BILL OF FARE.

SOUP.
Oyster.

ROAST.
Beef. Turkey and Cranberry Sauce.

BOILED.
English Leg of Mutton and Caper Sauce,
Turkey and Oyster Sauce,
Ham,
Tongue.

ENTREES.
Chicken Salad, Escalloped Oysters,
Pigeon Pie, Oyster Pies.

GAME
Woodcock, Quail Larded. Partridge Larded.

RELISHES
Lettuce, Pickles, London Club Sauce,
Cranberry Sauce, Beets, Cucumbers,
Worcestershire Sauce, Horse Radish.

VEGETABLES.
Sweet Potatoes, Green Peas,
Irish do Tomatoes, Turnips,
Mashed do Corn. Squash.

PASTRY.
Plum Pudding. Apple Pie.
Blanc Mange. Raspberry Pie.
Squash Pie. Peach Tarts.
Raspberry Tarts. Lady Fingers.
Charlotte Russe. Cranberry Sauce.
Fancy Cake

DESSERT
Oranges. Apples.
Filberts. Walnuts.
Raisins. Almonds.
Strawberry and Vanilla Ice Cream.
Chocolate, Tea, Coffee.

Chronicle Print.

Die „Odd Fellows“ von Kansas feierten den 52. Jahrestag der Gründung ihres gleichnamigen Wohltätigkeitsordens mit einem verschwenderischen Menü im Drovers' Cottage in Abilene.

preisenden Fahne geschmückt war, nach St. Louis und Chicago. Mit ihnen fuhren die Cowboys – Texaner mit Halstüchern und Sporen, Mexikaner mit schwarzen Samthosen und roten Schärpen. Diese farbenfrohen Präriemänner führten ihre Talente beim Reiten, Einfangen und Niederzwingen der eigenwilligen Tiere vor.

Diese possenartige Show, die Buffalo Bill Cody später berühmt machen sollte, entzückte die Käufer und machte sie – nach McCoy – auf magische Weise anfällig für seine feurigen Reklamereden über die fundamentalen Vorzüge seiner Rinder aus Texas. (Tatsache ist, daß diese Tiere der Krankheit gegenüber soweit immun waren, daß ihr Fleisch unverseucht blieb, obgleich Longhorns andere Rinder tödlich infizieren konnten.) Als letzten Coup lud McCoy alle zu einer echten, großen Büffeljagd nach Abilene ein. Sie fuhren hin, erlegten ihren Anteil der zottigen Tiere und ließen sich dann, gründlich dem Zauber McCoys verfallen, zu den Verladegattern von Abilene führen. Inzwischen war das Fieber auch im richtigen Augenblick abgeklungen, und McCoy zeigte und pries die Tausende von schönen Longhorns, die darauf warteten, daß jemand ein Gebot abgäbe. Es fand sich jemand. Bevor der Sommer 1868 zu Ende war, führte Abilene das Rindergeschäft wieder an. Im nächsten Jahr kamen 150 000 Stück Vieh nach Abilene. Die Stadt gewann einen derartigen Ruf, daß ein Texaner bemerkte, er habe noch nie „einen so kleinen Ort mit einem so mächtig großen Namen“ erlebt. In nur zwei Jahren hatte sich die Erdhüttensiedlung des Jahres 1867 in einen Marktort von nationaler Bedeutung verwandelt.

Schon seinerzeit war Abilene im ganzen Land berühmt. Einer der ersten Einwohner, der als Junge Eis aus dem Haushaltswarenladen in die Saloons brachte, wo es die Drinks der Texaner kühlte, behauptete später, daß „jeder Schüler in den Oststaaten, der die langen Züge mit Longhorns über Land fahren sah, wußte, daß sie aus Abilene kamen“. Stolz und Nostalgie ließen den alten Mann vielleicht ein wenig übertreiben – aber ganz unrecht hatte er nicht.

In den Jahren 1870 und 1871 erreichte Abilene seinen geschäftigen Höhepunkt als tonangebende Rinderstadt. Und mit dem Höhepunkt kamen Wandel und Konflikt. Neben seinem blühenden Viehhandel prahlte Abilene jetzt mit einem Möbelladen, einem Juweliergeschäft, zwei Kirchen und einer Zeitung, *The Abilene Chronicle.* Es hatte eine prosperierende neue Bevölkerung von Hufschmieden, Blechschmieden, Sattlern, Lebensmittelhändlern, Kurzwaren- und Textilhändlern, Ärzten, Rechtsanwälten, Zahnärzten, Geistlichen, Lehrern und Bankiers, die es alle lernten, sich aufeinander und auf die wachsende Farmbevölkerung zu verlassen, um ihren Lebensunterhalt zu verdienen. Siedler, die sich eine Farm aufbauen wollten, trafen zu Hunderten ein; T. C. Henrys Maklerbüro, ganz in der Nähe des Eisenbahndepots, verkaufte zehn bis fünfzehn Farmen am Tag.

Mit einem Spaziergang um drei Häuserblocks konnte der Cowboy auf Besuch oder der zukünftige Siedler das Herz der Stadt durchmessen. Henry H. Hazlett's Farmer's and Drover's Supply Store stand am westlichen Ende der Texas Street, die nach dem Viehhandel benannt war, der sie sechs Monate im Jahr belebte. Genaugenommen war es gar keine Straße, sondern eine platzähnliche, schmutzige Promenade. Hazlett's war das erste einer Reihe von Etablissements, die den Cowboy einluden, sein Geld auszugeben, bevor er die nächsten Schritte unternahm. „Ich wollte meinen Hafer verkaufen“, erinnerte sich ein Cowboy in späteren Jahren, „und ich muß leider sagen, daß ich auch das ganze Geld ausgab, das ich gerade verdient hatte.“ Er war nicht der einzige. „Unser bisheriger Aufenthalt hat uns viel gekostet“, schrieb ein anderer Cowboy seinen Eltern aus Abilene, „und Charlie verdiente 4,50 Dollar mit Hausverputzen.“

DOCKET, POLICE JUDGE, CITY OF CALDWELL, KANSAS

THE CITY OF CALDWELL, Plaintiff,
vs.
No.
One Mollie Last name unknown
Defendant
May Bolasse

IN THE POLICE COURT.
BEFORE James D Kelly POLICE JUDGE.
In and for the City of Caldwell, Sumner County, State of Kansas.

Index,	10
Docket,	10
Number,	10
Title,	10
Complaint,	50
Warrant,	50
Subpœna,	
Swearing Wit's,	
Trial,	50
Judgment,	25
Sales	35
Entering Judgm't,	25
op	10
at	10
Commitment,	25
Attorney	2.50
Entries,	
Filing Papers,	
Mar	2 00
Arrest	25
WITNESSES,	
FINE,	5 00
COSTS,	
TOTAL,	13.10

One Mollie Last name unknown Defendant arrested on the complaint of Wm Horseman charging that on the 17. day of May A. D. 1881, at the said City of Caldwell, the said Defendant

Wm Horseman being duly sworn on oath say says that on the 17th day of May A D 1880 in the City of Caldwell County of Sumner and state of Kansas One Mollie Last name unknown did then and there unlawfully Violate the City Ordinance by being an inmate of a House of Illfame in the City of Caldwell The charge being distinctly read to her and she required to plead and she plead guilty and was fine in the sum of Five dollars and cost of suit and stand committed until fine and cost is paid Sent to prison

Fine and cost paid
Paid to treasure

Witness my Hand: James D Kelly Probate Judge

Eine Gerichtsakte vom Mai 1880 aus Kansas berichtet von der Verurteilung einer Prostituierten, die ihren Namen nur mit Mollie angab. Wie sich dann herausstellte, hieß sie tatsächlich May Babize (im Zusatz der Akte falsch geschrieben).

Einen Block hinter Hazlett's stand eine weitere Geldfalle, der Great Western Store, den der später als Hazlett zugezogene Jake Karatofsky aufgemacht hatte, um den Boom auszunutzen. Er verkaufte mit ansehnlichen Gewinnspannen „Stiefel, Hüte und Herrenartikel". Thomas C. McInerney beschäftigte in der Rindersaison zehn bis zwanzig Leute mit der Anfertigung von Texasstiefeln mit hohen Hacken, roten Schäften und „Lone Star"-Mustern (dem fünfzackigen Stern der früheren Republik Texas).

Genau östlich von Hazlett's, passenderweise gegenüber dem Gefängnis, stand Bull's Head Saloon, der durch ein Schild mit einem riesigen, roten Bullen gekennzeichnet war. Es war einer von mindestens sieben Saloons, wo die Cowboys trinken, spielen und ein Mädchen bekommen konnten – einer der Plätze, wo nach einem Reporter des *Kansas State Record* „die Händler in Pappe, Knochen und Elfenbein am häufigsten zusammenkommen".

Bull's Head und die anderen Saloons waren im Vergleich zum einzigartigen Alamo im nächsten Häuserblock allerdings primitiv. Diese strahlende Oase besaß statt Türen aus Holz Glastüren, und an ihren Wänden hingen Gemälde unbekleideter Damen in Renaissancemanier. Spiegel ließen den Haupt-Barraum doppelt so groß erscheinen, reflektierten die Reihen der Whiskey-, Brandy- und Rumflaschen, die pyramidenförmig aufgebauten Gläser, die polierten Messingbeschläge und das Gold, das auf dem grünen Filz der Spieltische herumlag. An solchen Tischen spielten Treiber und Cowboys in Abilene und anderen Rinderstädten auf den Ebenen von Kansas um hohe Einsätze.

Hinter dem Alamo und dem Eisenbahndepot stand das großartige Fachwerkhaus von T. C. Henry, der weiterhin vom Abilene-Boom profitierte – und seine Loyalität von den Viehzüchtern auf die Farmer übertrug. Er war der Hauptverantwortliche für die ersten städtischen Verordnungen, mit denen man Gesetz und Ordnung sichern wollte.

Die nächste Ecke, die letzte vor den Verladegattern, wurde von McCoys elegantem Drovers' Cottage, dem größten Gebäude der Stadt, beherrscht. Es ragte drei Stockwerke hoch und stach mit seiner gelben Bemalung, den grünen Fenstereinfassungen und den Rolläden von den anderen Bauwerken ab. Hinter dem Cottage befand sich ein Stall für 100 Pferde und 50 Kutschen. Das Essen im Speisesaal war angeblich ebensogut wie das im prächtigsten Restaurant des Ostens (*Speisekarte* auf S. 197), und seine vornehmen Gesellschaftsräume wurden als Örtlichkeiten gepriesen, wo Geschäftsleute in Ruhe denken und reden konnten. Auch auf der breiten Veranda konnten die Treiber ausspannen, Geschäfte abschließen oder einfach nur sitzen und die Züge beobachten.

Direkt um die Ecke von Drovers' Cottage begannen die weitläufigen Verladegatter, wo die Rinder im Sommer Tag für Tag den Boden stampften und ihre Hörner aneinanderschlugen, während sie darauf warteten, gewogen, die Rampe hochgejagt und auf die Waggons geladen zu werden. In Sichtweite dieser Verladegatter erhob sich auf der anderen Seite der Gleise das stattliche Heim der Familie McCoy.

Verstreut zwischen den übrigen städtischen Wahrzeichen lag eine bunte Mischung von Haushaltswarenläden, Hufschmiedewerkstätten und Gasthäusern, wo der Cowboy baden und zum erstenmal seit Monaten wieder auf sauberer Bettwäsche schlafen konnte; es gab ein Photoatelier, wo so mancher Cowboy in seiner neuerstandenen Montur für die Leute zu Hause posierte, und diverse Lebensmittelläden. Trotz der Saloons und Spielhäuser machten die Lebensmittelläden oft die größten Umsätze in der Stadt, denn sie versorgten nicht nur die Treckmannschaften, sondern auch die Bevölkerung (ein Lebensmittelhändler aus Wichita verzeichnete 1873 in einem Monat einen Umsatz von nicht weniger als 12 000 Dollar).

Und natürlich gab es noch die Bank, die damit begann, den Viehzüchtern unglaublich günstige Bedingungen zu gewähren, manchmal auf Kosten anderer Darlehensnehmer. (Eine Bank in Wichita gab Treibern aus Texas Kredite zu drei oder vier Prozent, während ein Farmer einen Wucherzins zwischen 36 und 60 Prozent zahlen mußte.) Lange Zeit bevorzugten die kleinen Händler ebenfalls die Viehzüchter, die nach ihren Erfahrungen fabelhaft großzügig waren. „Wenn ein Treiber einen Krug Essig will", sagte ein Händler, „bezahlt er für beides. Wenn ein Granger dasselbe will, bezahlt er zwar den Essig, möchte aber den Krug noch gratis dazu haben."

Ein wenig vom Zentrum Abilenes entfernt – einen knappen Kilometer, was aber je nach Toleranzgrad der Bevölkerung schwankte – befand sich ein anderes wichtiges Geschäftsviertel, das der leichten Mädchen. Man nannte ihn auch „Teufelsanbau", und ein Holzhändler aus Abilene wußte genau warum: „Geld und Whiskey flossen in Strömen, und Jugend, Schönheit, Frauen und Männer wurden in diesem Tal der ewigen Verdammnis zugrunde gerichtet und verflucht." Ein anderer Name dafür lautete McCoys Anbau, weil Joe als Stadtoberster den Forderungen der Bürger, die Mädchen loszuwerden, dadurch nachkam, daß er diese etwas außerhalb der Stadt ansiedelte.

Viele später entstandene Verladezentren von Kansas folgten seinem Beispiel. Aber die Mädchen (sie wurden auch Prärienymphen, Kattunköniginnen und bemalte Katzen genannt) ließen sich so schwer in ihrem Viertel halten wie Longhorns in einem schadhaften Gatter. In Abilene selbst

on the early 70s and 68+9 the
buried here So called, "Boot Hill"
killed in brawls
boots on, Wild Bill marshall
started Boot Hill first some 70
70's This photo shows where in
unexpectedly on 5 or six
found with the bullet in
with rude stones and wooden

Straßenarbeiter außerhalb von Hays City, Kansas, haben bei Planierarbeiten eine Leiche und Särge ausgegraben. Boot Hill (Stiefelhügel) war eine typische Rinderstadt-Einrichtung, ein Ort, wo Glücksspieler und andere üble Gestalten des Grenzlandes mit den Stiefeln an den Füßen – oder als Kissenersatz unter dem Kopf – beerdigt wurden. Die Aufschrift stammt von einem anonymen Zeitgenossen.

Wild Bill Hickok, hier mit einem Bowiemesser und einem Paar Revolver mit perlmuttverzierten Griffen ausstaffiert, war im Jahr 1871 acht Monate lang Marshal von Abilene. In dieser Zeit erschoß er zwei Menschen, einer der beiden war ein Polizist.

badeten sie manchmal hüllenlos in Begleitung ihrer Kunden im Smoky Hill River. Und in Ellsworth hält sich noch heute die Legende – man findet aber keinen zeitgenössischen Bericht, der sie stützt –, daß eine Schöne namens Prärie-Rose eines Tages nur mit zwei Sechsschüssern bekleidet die Hauptstraße hinabspazierte.

In den ersten drei Saisons versuchte trotz des steigenden Drucks der Farmer und einiger Geschäftsleute niemand ernstlich, Gesetz und Ordnung zu halten; es gab dafür noch nicht einmal städtische Angestellte. Wenn in Abilene Rinder-Saison war, sagten die Bürger von Nachbarorten: „Jetzt tagt die Hölle." Und eine Zeitung verkündete in der extravaganten Sprache der Zeit: „Mord, Wollust, Straßenraub und Huren regieren die Stadt Tag und Nacht. Siebzehn Seelen dieser Erde entrissen, siebzehn Seelen bei ihren Sünden dahingerafft, ohne die kleinste Warnung vor ihren Gott gerufen, und das alles in unserer Bezirkshauptstadt."

Mit der Zeit wurden die Farmer jedoch immer einflußreicher – aber auch ungehalten über das Ausmaß der Bevorzugung, das die Cowboys genossen, und die daraus resultierende Gesetzlosigkeit. Die Farmer waren gekommen, um zu bleiben und ihre Kinder aufzuziehen, und das führte unter anderem zum Bau eines steinernen Schulhauses am Stadtrand. Es ging nicht, daß betrunkene Cowboys auf dem Schulhof herumgaloppierten. Und woanders auch nicht, wenn Abilene jemals als etwas anderes als „das übelste Loch im Staat" bekannt werden sollte.

Schließlich entschieden die Bürger, das Maß ihrer Duldsamkeit sei überschritten. Sie erzwangen vor Gericht das Recht, städtische Beamte einzusetzen und zu wählen (statt sich auf die laxe Administration einer Bezirksregierung zu verlassen). T. C. Henry wurde Vorsitzender der neuen juristischen Körperschaft, eine Rolle, die ihm erlaubte, als eine Art kommissarischer Bürgermeister zu amtieren, bis die Stadt Wahlen abhalten würde. Eine seiner wichtigsten Amtshandlungen bestand darin, die Verordnungen zu unterzeichnen, mit denen Feuerwaffen verboten, Prostitution mit Geldstrafe geahndet und Alkoholausschank und Glücksspiel lizenziert wurden. Diese Verordnungen, die am 20. Mai 1870 in Kraft traten, wurden im *Chronicle (S. 182)* und auf Straßenschildern veröffentlicht, wo die Cowboys sie mit zahlreichen Revolverkugeln durchlöcherten.

Henry ging nun daran, einen Marshal zu engagieren, doch die ersten beiden Kandidaten warfen einen Blick auf die tosende Hauptstraße und fuhren mit dem Mitternachtszug wieder ab. Unerschrocken verdoppelte der kommissarische Bürgermeister seine Bemühungen und trieb schließlich einen willigen Kandidaten auf. Der neue Mann war ein gewisser Thomas James (Bear River Tom) Smith, ein Rotschopf mit graublauen Augen, leiser Stimme und einem gutgebauten flinken Körper. Er war Polizist in New York und Streckenarbeiter bei der Union Pacific Railroad gewesen. Bei einer blutigen Grenzstreitigkeit in Bear River, Wyoming, hatte er gekämpft, obwohl er aus einer schweren Schußwunde blutete. Der Ort dieser Heldentat gab ihm seinen Spitznamen, und seine Leistung verschaffte ihm den Posten eines Marshal im nächsten Ort, den die Eisenbahn erreichte.

In Abilene begann Bear River Tom zunächst damit, das Anti-Feuerwaffen-Gesetz durchzusetzen. Seinen eigenen Revolver behielt er bei sich, versteckte ihn aber unter der Jacke, und man sah selten, daß er ihn zog. Kurz nachdem er das Amt übernommen hatte, bekam er an einem Samstagabend Gelegenheit, seinen Mut zu beweisen, als ein Desperado namens Big Hank mit dem Sechsschüsser im Gürtel in die Stadt stolzierte. Smith forderte die Waffe, und Big Hank weigerte sich, sie herauszugeben. Smith versetzte ihm „einen furchtbaren Schlag" ans Kinn, nahm ihm den Revolver ab und wies ihn aus der Stadt. Zum Erstaunen aller, die der Szene beigewohnt hatten, ging Big Hank.

Mit ihm ging die Nachricht von dem Ereignis. In einem der Cowboylager, die den Ort umgaben, wettete ein harter Bursche namens Wyoming Frank mit seinen Kameraden, er könne mit dem Marshal fertig werden. Früh am Sonntagmorgen baute er sich auf der Hauptstraße von Abilene auf, und als Bear River Tom seine Runde machte, begrüßte er ihn mit eine paar Schimpfworten.

Smith ging auf den Missetäter zu und bat gelassen um dessen Revolver. Wyoming Frank zog sich in Richtung auf einen Saloon zurück; Bear River Tom folgte ihm und trieb ihn hinein. Dort versetzte er dem Cowboy einen Fausthieb, warf ihn zu Boden, nahm ihm den Revolver ab und befahl ihm zu gehen. Wie Big Hank am Vortag, tat auch Wyoming Frank kleinlaut, was ihm gesagt wurde.

Wie T. C. Henry die Episode 30 Jahre später beschrieb, verursachte Franks Kapitulation im überfüllten Saloon verblüfftes Schweigen. Dann brach der Saloonbesitzer die Stille. „Das war das kaltblütigste Ding, das ich je erlebt habe", hörte Henry ihn sagen. „Dieser Feigling bekam, was er verdiente. Hier ist mein Revolver. Schätze, ich brauche ihn nicht, solange Sie in dieser Stadt Marshal sind."

Nacheinander traten die Anwesenden vor, um ihre Waffen abzugeben, und das Schießeisenproblem war gelöst. Von da an ließen alle Besucher Abilenes ihre Waffen in einem Saloon, einem Hotel oder einem Laden zurück und holten sie erst wieder, wenn sie abreisen wollten. Abilene hatte endlich Frieden, und die städtischen Würdenträger waren so dankbar, daß sie das Monatsgehalt des Marshal von 150 auf 225 Dollar erhöhten, in einer Gegend, wo Treckführer unter Umständen nur die Hälfte verdienten, eine erstaunliche Summe für einen Polizeibeamten.

Ironischerweise wurde Bear River Tom, der in Ausübung seiner Pflicht den Tod fand, nicht von einem Cowboy oder durchreisenden Revolverhelden umgebracht, sondern von einem Siedler. Im November 1870, nach fünfmonatiger, äußerst wirkungsvoller Tätigkeit, ritt er eines Nachts aufs Land, um einen Farmer zu verfolgen, der wegen Mordes gesucht wurde. Er erwischte den Mann bei dessen Erdhütte, doch ein in der Nähe im Hinterhalt liegender Freund des Farmers – der selbst in das Verbrechen verwickelt war – ergriff eine Axt und schlug Smith den Kopf ab.

Nach diesem Vorfall schien es, als würde kein normaler Mann den Job als nächster Marshal von Abilene auch nur in Erwägung ziehen. Doch im folgenden April, als die nächste Rindersaison bevorstand, fand der unermüdliche Mr. McCoy, der inzwischen ordentlicher Bürgermeister war, einen Kandidaten, der sich keineswegs vom Los seines Vorgängers einschüchtern ließ. Und warum auch? Welcher Farmer sollte James Butler (Wild Bill) Hickok auch mit der Axt Angst machen? Ohne mit der Hand zu zittern, unterschrieb Wild Bill für Bear Rivers Anfangsgehalt von 150 Dollar im Monat.

Wild Bill Hickok war ein ehemaliger Armee-Scout der Nordstaaten und leidenschaftlicher Glücksspieler. Er war überall an der Grenze als schneller – vielleicht schnellster – Schütze bekannt, und die Leute aus Abilene glaubten, er habe mehr Weiße auf dem Gewissen als irgendein anderer Frontiersman. In Abilene regierte er an einem Tisch im Alamo, wo er Whiskey trank und Karten spielte. Während sein Vorgänger Bear River Tom seiner Autorität mit festem Blick und leiser Stimme Ausdruck verliehen hatte, verließ sich Hickok auf seine Revolver.

Leider stellte sich heraus, daß Hickok viel zu schnell schoß. Eine Zeitlang gelang es ihm, Ordnung zu halten, und die Rindersaison 1871 verlief bis zum Herbst ohne ernstlichen Zwischenfall. Dann, an einem Oktoberabend, Hickok nahm gerade einen Drink, hörte er auf der Straße einen Schuß. Er stürzte nach draußen und fand dort eine Schar von 50 Zechern, angeführt von einem Mann, der einen Revolver schwang und behauptete, einen Hund erledigt zu haben, obwohl keiner zu sehen war. Beide Männer feuerten; Wild Bill erschoß den anderen. Dann tauchte plötzlich ein weiterer Polizist, Mike Williams, aus der Dunkelheit auf und erschreckte Wild Bill, der abermals feuerte und seinen Freund auf der Stelle tötete.

Das war sogar für Abilene zuviel. Die Stadt beschloß ein für allemal, Raufbolde, Revolverhelden und Polizisten mit einem Hang zur Schnelljustiz loszuwerden. „Er war zu schnell dabei, niederzuschießen, sofort zu töten, statt Morde möglichst zu verhindern, wie es die übergeordnete Pflicht eines Marshal ist", erinnerte sich ein Bürger. „Derartige Methoden, die Justiz selbst in die Hand zu nehmen, waren natürlich nichts anderes als eine Form der Gesetzlosigkeit." Im Dezember wurde Hickok entlassen und für 50 Dollar monatlich, ein Drittel von Wild Bills Gehalt und nur ein Fünftel der Bezüge des beliebten Bear River Tom Smith, ein Nachfolger angestellt.

Man kam – nach einem qualvollen, aber definitiven Entscheidungsprozeß – auch überein, die fundamentalen Ursachen für das ganze Tohuwabohu loszuwerden. Rinder und Cowboys sollten verschwinden. Noch im Winter verfaßte T. C. Henry ein Manifest:

Wir, die unterzeichneten Mitglieder des Farmerschutzverbandes und die Beamten und Bürger von Dickinson County, Kansas, fordern hiermit alle diejenigen, die erwogen haben, in der kommenden Saison Rinder aus Texas nach Abilene zu treiben, respektvollst auf, sich nach einem anderen Verladeziel umzusehen, da sich die Einwohner von Dickinson nicht mehr den Übeln des Gewerbes auszusetzen gedenken.

Das Manifest erschien am 8. Februar 1872 zusammen mit 52 Unterschriften im *Chronicle*. Es wurde dort noch dreimal veröffentlicht und sogar später in texanischen Zeitungen abgedruckt, wobei die Unterschriftenzahl mit jeder Veröffentlichung wuchs, bis schließlich 366 Namen unter der Aufforderung standen. Die Treiber aus Texas begriffen. 1872 zogen sie nach Ellsworth und Wichita, und Abilenes Tage als Rinderstadt endeten so abrupt, wie sie begonnen hatten.

Als Abilenes Blüte vorbei war, bestiegen die zwielichtigen Geschäftsleute, die die Cowboys ausgebeutet hatten, die Züge und fuhren zur nächsten Rinderstadt an der Strecke. Ebenso verfuhren viele, die legitime Geschäfte tätigten. Jake Karatofsky machte in Ellsworth einen neuen Laden und später zwei in Wichita auf. Der texanische Promoter Moses B. George ließ das Drovers' Cottage auseinandernehmen, die Einzelteile auf einen flachen Waggon laden und nach Ellsworth transportieren, wo er es unter demselben Namen wiedereröffnete. Sogar Joe McCoy zog weiter; er plante die Verladegatter für den Ort Newton und pries später Wichita bei potentiellen Fleischkäufern an.

Abilene wurde auf immer ehrbar, und der *Chronicle* schloß sich schnell dem Seufzer der Erleichterung an, den die Einwohner der Stadt ausstießen. „Die Geschäfte laufen nicht so gut wie in der Rindersaison", schrieb er in einem Leitartikel, als der Sommer 1872 nahte, „aber die Bürger wissen jetzt, daß ‚die Hölle 100 Kilometer weit weg ist'."

Nachdem sie ihre Herde abgeliefert haben, belagern Cowboys auf der Heimfahrt einen Bremserwagen und nehmen noch einen letzten Schluck. Manche Cowboys kehrten mit der Eisenbahn nach Texas zurück, während andere zum Mississippi ritten und dort Dampfschiffe zu den Häfen des Golfs von Mexiko nahmen.

7 | Ein widersprüchlicher Kodex

Die Leichen der Farmer Daniel, Alpheus und Burch Berry aus Kansas liegen ausgestreckt im Staub. Ein vierter Farmer, Roy Berry *(hinten, links)*, wurde nur verwundet. Die Männer hatten wegen der Wasserrechte eine Schießerei mit der bekannten Viehzüchterfamilie Dewey, die nur ein Pferd verlor.

Obgleich Rancher und Cowboys absolute Individualisten waren, befolgten sie doch (oder taten mindestens so) eine Reihe ungeschriebener Gesetze, die später die Kollektivbezeichnung Kodex des Westens erhielten. Es war ein ganz spezieller Kodex – teilweise ein moralischer Kanon, teilweise eine Rechtfertigung für Raubgier und manchmal eine Entschuldigung für Mord.

In seiner milderen Anwendung war der Kodex eine Art Grenzlandversion einer goldenen Regel. Ein Rancher gab Besuchern zu essen, weil er einen Monat später vielleicht selbst fern der Heimat sein würde. Er stellte Fremden keine Fragen, weil er sich in schlechten Zeiten vielleicht selbst jede Einmischung in seine Angelegenheiten verbitten würde. Er gab entlaufene Rinder zurück, weil sich sein eigenes Vieh vielleicht ebenfalls verirren könnte.

Trotzdem legte der Rancher oft unbedenklich den Kodex auf höchst widersprüchliche Weise aus. Der Schutz des Eigentums war ein fester Bestandteil des Kanons, also baute der Rancher Zäune; gleichzeitig durchschnitt er die Zäune seines Nachbarn (der Kodex postulierte nämlich auch die Freiheit der Prärie).

Der Sonntagsschulaspekt dieses ungeschriebenen Gesetzbuches verschwand völlig, wenn der Rancher sich bedroht fühlte. Der Kodex gab ihm das Recht, Vigilanz-Komitees zu bilden, deren Mitglieder als Sheriffs, Richter und Henker zugleich fungierten und Schnelljustiz übten. Konnte er keine Vigilanten für die Aufgabe bekommen, nahm er die Sache selbst in die Hand. Letzten Endes legte jeder den Kodex so aus, wie er es brauchte, und wenn in seinem Namen einige der nobelsten Taten des Wilden Westens vollbracht wurden, so auch einige der übelsten Verbrechen.

Das ungeschriebene Gesetz

Da es im Wilden Westen nur wenige oder gar keine Gesetze gab, machte sich der Cowboy von Anfang an seine eigenen Regeln. Sein ungeschriebener Kodex folgte bestimmten Prinzipien, die fast jeder verstand, und Geschichten über das Leben auf der Range zeugen davon, daß man sie auch befolgte.

Ein Manneswort. In der Lavaca County, Texas, griff sich der Viehzüchter Willis McCutcheon an einem Februartag des Jahres 1874 einen jungen Hitzkopf namens West und beschloß, er solle trotz seiner Jugend die erste Jahresherde der Ranch nach Ellsworth, Kansas, treiben. „Du kriegst die Hälfte von dem, was die Kühe über den normalen Pro-Kopf-Preis hinaus erzielen, abzüglich Spesen", versprach McCutcheon. West erklärte sich einverstanden.

Der Treck hatte erst die halbe Strecke nach Ellsworth zurückgelegt, als ein Blizzard die 78 Pferde starke Remuda der Mannschaft tötete. Da er versprochen hatte, das Vieh nach Ellsworth zu bringen, tauschte West einige Rinder und damit einen Teil seines Gewinns – gegen sechs Pferde und ein Maultier ein. Einen Monat später hatte er es geschafft, die Rinder zum Markt in Kansas zu bringen. Im Sommer und Herbst verkaufte er sie.

Als West schließlich im Dezember in die Lavaca County zurückkehrte, errechnete McCutcheons Buchhalter die Gewinne und zog den Verlust der umgekommenen Pferde ab (West erhob keine Einwände). „Willst du jetzt eine eigene Herde kaufen oder eine Bank aufmachen?" witzelte der Buchhalter, als er dem jungen Mann seinen Verdienst aushändigte – 75 Cent. West lächelte und steckte die Münzen ein, ohne sich über das Ergebnis eines Geschäfts zu beklagen, das er mit seinem Manneswort besiegelt hatte.

Schnelljustiz. 1876 bildeten Viehzüchter aus Fort Griffin, Texas, ein Vigilanz-Komitee, um mit einer Epidemie von Pferdediebstählen fertig zu werden. Am 9. April erwischten die Vigilanten bei einer Nachtpatrouille einen Mann auf frischer Tat und hängten ihn sofort an den nächsten Baum. Unter dem baumelnden Körper ließen sie Spitzhacke und Schaufel zurück, falls sich jemand die Mühe machen sollte, ihn zu begraben. Solche Aktivitäten kommentierte ein Lokalblatt folgendermaßen: „Solange das Komitee die richtigen Leute aufhängt, wird es von den besten Wünschen aller Friedliebenden begleitet."

Verstoß gegen den Kodex. Zwei Cowboys auf Arbeitssuche ritten zur Abendessenszeit auf eine Ranch in Texas und rechneten mit der üblichen Einladung. Der Rancher gab ihnen zu essen, forderte danach aber 50 Cent als Bezahlung. Außer sich über diese Verletzung der im Westen üblichen Gastfreundschaft, fingen die Männer einen dreijährigen Ochsen, der ihrem Gastgeber gehörte, mit dem Lasso ein und brannten ihm mit einem Sattelring die Botschaft „Essen – 50 Cent" in die Flanke. Dann ließen sie den Ochsen wieder frei, damit er auf der Range die Schmach seines geldgierigen Besitzers verkünden konnte.

Die vertragliche Zusage, die ein Mann mit seinem Wort gab, die Schlinge für alle Pferdediebe, die Verpflichtung zur Gastfreundschaft für die vorbeikommenden Cowboys – all das gehörte zu den Hauptprinzipien des Kodex, aber es gab noch viele mehr. Man brauchte bestimmte Regeln, weil die Lebensbedingungen im Westen geradezu nach einer Regulierung der menschlichen Betätigungen verlangten. Die Gelegenheiten für Übeltaten waren fast unbegrenzt. Auf dem weiten Weideland konnte das umherziehende Vieh praktisch nicht vor Viehdieben geschützt werden. Zäune wurden bei den permanenten Grenzstreitigkeiten fast so schnell wieder aus dem Boden gerissen, wie man sie aufstellen konnte. Die daraus resultierenden Konfrontationen führten oft zum Gebrauch der Revolver – und wenn das passierte, war der Kodex außer Kraft gesetzt. Es überrascht aber, daß es in einer solchen Atmosphäre der Gewalt überhaupt noch Spielregeln gab, die beachtet wurden.

Der Kodex des Westens und die Gewalt, die ihn entwickeln half, existierten nicht nur in einer unentwirrbaren Symbiose nebeneinander, sondern bildeten zusammen die

---

May Lillie zielt mit dem Sechsschüsser, der ihr zu dem Beinamen The Girl Dead Shot („Das Mädchen mit dem Todesschuß") verhalf. Sie heiratete den Impresario Pawnee Bill und trat in seiner Wildwest-Show auf *(siehe Abbildung S. 221)*.

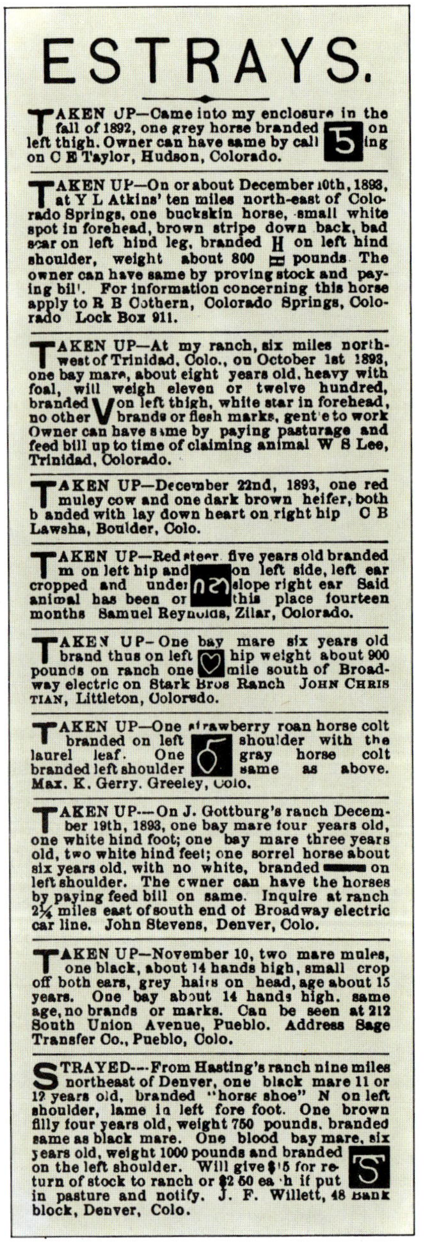

ESTRAYS.

TAKEN UP—Came into my enclosure in the fall of 1892, one grey horse branded 5 on left thigh. Owner can have same by calling on C E Taylor, Hudson, Colorado.

TAKEN UP—On or about December 10th, 1893, at Y L Atkins' ten miles north-east of Colorado Springs, one buckskin horse, small white spot in forehead, brown stripe down back, bad scar on left hind leg, branded H on left hind shoulder, weight about 800 pounds. The owner can have same by proving stock and paying bill. For information concerning this horse apply to R B Cothern, Colorado Springs, Colorado Lock Box 911.

TAKEN UP—At my ranch, six miles northwest of Trinidad, Colo., on October 1st 1893, one bay mare, about eight years old, heavy with foal, will weigh eleven or twelve hundred, branded V on left thigh, white star in forehead, no other brands or flesh marks, gentle to work Owner can have same by paying pasturage and feed bill up to time of claiming animal W S Lee, Trinidad, Colorado.

TAKEN UP—December 22nd, 1893, one red muley cow and one dark brown heifer, both branded with lay down heart on right hip C B Lawsha, Boulder, Colo.

TAKEN UP—Red steer five years old branded m on left hip and on left side, left ear cropped and under slope right ear Said animal has been on this place fourteen months Samuel Reynolds, Zilar, Colorado.

TAKEN UP—One bay mare six years old brand thus on left hip weight about 900 pounds on ranch one mile south of Broadway electric on Stark Bros Ranch JOHN CHRISTIAN, Littleton, Colorado.

TAKEN UP—One strawberry roan horse colt branded on left shoulder with the laurel leaf. One gray horse colt branded left shoulder same as above. Max. K. Gerry. Greeley, Colo.

TAKEN UP—On J. Gottburg's ranch December 19th, 1893, one bay mare four years old, one white hind foot; one bay mare three years old, two white hind feet; one sorrel horse about six years old, with no white, branded ▬ on left shoulder. The owner can have the horses by paying feed bill on same. Inquire at ranch 2¼ miles east of south end of Broadway electric car line. John Stevens, Denver, Colo.

TAKEN UP—November 10, two mare mules, one black, about 14 hands high, small crop off both ears, grey hairs on head, age about 15 years. One bay about 14 hands high, same age, no brands or marks. Can be seen at 212 South Union Avenue, Pueblo. Address Sage Transfer Co., Pueblo, Colo.

STRAYED—From Hasting's ranch nine miles northeast of Denver, one black mare 11 or 12 years old, branded "horse shoe" N on left shoulder, lame in left fore foot. One brown filly four years old, weight 750 pounds, branded same as black mare. One blood bay mare, six years old, weight 1000 pounds and branded S on the left shoulder. Will give $15 for return of stock to ranch or $2 50 each if put in pasture and notify. J. F. Willett, 48 Bank block, Denver, Colo.

Ein Aspekt des Kodex des Westens war die Praxis, verlorenes und gefundenes Vieh in der Zeitung zu annoncieren. Die Finder verkauften manchmal die entlaufenen Tiere und schickten den Eigentümern das Geld. Diese Anzeige erschien am 13. Januar 1894 in *Field and Farm*.

Hauptquelle für die Legende, die von den im Westen lebenden Männern selbst bald in den leichtgläubigen Osten exportiert wurde, anfänglich in Form von Groschenromanen und Wildwest-Shows, die sowohl den Kodex als auch die Gewalt verherrlichten.

In seiner elementaren Form war der Kodex einfach eine allgemein anerkannte Ethik der Fairneß, und er funktionierte relativ gut. Auf der N Bar Ranch in Montana beispielsweise warf der Vormann einen Cowboy hinaus, weil er einer Prostituierten nicht die zugesagte Entlohnung gegeben hatte. Am Ufer des Colorado in Texas sagte ein junger Cowboy, den man aufgefordert hatte, der Herde voranzuschwimmen, er sei zwar kein guter Schwimmer und habe Angst vor dem Wasser, aber: „Ich bin als Cowboy angestellt und werde mich nicht vor meiner Pflicht drücken." Und er schaffte es.

Einige der subtileren Vorschriften aus dem Kodex regelten die Reiteretikette. Niemand durfte sich aus dem String eines anderen ein Pferd entleihen, ohne dessen Erlaubnis zu haben (die nur selten erteilt wurde). Ein geliehenes Pferd durfte man nicht mit der Peitsche schlagen oder treten. Wenn sich zwei berittene Cowboys auf dem Trail begegneten, durften sie nicht ihre Richtung ändern und sollten beim Vorbeireiten vielleicht ein paar freundliche Worte wechseln; wer bei einer solchen Gelegenheit vom Trail abwich, machte sich verdächtig – oder war gar gefährlich. Ein Schwall von Begrüßungsworten galt allerdings als schlechtes Benehmen – er konnte ein Pferd scheu machen. Wenn der eine Mann absaß, saß der andere ebenfalls ab, so daß sie sich „auf gleicher Ebene" unterhalten konnten. Ein Fußgänger durfte einem Reiter nicht in die Zügel fallen, weil das unter Umständen als Beeinträchtigung der Kontrolle des Reiters über sein Pferd aufgefaßt werden konnte.

Andere Vorschriften des Kodex regelten die Praxis des häuslichen Lebens auf der Range. Man erwartete von den Cowboys, daß sie Weide- und Corraltore hinter sich schlossen und ihre scharfzackigen Sporen abnahmen, wenn sie das Haus eines anderen betraten. Beim Roundup wartete ein Cowboy bei den Mahlzeiten nicht auf seine Kameraden; er bediente sich und begann sofort zu essen, damit er nicht mehr im Wege war, wenn die anderen Männer kamen, um sich ihr Essen aus den Gemeinschaftspfannen und -töpfen zu nehmen.

In Geldangelegenheiten vertrauten die meisten Cowboys einander. Ein Cowboy aus North Dakota gab die Hälfte seines Lohns, den er für das Graben von Löchern für Zaunpfähle erhalten hatte, zurück, weil sich später herausstellte, daß er eins nicht tief genug gegraben hatte. Wenn die Löhne ausgezahlt werden sollten, konnten die Rancher Säcke mit Geld auf die Erde stellen und dort tagelang liegen lassen, ohne daß man sie anrührte, bis die Männer vorbeikamen, um sich ihren Lohn abzuholen. Viehkäufer erwarben per Handschlag ganze Herden, von denen sie noch kein einziges Tier gesehen hatten. G. W. Rourke, ein Eisenbahnagent in Dodge City, erinnerte sich: „Ich habe so manche Rindertransaktion erlebt, bei der es um bis zu 5000 Stück Vieh und mehr als 100 000 Dollar ging und die ohne die Spur einer schriftlichen Abmachung vereinbart und buchstabengetreu ausgeführt wurde." Im Pleitejahr 1873 zahlten Viehzüchter aus Texas, die bei Kansas-Banken in einer Gesamthöhe von 1,5 Millionen Dollar verschuldet waren, ihre Schulden doch immerhin beinahe bis auf den letzten Penny zurück – obwohl viele Rancher dabei sicherlich ihre eigene Existenz ruinierten.

Bei diesen klar umrissenen Tätigkeiten und Geschäften funktionierte der Kodex für beide Seiten gut. Kam es zu Meinungsverschiedenheiten oder Streit, neigte der Viehzüchter allerdings dazu, seine Definition des Kodex zu ändern. Er redete sich zwar ein, auch weiterhin einen Kodex zu befolgen, doch jetzt wurde dieser Kodex entschieden einseitig. Nun ging Gewalt vor Recht. Der Besitz – ob legitim erworben oder nicht – gewann Priorität über den

Diese respekteinflößenden Herren, die dem Kodex auch gewaltsam Geltung verschafften, sind Mitglieder der Texas Rangers, einer Organisation, die 1835 gegründet wurde und die Grenzen der Republik Texas schützen sollte. Später wurde sie ermächtigt, die texanischen Gesetze durchzusetzen.

Vier Männer demonstrieren für den Photographen, wie sie auf einer Ranch in Nebraska die Zäune durchschnitten. Zäune wurden nach 1874, als Joseph F. Glidden den Stacheldraht patentieren ließ, zur Streitfrage, denn jetzt hatten die Siedler ein Mittel, um das Vieh von ihrem Farmland fernzuhalten.

Menschen. Es stimmt, was die Befürworter dieser einseitigen Ethik manchmal vorbrachten – die Vigilanz-Komitees halfen im Grenzland Ordnung schaffen, wo es vorher keine gab. Und im Namen der Schnelljustiz wurden Posträuber, Pferdediebe, Zaunschneider und sogar ein paar Viehdiebe aufgehängt, die es ausnahmslos verdient hatten. Aber allzuoft wurde auf bloßen Verdacht hin getötet. Einige Mitglieder der Vigilanz-Komitees waren gleichzeitig Haudegen von Rinderbaronen, die sich manchmal mehr wie Raubritter aufführten. Die bewaffneten Gruppen kümmerten sich oft wenig um das auf der Range existierende Recht. 1879 knüpften Nachtreiter eine Prostituierte und einen Saloonbesitzer auf, deren Hauptverbrechen darin bestanden hatte, auf Land, das die mächtigen Rinderbarone haben wollten, kleine Heimstättengüter errichtet zu haben. Die Vigilanten wurden verhaftet. Doch unter ihnen befanden sich ein paar Rancher, und diese machten der Lokalpresse und schließlich auch den Geschworenen weis, die Opfer seien bösartige Viehdiebe gewesen. Die Vigilanten wurden freigesprochen.

Die Einstellung der Viehzüchter zum Viehdiebstahl zeigt, wie dehnbar ihr Moralkodex war. Die Strafe für Viehdiebstahl schien großenteils davon abzuhängen, wer man war oder wie man es machte. Als es kurz nach dem Bürgerkrieg in Texas vor wilden Longhorns nur so wimmelte, war es für Rancher geradezu Routinesache, ungezeichnete Tiere durch Bränden in ihren Besitz zu bringen. Viehzüchter John James Haynes baute ein Gatter, um von ihrer Herde abgekommene Tiere einzufangen, und ließ sie dort so lange ohne Wasser und Gras, bis sie zahm genug waren, um in andere Gehege getrieben werden zu können. „Das machten wir, bis wir ungefähr tausend Maverick-Jährlinge zusammen hatten", schrieb er Jahre darauf, lange nachdem das letzte wilde Longhorn in den Corral getrieben war, fingen manche Viehzüchter immer noch jedes ungebrändete Rind, das sie erblickten, und nahmen es sogar dann für sich in Anspruch, wenn der rechtmäßige Eigentümer gleich hinter der nächsten Wasserscheide wohnte. Ein Rancher erinnerte sich spitzbübisch, daß viele Rancher es versäumten, ihre Rinder im Alter von einem Jahr zu bränden; deshalb „adoptierte ich einige dieser vernachlässigten Jährlinge und versah sie mit meinem Brandzeichen". Mit der Zeit entwickelte sich die Faustregel, daß ein Maverick dem Besitzer der Range gehörte, auf der man es fand, und entsprechend gebrändet werden konnte *(S. 133)*. Doch in Wirklichkeit überschnitten sich die Landansprüche manchmal derart, daß der Finder beim besten Willen nicht wußte, welchem Rancher eine bestimmte Weide gehörte. Also legte er die Regel verständlicherweise zu seinen Gunsten aus.

Kurz gesagt, diese Art Viehdiebstahl galt nicht als schwerer Rechtsbruch, wenn er unter Bekannten und nicht im Übermaß verübt wurde. Unter benachbarten Rinderbaronen wurde das augenzwinkernd geduldet.

Auch die wichtigeren Angestellten der großen Besitzungen fielen unter dieses lockere Netz von Regeln, und ihre Bosse erlaubten ihnen, ein wenig Maverick-Diebstahl auf eigene Faust zu betreiben. Der Vormann einer Ranch konnte in der Hoffnung, eines Tages mit einer eigenen Herde anzufangen, ein Brandzeichen für sich registrieren lassen. Beim Abreiten der Range seines Chefs fand er 30 Kilometer von menschlichen Lebewesen entfernt einen Maverick. Er machte ein Feuer und erhitzte seinen Brandstab. Das Brandzeichen, das dann herauskam, war allerdings nicht das seines Chefs, sondern sein eigenes. Nach kurzer Zeit hatte er dann eine kleine Herde zusammen, die in irgendeiner abgelegenen Schlucht – niemand machte sich die Mühe, dorthin zu reiten – das Gras des Ranchbesitzers fraß.

Manche Großrancher, die selbst auf diese Weise angefangen hatten, betrachteten derartige Initiativen nicht selten sogar mit einem gewissen Respekt.

Nur die Fremden – die relativ unbemittelten selbständigen Cowboys oder Farmer – mußten herausfinden, daß diese eigenwilligen Regeln für sie nicht galten. Für diese kleinen, allein arbeitenden Viehdiebe gab es einen einfacheren Kodex, der summarische Bestrafung vorschrieb. In Texas wurde ein Viehdieb namens John Leaverton dabei erwischt, wie er das Lieblingskalb eines reichen Ranchers in Adobe Walls mit seinem Brandzeichen versah; als er unvorsichtigerweise Widerstand leistete, tötete man ihn auf der Stelle. 1875 brachen Rancher in Mason County, ebenfalls Texas, in ein Gefängnis ein und ergriffen fünf Viehdiebe, von denen sie drei in aller Schnelle exekutierten (der Sheriff erschien gerade noch rechtzeitig, um die beiden anderen zu retten). In anderen Teilen des Westens sanktionierten Ranch-Manager wie John Clay von der VVV in South-Dakota ganz offen die Lynchjustiz bei Viehdieben. Das Verbrechen schien in solchen Fällen gleichermaßen aus fehlenden gesellschaftlichen oder geschäftlichen Beziehungen wie aus dem eigentlichen Viehdiebstahl zu bestehen.

Es kann nicht überraschen, daß sich die meisten Viehdiebe keine Mühe gaben, ethisches Verhalten vorzutäuschen. Sie eigneten sich nicht nur einfach alle Mavericks an, die sie fanden, sondern produzierten auch falsche Mavericks, und zwar gewöhnlich dadurch, daß sie den Instinkt abtöteten, der Kalb und Muttertier fast ein Jahr lang zusammenhält. Die einfachste Methode bestand darin, eine Gruppe von Kälbern in ein Gatter zu sperren und die Mütter fortzutreiben. Andere Viehdiebe schnitten die Zungen der Kälber ein, so daß sie nicht mehr saugen konnten, oder sie durchschnitten die Muskeln ihrer Augenlider oder fügten ihnen Verbrennungen an den Füßen zu, so daß sie nicht zu den Kühen zurückfanden oder zu ihnen laufen konnten. Hatten sich die Kälber erst einmal daran gewöhnt, zu grasen statt zu saugen, kamen sie immer weiter von den Muttertieren ab, und die Viehdiebe konnten diese Mavericks mit ihren Brandzeichen versehen.

Ebenso erfinderisch und niederträchtig war die Praxis des Abänderns von Brandzeichen, eine Geheimwissenschaft, bei der ein geschickter Mann mit ein paar schnellen Brandeisenbewegungen ein V in einen Rhombus verwandeln und so eine Kuh in seinen Besitz bringen konnte. Mit der Zeit machte allein schon der Besitz eines Brandstabs – einer Metallstange mit abgerundetem Ende, mit dem man Brandzeichen ändern konnte – einen Mann reif für die Schlinge. Die Viehdiebe lernten dann, Zeichen mit Sattelgurtringen oder Telegraphendrähten zu brennen. Manchmal fabrizierten sie ein vorläufiges Brandzeichen, indem sie die Haare des Rindes mit einem Klappmesser wegschnitten. Eine andere, noch raffiniertere Methode bestand darin, einen nassen Sack zwischen das heiße Brandeisen und das Fell zu halten. Diese sogenannte Kaltbrand-Technik erweckte beim Eigentümer den Eindruck, seine Kälber seien bereits gebrändet. Nachdem die oberflächliche Markierung aber wieder von Haaren bedeckt war, konnten die Viehdiebe ihre eigenen Brandzeichen einbrennen – tief, bleibend und ohne Spuren der früheren Markierung.

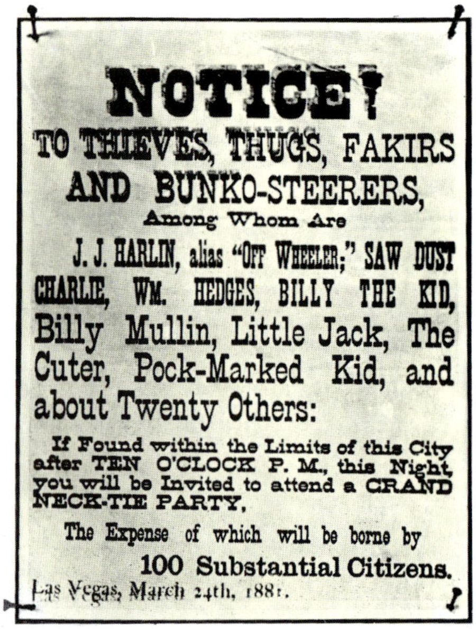

Regelrecht chaotisch wurde die Durchsetzung der geschriebenen und ungeschriebenen Gesetze. wenn sich Viehdiebe mit Farmern und Städtern offen gegen die Viehzüchter zusammentaten. In bestimmten Gebieten kon-trollierten sie tatsächlich genug Wäh-lerstimmen, um ihnen genehme Sheriffs, Richter und Bezirkskommissare wählen zu lassen. Die daraus resultierenden Zusammenstöße arteten häufig zu regelrechten Rangekriegen aus. 1892 reagierten die eingesessenen Rancher der Johnson County, Wyoming, auf die Bedrohung durch organisierte Viehdiebe damit, daß sie 20 Revolvermänner aus Texas kommen ließen. Sie reisten mit einem Sonderzug an, umzingelten die erste Bande von Viehdieben, die sie erwischten, und töteten einen von ihnen – doch dann gerieten sie plötzlich in die Klemme. Vom Platte bis zum Powder River eilten die Viehdiebe herbei, um ihren Kameraden zu helfen. Verstärkt durch illegale Siedler, unzufriedene Cowboys und alle möglichen Feinde der Rinderbarone führten sie eine so verheerende Gegenoffensive durch, daß die Rancher einen Hilfeschrei zum Governor schickten. Schließlich siegte das Gesetz – oder jedenfalls die Gewalt der örtlichen Behörden. Der Governor ließ eine Bürgerwehrtruppe aufstellen, die die gedungenen Revolvermänner und ihre Auftraggeber retteten.

Obgleich man unter gewissen Bedingungen bei Rinderdieben oft beide Augen zudrückte, machte man mit Pferdedieben kurzen Prozeß. Im Gegensatz zu den offiziellen Gesetzen, die lange vorher im Osten verabschiedet worden waren und Pferdediebstahl lediglich als geringfügiges Vergehen ahndeten, da ein Pferd nur ungefähr 25 Dollar wert war, bestrafte das ungeschriebene Gesetz der westlichen Prärie Pferdediebstahl schwer, weil ein Mann, dem sein Reittier in gefährlichem Gebiet gestohlen wurde, rettungslos verloren sein konnte. Für Pferdediebstahl sah der Kodex also sofortige Hinrichtung vor. Granville Stuart, der so fair gewesen war, die Viehdiebe zu warnen, bevor er sie lynchte, hatte keine solchen Bedenken, als er 1884 mit seinen Vigilanten hinter Pferdedieben her war. Nachdem Stuarts Männer einen Teil der Bande in einer Hütte gefangen hatten, setzten sie das Haus in Brand und töteten drei der Diebe. Vier Männern gelang die Flucht zum Ufer des Missouri. wo sie aus ein paar Stämmen ein Floß zusammenfügten und sich davonmachten, allerdings nur, um weiter flußabwärts von einer Gruppe Soldaten verhaftet und einem U.S. Marshal übergeben zu werden. Doch weder der Marshal noch das Gesetz konnten die Pferdediebe vor den Vigilanten schützen. „An der Musselshell-Mündung", berichtete Stuart, „traf eine Gruppe von Vigilanten den Marshal und nahm ihm die Gefangenen ab. In der Nähe standen zwei Blockhütten dicht nebeneinander. Man legte einen Baumstamm über die Hütten, so daß seine Enden auf den Dächern ruhten, und hängte die vier Männer am Stamm auf."

Der Kodex des Westens schrieb eine fast ebensolche Strenge Schafhirten gegenüber vor. Schafe weideten das Gras bis auf die Wurzeln ab, zerstörten dann mit ihren scharfen Hufen die Wurzeln und machten das Weideland dadurch für Rinder unbrauchbar. Außerdem waren die Rancher – zu Unrecht – der Meinung, Schafe könnten eine Weide schon verderben, indem sie darüber wegzogen; Schafe sondern nämlich aus einer Drüse zwischen den Zehen eine klebrige Flüssigkeit ab, und die Rancher glaubten an den Mythos, Rinder würden durch den Geruch abgestoßen. Die Anwesenheit von Schafen glich also einem Diebstahl am Weideland, das die Rancher als ihr rechtmäßiges Eigentum betrachteten. Vigilantentruppen ritten nachts los, um es wiederzubekommen. An einem Augustabend töteten maskierte Cowboys im Big Horn Basin von Wyoming 4000 Schafe mit Revolvern, Dynamit und Keulen, verbrannten Wagen und jagten die übrigen Schafe aus dem Land. In Colorado wurden 1000 Schafe in einen Abgrund getrieben – eine Methode des Massenschlachtens, die man schlicht „Klippenschaukeln" nannte. In South Dakota töteten 32 Rancher einen Schafhirten und gaben seiner Witwe dann mit einer in der Geschichte der Vendetta zwischen Rinder- und Schafzüchtern selten großzügigen Geste 1000 Dollar in Gold, um die Sache zu bereinigen. Die meisten Texaner bewerteten das Leben von Schafhirten weit niedriger, da so viele von ihnen Ausländer waren.

Als der Stacheldraht auf der Range aufkam, geriet der Kodex in eine Krise, und es zeigte sich, wie janusköpfig er sein konnte. Durch Gebrauch oder Zerstörung von Stacheldrahtzäunen änderte der Rancher einfach die Regeln zu seinen Gunsten: Wenn er sein Land (und vielleicht noch ein wenig mehr, das ihm in Wirklichkeit gar nicht gehörte) eifersüchtig hütete, baute er einen Zaun; zog er dagegen

Drei des Mordes angeklagte Männer baumeln in Kansas an einem Eisenbahngerüst, einem improvisierten Schnellgalgen, während ein Photograph, der das Ereignis mit einer Aufnahme festhalten will, selbst von einem Kollegen geknipst wird.

Dandys in der Wildnis

Die erregende Atmosphäre des Wilden Westens verlockte Tausende von überzivilisierten Leuten dazu, den Frontiersman zu spielen. Viele dieser Abenteurer, die man „Dudes", Dandys oder Gecken, nannte, wurden seßhaft und taten echte Cowboyarbeit. Eine erhebliche Minderheit legte jedoch nie ihre Maßanzüge, ihre feinen Manieren oder ihren grandiosen Lebensstil ab.

Der affektierteste frühe Westerndandy war vielleicht Richard Trimble, ein wohlhabender New Yorker, der mit seinem Pudel Mifouche zwischen den Rindern umherspazierte. Und der spektakulärste war bestimmt Großfürst Alexis, der dritte Sohn des russischen Zaren, der 1872 mit zwei Schlafwagen, einem Speisewagen und einem mit Schneehühnern, Wachteln und Kaviar beladenen Kühlwagen in Nebraska einfiel. Der Großfürst begab sich auf eine Büffeljagd, bei der niemand anders als der Bürgerkriegsheld General Philip Sheridan als Führer diente und an der General George Armstrong Custer, Buffalo Bill Cody und 1000 Sioux teilnahmen. Die erste Gewehrsalve des Großfürsten richtete keinen Schaden unter den Büffeln an. Als er schließlich doch einen mit einem Gewehr erlegte, das er sich von Buffalo Bill geliehen hatte, spendierte er der ganzen Jagdgesellschaft Champagner und schenkte beim Abschied Cody eine Börse mit Gold.

Der denkwürdigste aller Westerndandys war jedoch der 25jährige Theodore Roosevelt, der 1883 in den Westen kam. Als er in Little Missouri, einem trostlosen Außenposten in den Badlands von Dakota eintraf, sah Teddy aus wie der typischste Stadtjunge aus dem Osten, den es je gegeben hatte. Er war ein blasser und magerer Stubengelehrter.

Roosevelt in seiner stolzesten Jagdhaltung.

Joe Ferris, sein Führer, rechnete mit dem Schlimmsten, und er sollte es haben, wenn auch anders als erwartet. Am ersten Tag, nach einem 70-Kilometer-Ritt durch reißende Flüsse, über baumbestandene Hügel und sogar durch losen Treibsand, schleppten sich die Pferde ins Lager, und der Führer fiel ins Bett – aber nicht T. R. Er blieb bis nach Mitternacht auf und sprach mit seinem Gastgeber, einem ausgewanderten Schotten namens Gregor Lang, über Politik. Am nächsten Morgen nieselte es. Ferris war sicher, daß er einen Ruhetag haben würde. Doch T. R. sprang aktionsbereit aus dem Bett.

So ging es eine Woche, und T. R. ritt und redete unermüdlich und schoß vergeblich auf Wild, das seine schlechten Augen überhaupt nicht über der Kimme ausmachen konnten. Doch nichts trübte seine Freude oder seine Ausdauer. Als Ferris einen flüchtenden Hirsch erlegte, den Teddy verfehlt hatte, rief Roosevelt fröhlich aus: „Bei Godfrey! Ich würde alles auf der Welt dafür geben, wenn ich so schießen könnte." Beim Versuch, sich gegen einen angreifenden Bullen zu verteidigen, stieß er sich versehentlich den Gewehrkolben gegen die Stirn, und das Blut lief ihm in die Augen, aber er hob die Schußwaffe und feuerte abermals. Nach Ablauf der Woche hatte T. R. beschlossen, auf unbestimmte Zeit zu bleiben. Er investierte 14 000 Dollar und stieg selbst ins Ranchgeschäft ein.

Das arbeitsreiche neue Leben bekam ihm glänzend. Seine Brust dehnte sich, sein Nacken wurde stärker, und, was diesem frohgemuten Egoisten noch lieber war, er gewann die Achtung der Cowboys. Er lernte, im Sattel zu bleiben, selbst wenn sein Pferd so stark bockte, daß er Hut, Gewehr und Brille verlor. Eines Abends verkündete ein Rowdy in einem Saloon: „Four Eyes (Vierauge) will einen ausgeben." Roosevelt ließ sich das eine Weile gefallen und sagte dann philosophisch: „Also, wenn ich es tun muß, muß ich es tun." Worauf er sich erhob und den Mann mit einem Faustschlag zu Boden streckte.

Da gaben ihm die Cowboyveteranen die höchste Ritterwürde: Sie änderten seinen Spitznamen von Four Eyes in Old Four Eyes. „Old" bedeutete Anerkennung und Sympathie.

Roosevelt selbst sollte auch in seinem späteren abenteuerlichen Leben immer die besten Erinnerungen an die Cowboywelt behalten. Beinahe zwanzig Jahre später erklärte er, „der Roman meines Lebens" habe im Westen begonnen.

freies Land vor (oder konnte er kaum etwas für sich beanspruchen), zerschnitt er die Zäune der anderen.

Als man im Westen zum erstenmal Stacheldraht erblickte, war man so verblüfft, daß man vermutete, er sei für Pferdegebisse bestimmt. Aber bald war der große Nutzen des Stacheldrahts als billiger und starker Zaun überall bekannt, und viele Rancher fingen an, ihr Land zu umzäunen. In Archer County, Texas, wurde die Zaunmanie so groß, daß man die Kreishauptstadt zeitweise nur noch erreichen konnte, wenn man mindestens einen Stacheldrahtzaun durchschnitt. Dieses übereifrige Umzäunen erregte den Zorn der Freilandrancher, die der Meinung waren, das Land sollte allen freistehen. Es brachte auch die kleinen Viehzüchter in Rage, mußten sie doch entdecken, daß die besten Wasserstellen versperrt wurden. Kleinsiedler, deren Farmen völlig eingeschlossen wurden, und sogar Cowboys, die argwöhnten, die billigen Zäune würden die Nachfrage nach Rangereitern senken, lehnten sich gegen den Stacheldraht auf.

Farmer, Viehdiebe und einige Kleinrancher bildeten eine ungewöhnliche Allianz, um sämtliche Zäune zu zerstören. Als der texanische Rancher R. A. Davis eine 400-Hektar-Weide mit vierfachem Stacheldraht umzäunte, stellte er zwei Tage darauf fest, daß man den Zaun an 3500 Stellen durchschnitten hatte. Die *News* aus Galveston berichtete 1883, daß man auf dem Land der Hickey Pasture Company 30 Kilometer Zaun in Stücke gehackt hatte, weil die Nachbarn das darin eingeschlossene Wasser brauchten.

Es konnte nicht ausbleiben, daß die Konfrontationen zwischen denen, die Zäune errichteten, und denen, die sie zerschnitten, wie die Auseinandersetzungen zwischen den Viehdieben und Ranchern mit Schüssen endeten. Ob sie nun wegen der Zäune, der Wasserrechte, der Schafe oder der Rinder entbrannten – Schießereien wurden zum spektakulärsten und bekanntesten Merkmal der Cowboys.

Nach der populären Westernmythologie war der Kampf mit dem Revolver das äußerste Mittel, das der Cowboykodex vorsah. Ein Mann war kein Mann, wenn er dem Tod nicht kaltblütig ins Gesicht sehen und für seinen guten Namen kämpfen konnte. Das war das amerikanische Äquivalent des europäischen Duells, mit ähnlich spitzfindigen Regeln und derselben Betonung der Ehre. Es ist jedoch historische Tatsache, daß der klassische Zweikampf mit dem Revolver von Kolportageschriftstellern und Journalisten des 19. Jahrhunderts erfunden wurde. In Wirklichkeit kam es nur sehr selten zu solchen Schußwechseln. Bei einem Duell in Kansas traten sich 1893 zwei Cowboys mit entsicherten Winchestern in einem Abstand von 50 Schritt gegenüber, gingen bei jedem Schuß vorwärts und fielen in zehn Schritt Entfernung gleichzeitig tot um.

Dieses Duell ist zwar alles andere als klassisch, hat aber wirklich stattgefunden. Die meisten anderen Schießereien fanden nicht zwischen Cowboys, sondern in der Unterwelt des Westens, zwischen den Spielern, Gaunern und professionellen Kriminellen statt, die ihr Unwesen auf der Schattenseite jeder Gesellschaft treiben. Es war zum Beispiel nichts besonders Ehrenwertes an William (Billy the Kid) Bonney und Jesse James, die beide pathologische Killer waren. Wyatt Earp war in erster Linie Saloon-Rausschmeißer, zweitrangiger Profispieler und Möchtegern-Politiker, und vielleicht mischten seine Hände auch ein bißchen beim Viehdiebstahl mit. Der Kodex dieser Revolverhelden war das, was man im Westen als einen Klapperschlangenkodex bezeichnete.

In den seltenen Fällen, wo echte Cowboys in Schießereien verwickelt waren, war auffallend wenig von Ehre und Regeln die Rede. Es gab Rangekriege in Wyoming, Zaunschlachten in Texas und Familienfehden, bei denen man zum Revolver griff. Meist hatte man dabei nur die Absicht, einen Mann vorn, hinten, in der Seite oder an irgendeiner Stelle zu treffen, wo der Schuß eine Wirkung erzielen würde. Häufiger trugen die Cowboys aber ihre Schußwunden bei Zechgelagen in den Rinderstädten davon. Eine Zeitung aus Wyoming berichtete von einer typischen Episode: „Eine große Zahl von Cowboys, die beim Rinder-Roundup gearbeitet hatten, kam gestern in die Stadt und fing an, der Gemeinde eine purpurrote Farbe zu geben. Eine ganze Reihe von ihnen begann Streitigkeiten, als sie voll von Whiskey waren, und es ereigneten sich mehrere Handgemenge. Am Abend unternahm Leon Williams den Versuch, Harry Mason, der ziemlich streitsüchtig geworden war, ins Bett zu bringen. Mason ging zunächst ganz friedlich los, drehte sich dann aber schnell um und schoß Williams durch die rechte Brust und Schulter, wobei die Kugel beim Schlüsselbein austrat. Sofort wurde Sheriff M. Doze geholt, und als er versuchte, Mason zu verhaften, leerte der betrunkene Cowboy alle Kammern seines Sechsschüssers auf ihn. Zum Glück verfehlten die Kugeln ihr Ziel. Doze streckte Mason unerschrocken mit einem Faustschlag zu Boden und steckte ihn anschließend ins Gefängnis."

Zwar hatten die meisten Cowboys vielleicht schon von solchen Vorfällen gehört oder waren sogar Zeugen von Schießereien geworden, doch sie vermieden es, sich daran zu beteiligen. Bei einem Rückblick auf den reichen Schatz von Erfahrungen, den er auf der Range gesammelt hatte, fragte sich Cowboy Jo Mora, weshalb manche Cowboys selbst bei den harmlosesten Roundups und den gewöhnlichsten Rancharbeiten Revolver trugen. Er erklärte: „Weshalb wir uns damals bei solchen Jobs derart mit Revolvern bewaffneten, ist mir heute ein Rätsel."

Eine blühende Literaturgattung

Als Teddy Roosevelt Rancher in den Dakotas war, half er einmal bei der Gefangennahme von drei Banditen, deren Satteltaschen, wie sich herausstellte, einen Stapel Groschenromane mit Titeln wie *Eine Geschichte der James-Bande* enthielten. Diese echten Desperados gehörten zu den Millionen Amerikanern, die seit den siebziger Jahren die kühnen, bluttriefenden Kolportageromane über den Wilden Westen verschlangen – und manchmal gar versuchten, die dort beschriebenen Abenteuer nachzuerleben.

Zu den führenden Lieferanten dieses Marktes gehörte die Firma Beadle and Adams, deren Verlagsbüros etwa 2200 Titel wie die hier gezeigten herausbrachten. Killer wie Jesse James und Wild Bill Hickok traten in diesen Romanen als prahlende Ritter auf. Dann und wann pflegte ein echter Grenzlandheld die Öffentlichkeit daran zu erinnern, daß die meisten dieser Geschichten Geschwätz waren: Als der berühmte Späher Kit Carson ein Umschlagbild von sich selbst zu Gesicht bekam, auf dem er mit einer Hand sieben Indianer niedermetzelte, während er mit der anderen eine dankbare Maid festhielt, erklärte er lakonisch: „Daran kann ich mich nicht erinnern." Aber niemand kümmerte sich darum. Westernfans stürzten sich auf die Heldentaten – und auf so mannhafte Dialoge wie den rechts wiedergegebenen.

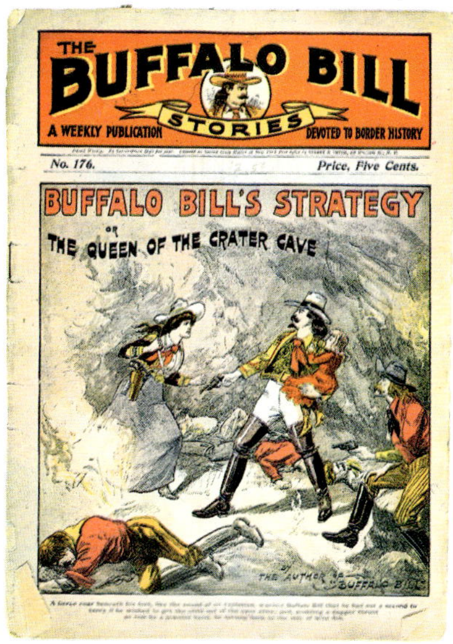

2. KAPITEL

JESSE JAMES MACHT GROSSE BEUTE

Peng!

Peng!

Peng!

Der gute Jack Farley hatte zwar Mut, aber mit dem Schießen haperte es leider.

Seine Kugeln gingen alle daneben.

Als Antwort kam ein ganzer Bleihagel.

Der tapfere alte Maschinist stöhnte auf und sackte schwer getroffen zusammen.

„Knall ihn ab, Ned – knall ihn ab, Junge", rief er und reichte Ned Jackson den rauchenden Revolver.

Es ist schwer zu sagen, was Ned wohl getan hätte, wenn er nur eine Chance gehabt hätte.

Aber so, wie die Dinge standen, konnte er überhaupt nichts tun.

Zwei große, stämmige Burschen schwangen sich in das Führerhäuschen.

Er wurde überwältigt und gefesselt.

Sein Revolver wurde ihm abgenommen.

Dann befahlen sie ihm, hinaus in den Schnee zu springen.

Natürlich blieb ihm gar keine andere Wahl.

Bremser und Lokführer erging es genauso.

Die maskierten Banditen hatten sich am Zug entlang aufgestellt.

Einige hatten Gewehre, andere Revolver.

Die Männer mit den Revolvern kletterten jetzt auf die Plattformen.

An beiden Enden der Waggons standen Männer Wache. Die anderen gingen hinein und nahmen den verängstigten Passagieren Geld, Uhren, Schmuck und Diamanten ab, sofern sie welche bei sich hatten.

Wer an einen Kampf gedacht hatte, gab diesen Gedanken schnell auf.

Der Überfall war viel zu perfekt geplant und wurde viel zu sorgfältig ausgeführt.

Es blieb ihnen nichts anderes übrig, als sich in ihr Schicksal zu fügen; sie konnten noch froh sein, wenn sie mit dem Leben davonkamen.

Unterdessen lief Jesse James draußen im Schnee auf und ab, überwachte jede Bewegung seiner Männer, gab Anweisungen, wo es nötig war, und achtete darauf, daß alles genau nach seinem Plan ablief.

Dann traf er auf einen großen, hageren, leichenblaß aussehenden Mann und hielt inne.

Es war Frank James, der berühmte Bandit, der genauso berüchtigt war wie sein Bruder und von vielen als der eigentliche Kopf der Bande angesehen wurde:

„Okay, Frank, es läuft alles wie am Schnürchen", bemerkte Jesse.

„Wie geplant, soweit ich sehe", erwiderte Frank.

„Tut mir nur leid, daß wir auf Jack Farley schießen mußten".

„Mir auch."

„Wir hatten keine andere Wahl."

„Sicher nicht. Wenn diese Maschinisten so verrückt sind und auf uns losballern, müssen sie die Konsequenzen tragen."

„Genau! Aber irgendwie mag ich den Alten; das ist schon das drittemal, daß wir ihn überfallen haben."

„Und für ihn das unseligste Mal. Hat es ihn schlimm erwischt?"

„Bill Chadwell sagt nein; er ist an der linken Schulter getroffen. Bill meint, er wird es schon überstehen."

„Freut mich zu hören. Bist du immer noch entschlossen, deinen Plan durchzuführen, Jess?"

„Ja."

Pawnee Bill, der die Sprache der Pawnee, eines Präriestammes, beherrschte, begann 1888 mit einer der ersten Wildwest-Shows eine Tournee durch die Vereinigten Staaten und Europa. Später verband er seine Show mit der Buffalo Bills.

Die Lösung von Moras Rätsel lautete einfach, daß die Cowboys, wie andere Amerikaner des 19. Jahrhunderts auch, dem verherrlichten Image des Wilden Westens frönten. Doch im Gegensatz zu ihren weniger glücklichen Bewunderern aus dem Osten hatten sie die Chance, sich in dieser Rolle zu üben. Robert Wright, der Bürgermeister von Dodge City, beobachtete, daß Cowboys „es genießen, ungehobelter zu scheinen, als sie sind". Mit wiegenden Schritten gingen sie die Straßen der Rinderstädte entlang, und an ihren Hüften baumelten gefährlich die Revolver, als seien sie zu jedem Duell bereit – bis ein vom Sheriff ausgesprochener Hinweis auf die Feuerwaffenverordnungen sie veranlaßte, ihre Schießeisen unterwürfig abzugeben. Manche Cowboys genossen ihr ruhmreiches Image so sehr, daß sie für leichtgläubige Besucher aus dem Osten ausgeklügelte Scheingewalttätigkeiten inszenierten.

In Eisenbahnstädten gehörte die vorgetäuschte Schießerei zu den Lieblingsbeschäftigungen. Eine Horde Cowboys wartete in einem Hotel oder Saloon, bis der Zug einfuhr. Während die Fahrgäste sprachlos Augen und Ohren aufsperrten, feuerten die Cowboys eine Salve ab, hoben dann die leblose Gestalt einer freiwilligen „Leiche" auf und trugen sie auf die Straße und um die Ecke. Cowboy Teddy Blue Abbott erinnerte sich an eine improvisierte Nummer, die er mit einigen Kameraden bei der Union-Pacific-Station Fort Kearny zum besten gab. Sie bastelten eine Puppe, legten ihr eine Schlinge um den Hals, warfen das Seil über den Querbalken eines Telegraphenmastes, als der Zug gerade einfuhr, und zogen die Puppe hoch. Als die entsetzten Fahrgäste beim Anblick dieses scheinbaren Lynchens nach Luft rangen, feuerten die „Vigilanten" auf die hin und her schaukelnde Puppe, schossen das Tau entzwei und begannen, das Opfer in wildem Galopp über die Prärie zu schleifen, wobei sie es weiter mit Kugeln durchlöcherten. Im Zug fielen Frauen in Ohnmacht, Kinder schrien, und ein verantwortungsbewußter Fahrgast stürzte ins Bahnhofsgebäude, um die Hauptstadt Nebraskas telegraphisch von diesem unerhörten Vorfall zu unterrichten.

In diesem Stadium war der Kodex des Westens bereits ein Teil der großen Legende geworden. Und einige schlaue Geschäftsleute begriffen, daß diese Legende eine Handelsware darstellte, die sich gut an den Mann bringen ließ. Als erste profitierten die Verleger von Groschenromanen davon, die ihre Leser mit einer Flut von Taschenbüchern über Tollkühnheiten aus dem Westen überschütteten. Obgleich lebende Zeugen kaum das Niveau der Kolportagephantasien erreichen konnten, versuchten ein paar Promoter, das städtische Publikum mit Cowboys aus Fleisch und Blut zu unterhalten. Bei einer Veranstaltung, die 1872 unter der Bezeichnung „Große Büffeljagd" in Niagara Falls durchgeführt wurde, fing Wild Bill Hickok zusammen mit einigen Indianern und Mexikanern drei Büffel mit dem Lasso ein.

Der erste, der aus Westernshows Profit schlug, war der 1846 in Iowa geborene William F. (Buffalo Bill) Cody. Er war Reiter beim Pony-Express gewesen, hatte viele Büffel erlegt, kurze Zeit als mutiger Späher gedient, etwas mit Indianern gekämpft, sich als Cowboy betätigt und viel geprahlt. (Zu letzterem wurde er durch die reiche literarische Produktion eines gewissen Oberst Prentiss Ingraham ermutigt, der 121 hemmungslos übertriebene Groschenromane schrieb, die angeblich auf Codys Leben basierten.)

Anfang der siebziger Jahre begann Cody seine Karriere als Produzent und Hauptdarsteller einer Reihe von Western-Melodramen, mit denen er Tourneen durch Kleinstädte machte und am 31. März 1873 sogar am Broadway auftrat. Doch seine wahre Berufung fand er 1882 in North Platte in Nebraska. Als er gerade einen Nachmittag im Saloon vertrödelte, hörte er, daß die Stadt für den Nationalfeiertag am 4. Juli keine Festlichkeiten vorbereitet hatte, und der durch nichts unterzukriegende Showmann, der er war, beschloß, eine zu liefern. Schnell stellte er ein Programm zusammen, das typische Cowboyfertigkeiten zur Schau stellen sollte, und bot Preise für Schießen, Reiten und das Bezwingen von Broncos. Obgleich er nur mit einer Beteiligung von 100 Cowboys rechnete, kamen 1000 Bewerber. Cody erkannte, daß er das Ganze nur noch etwas ausschmücken mußte, um ein fabelhaftes Bühnenmaterial zu haben. Schon im folgenden Jahr hatte er seine Show organisiert. Er nannte sie „Der Wilde Westen" – eine Verherrlichung der Heldentaten des Grenzlands.

Diese und andere spektakuläre Live-Shows prägten gemeinsam mit den Groschenromanen und den romantisch überhöhten Berichten, die Reisende über den Westen gaben, für alle Zeiten das populäre Image vom ruhmreichen Cowboyleben. Natürlich beteiligten sich die Cowboys auch weiterhin an der Schaffung des eigenen Mythos (teilweise durch Possen wie die eines Mannes aus Codys Truppe, der in einem Londoner Restaurant ein Steak, das man ihm servierte, mit der Behauptung durchschoß, es lebe noch und „zucke auf dem Teller herum"). Sogar wenn sie unter sich waren, neigten sie dazu, in stolzer Pose durch ihr verschwitztes, staubiges Leben zu gehen, wie man es noch auf alten Photos *(S. 224–233)* erkennen kann. Selbstverleugnung war dem Cowboy fremd, da sanftmütige Männer auf den Great Plains nicht lange lebten. Und wenn die Cowboys beim Versuch, der Legende gerecht zu werden, zu Übertreibungen neigten, dann nur, weil sie glaubten, einen besonderen Platz in der Geschichte zu verdienen. Vielleicht hatten sie recht.

PAWNEE BILL'S HISTORIC WILD WEST
AMERICA'S NATIONAL ENTERTAINMENT
BEAUTIFUL DARING WESTERN GIRLS AND MEXICAN SEÑORITAS IN A CONTEST OF EQUINE SKILL.
NO DISAPPOINTMENT
POSITIVELY GIVING TWO GRAND AND COMPLETE PERFORMANCES EACH DAY
RAIN OR SHINE
AMERICA'S NATIONAL ENTERTAINMENT
A FEATURE OF THE WORLD'S FAIR. GENUINE GAUCHOS FROM THE PAMPAS OF SOUTH AMERICA.

Der große Star des Wildwest-Showgeschäfts, Buffalo Bill *(vorne, Mitte)*, präsentiert sich mit Angehörigen seiner Truppe auf einer Londoner Bühne – die Kulisse zeigt die Prärie des Westens. Der ehemalige Armeespäher Cody trat 1872 zum erstenmal in Chicago auf und reiste mit einer Sensationstruppe, zu deren Attraktionen die Scharfschützin Annie Oakley aus Ohio, Scheinangriffe von echten Indianerkriegern und Bills eigene Reit- und Lassokünste zählten. Für seine Europatournee warb er mit der rechts oben gezeigten Karte.

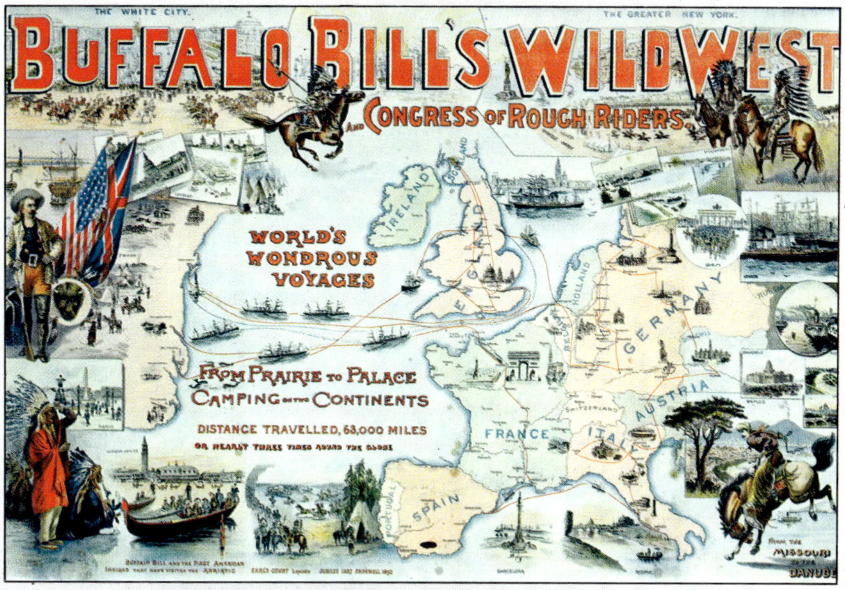
THE WHITE CITY.
THE GREATER NEW YORK.
BUFFALO BILL'S WILD WEST
AND CONGRESS OF ROUGH RIDERS.
WORLD'S WONDROUS VOYAGES
FROM PRAIRIE TO PALACE
CAMPING ON TWO CONTINENTS
DISTANCE TRAVELLED, 63,000 MILES
IRELAND
ENGLAND
HOLLAND
GERMANY
SWITZERLAND
AUSTRIA
FRANCE
SPAIN
PORTUGAL
FROM THE MISSOURI TO THE DANUBE

Cowboys vor der Kamera

Wie alle Männer, deren harter Job eine Spezialausrüstung erfordert, taten auch Cowboys nichts lieber, als sich in der vollen Montur ihres Handwerks photographieren zu lassen. Kaum von der Range gekommen, pflegten sie sich den Staub abzukratzen, ein paar saubere Kleidungsstücke anzuziehen und eines der Photoateliers aus Kiefernholzbrettern aufzusuchen, die in praktisch jeder größeren Rinderstadt förmlich aus dem Boden schossen. Dort posierten sie – mit ihren Freunden, allein, manchmal sogar mit ihrem Pferd *(S. 233)*.

Die daraus resultierenden Bilder, in billige Pappe gerahmt und häufig mit dem Namen des Photographen gestempelt, liefern uns einen überraschenden und manchmal dekuvrierenden Eindruck von dem Cowboy des Wilden Westens, wie er wirklich war. Obgleich er sich eindeutig als furchterregenden Haudegen betrachtete, sah er in Wirklichkeit oft beängstigend jung und verletzlich aus, was die auffällig gezeigten Sechsschüsser – meist Atelierrequisiten – nur noch unterstrichen. Oder er entsprach nicht dem Cowboy-Image, weil er mit einem Paar hochgeschnürter Sonntags-Ausgehstiefel dasaß, wie sie einer der rechts gezeigten Cowboys unter seinen Arbeitshosen hervorlugen läßt.

Manchmal, wenn er sich unrasiert mit seinen Kameraden von der Range aufbaute, entsprach sein rauhes Aussehen genau seinem romantisierten Ruf. Ein besonderer Charakterzug zeigt sich aber in jeder Pose: der Stolz, ein Cowboy zu sein.

GLOSSAR

ARMY SCOUT: Private, von der U. S. Armee in unerforschten Wildnisgebieten auf Zeit angestellte Kundschafter und Pfadfinder, die das Operationsgebiet und die indianischen Stämme darin besser kannten als die Militärs. Vornehmlich ehemalige Trapper und Mountain Men, aber auch Eisenbahnvermesser, Postkutschenfahrer, Goldsucher, Herdentreiber wurden als Scouts angeworben. Während der Indianerkriege im Westen stellten Indianer einen hohen Anteil an Scouts, die häufig zu ganzen uniformierten Truppenteilen zusammengefaßt waren.

BRÄNDEN: Das Einbrennen von besitzanzeigenden Zeichen (der Brand, das Brandzeichen) in das Fell der Rinder. Das Bränden war eine der Hauptaufgaben der Cowboys beim Roundup. Man verwendete dafür ein Brandeisen, das im Feuer rotglühend gemacht und dem Fell des Tieres kurz aufgedrückt wurde.

BRONCO: (Aus dem Spanischen: rauh, wild) Ursprüngliche Bezeichnung des mexikanischen Vaquero für ein kleines, wildes, gelehriges Pferd. Als Bronco galt jedes Pferd im Zureitestadium bis zur Vollendung seiner Ausbildung zum speziell für die Erfordernisse der Cowboyarbeit geeigneten Rinderpony.

BUCKAROO: Englische Verballhornung des spanischen Wortes „Vaquero" für Cowboys, die Pferde einritten.

CHUCKWAGEN: (Chuck = Schnellmahlzeit) Treibherden-Küchenwagen mit Wagenkasten für Bettrollen und Küchenkiste, dessen Verschlußdeckel zum Küchentisch verwandelt werden konnte. Der Chuckwagen war ein perfektes ‚Camping'-Fahrzeug für eine 20–30köpfige Mannschaft auf dem Viehtrail, in dem auf engstem Raum alles Notwendige (Lebensmittel, Vorräte, Werkzeug, Kochutensilien, Dutch-Ofen oder Herd, Bratspieße, Zeltplanen, Schlafrollen, Munition usw.) untergebracht war. Er wurde von vier bis sechs Pferden oder Maultieren gezogen.

CORRAL: (Aus dem Spanischen) Einzäunung, mit der Herdentiere (Rinder, Pferde, Schafe usw.) an einem bestimmten Ort festgehalten oder andere Tiere (wilde und zahme) von einem bestimmten Platz ferngehalten wurden. Ein Corral konnte dauerhaft sein; in diesem Fall verwendete man verschiedene Materialien, zum Beispiel Pfosten und Stacheldraht (Stacheldraht-Corral), Pfosten und Latten (Latten-Corral), dicht aneinander stehende Pfosten (Staketen-Corral), Pfosten und Astgeflecht (Astgeflecht-Corral). Ein Corral konnte aber auch nur vorübergehend errichtet werden; in diesem Falle verwendete man leichtes, transportables Material, zum Beispiel Seile (Seil-Corral), die man um Bäume, Büsche oder Wagenachsen schlang oder durch Eisenstangenösen führte. In Texas hießen Corrals gewöhnlich „Round Pens".

COUNTY: Ein mit dem deutschen Landkreis vergleichbares ländliches Verwaltungsgebiet mit einer Bezirkshauptstadt (County Seat), in der sich die Bezirksverwaltung (County Administration) und das Bezirksgericht (County Court) mit dem Bezirksgefängnis (County Jail) befanden.

FRONTIER, FRONTIERSMAN: Die wörtlichen Übersetzungen „Grenze" und „Grenzlandbewohner" werden den amerikanischen Begriffen nicht gerecht. Bis ins 19. Jahrhundert hinein bezeichnete „Frontier" in Nordamerika keine festliegende Grenze, sondern jene stetig weiter nach Westen vorrückende äußerste Besiedlungsgrenze, über die hinaus die Frontiersmen in unbesiedeltes Land vordrangen. Der Frontiersman bewegte sich in der Wildnis, die bislang allein den Indianern als Lebensraum gedient hatte.

HEIMSTÄTTER: Ackerbau-Siedler, die offiziell nach dem „Heimstättengesetz" von 1862 160 Acres (etwa 65 Hektar) regierungseigenes Land im Westen erhielten, um hierauf „Heimstätten" zu errichten. Das Land ging aber erst dann in ihren Besitz über, wenn sie es mindestens fünf Jahre bebaut hatten. Im Gegensatz dazu stehen der SQUATTER (Siedler ohne Rechtstitel) und der SETTLER (Siedler mit privatem Landerwerb).

LARIAT, LASSO: Amerikanisierung des mexikanischen „La Reata" = Seil, Lazo Reata = Schlingenseil. Hierunter verstanden Cowboys ausschließlich die texanischen Rohhaut-Wurfschlingenseile aus dünnen, geflochtenen Rohhautschnüren. Wesentlich belastbarer als das Lariat war das „Rope" (Wurfseil) aus Manilahanf. LASSO: Aus dem spanischen Wort Lazo = Schlinge. Ende des 19. Jahrhunderts übernahmen europäische Publizisten dieses zuerst in den Oststaaten der USA gebräuchliche Wort für Wurfseil, und seitdem ist es besonders im Deutschen so fest etabliert, daß die korrektere Bezeichnung „Lariat" oder „Rope" keinen Eingang in die Umgangssprache gefunden hat. Von keinem echten Cowboy wird das Wort Lasso für ein Wurfseil benutzt.

RANGE: Sehr vielseitig gebrauchtes Wort für Spanne, Ausdehnung, Spielraum, Umfang, Entfernung, Reichweite, Gebiet, Raum, Bereich, Bewegungsfreiheit. Im amerikanischen Westen bezeichnet es hauptsächlich ein weitläufiges, unkultiviertes, nahezu unbegrenztes (Weide-, Jagd-, Wildnis-) Gebiet. Der Ranger ist ein Mensch, der sich allein und auf sich gestellt in einem solchen weiträumigen Gebiet bewegt und zurechtfindet, jemand, der mit ihm und seinen Gefahren vertraut ist. Open Range: weites, offenes, uneingezäuntes, unbesiedeltes Weidegebiet.

REMUDA: (Aus dem Spanischen „Remuda de caballos" = Reservepferde) Reservepferde einer ganzen Cowboy-Mannschaft, die von einem besonders versierten Mann, dem „Wrangler", betreut wurden. Eine Remuda wurde bei jedem Roundup und jedem Viehtreck mitgeführt und in ständiger Bereitschaft für die Reiter gehalten.

ROUNDUP: Das Zusammentreiben von Vieh und Pferden zur Zählung, zum Sammeln, Aussondern, Verladen und Bränden.

STAMPEDE: Aus dem spanischen „Estampida" (Lärm, Krach, Getöse, lautes Geräusch) abgeleitetes Wort für die Massenpanik von Tieren, hauptsächlich von halbwilden Rindern.

TRAIL: Der lange Wanderweg, auf dem die großen Rinderherden bei den Viehtrecks zu den Verladestationen getrieben wurden. Die wichtigsten Trails waren der Chisholm Trail, der Shawnee Trail, der Western Trail und der Goodnight-Loving Trail.

VIGILANTEN: (englisch : vigilant = wachsam) Wenn Recht und Gesetz versagten oder selbst korrupt und verbrecherisch waren, nahmen sich die Bürger das Recht, Law and Order (Recht und Ordnung) selbst in die Hand zu nehmen und wiederherzustellen. Im allgemeinen hielten sich die Vigilanz-Komitees an die üblichen Gepflogenheiten, sie handelten nur den Gejagten gegenüber anonym (sie trugen Masken und Vermummungen) und lüfteten ihr Inkognito, sobald sie ihrer habhaft waren. Die „Gerichtssitzungen" fanden nach den Gepflogenheiten des anglikanischen Rechts statt, es wurde Protokoll geführt, aber nicht die Anklage mußte – wie üblich – dem Beschuldigten eine Tat nachweisen; sondern der Beschuldigte mußte seine Unschuld beweisen. Im nachhinein ist festzustellen, daß die Verurteilung von Unschuldigen verhältnismäßig selten vorkam. Die Strafen, die ein Vigilanz-Komitee verhängte, waren: Ausweisung aus einem County, einer Region oder einem Staat unter Androhung sofortiger Hinrichtung, Prügel, Brandmal und Todesstrafe.

QUELLENNACHWEIS DES TEXTES

1. Kapitel: 17 – Auszüge aus John Baumann: „The Cowboy at Home", in *The Cornhill Magazine,* Bd. II, 1886, S. 294 ff; Auszüge aus George C. Duffield: „Driving Cattle from Texas to Iowa", in *Annals of Iowa,* 3. Serie, Bd. 14 (April 1924), m. frdl. Gen. Iowa State Department of History and Archives. Des Moines, Iowa, S. 243–262; 18 – Auszüge aus J. L. McCaleb: „My First Five-Dollar Bill", in *The Trail Drivers of Texas,* Bd. 1, hrsg. von J. Marvin Hunter, Argosy-Antiquarian Ltd., New York, 1963, S. 126–132. 2. Kapitel: Teile basieren auf Auszügen aus J. Evetts Haley: *Charles Goodnight: Cowman and Plainsman,* Copyright der Neuauflage 1949 University of Oklahoma Press. 3. Kapitel: 86 – Brief von S. P. Conrad an James Haft, m. frdl. Gen. Fred A. Rosenstock, Denver, Colorado, veröffentlich in Maurice Frink, W. Turrentine Jackson und Agnes Wright Spring: *When Grass Was King,* Copyright 1956 University of Colorado Press, S. 81–82; 87 – Rezepte nach Ace Reid: *Cowpokes Cookbook and Cartoons,* Copyright 1969 Ace Reid, c/o Draggin'S Ranch, Kerrville, Texas; 82 – Vorschriften der XIT Ranch aus J. Evetts Haley: *The XIT Ranch of Texas,* Copyright 1967 University of Oklahoma Press, S. 241–245; 92 – Auszüge aus Carroll Doshier: *The Camp Life of a Cowpuncher,* m. frdl. Gen. Panhanrle Plains Historical Society, Canyon. Texas. 4. Kapitel: basiert auf Kapitel 1 bis 5 von Luke D. Sweetman: *Back Trailing on Open Range,* Copyright 1951, The Caxton Printers, Ltd.; 133 – Brandzeichenliste teilweise nach Manfred R. Wolfenstine: *The Manual of Brands and Marks,* Copyright 1970 University of Oklahoma Press. 5. Kapitel: basiert auf Auszügen aus Baylis John Fletcher: *Up the Trail in '79,* Copyright der Neuauflage 1968 University of Oklahoma Press. 7. Kapitel: 209 – Auszüge aus „Courage and Hardihood on the Old Texas Cattle Trail", in *The Trail Drivers of Texas,* Bd. I, hrsg. von J. Marvin Hunter, Argosy-Antiquarian Ltd., New York, 1963, S. 126–132.

QUELLENNACHWEIS DER ABBILDUNGEN

Abbildungen von links nach rechts sind durch Semikolon, solche von oben nach unten durch Gedankenstriche getrennt.

Einband: J.C.H. Grabill, mit freundlicher Genehmigung Bettmann Archive. Die Gemälde sowie die Skulptur auf den Seiten 2 bis 15 m. frdl.Gen. Amon Carter Museum, Fort Worth, Texas, außer 10-11 m. frdl. Gen. Montana Historical Society, Helena. 2 – *The Outlaw* von Frederic Remington. 6, 7 – *A Dash for a Timber* von Frederic Remington. 8, 9 – *Wild Horse Hunters* von Charles M. Russell. 10, 11 – *The Toll Collectors* von Charles M. Russell. 12, 13 – *Loops and Swift Horses Are Surer Than Lead* von Charles M. Russell. 14, 15 – *In Without Knocking* von Charles M. Russell. 16 – m. frdl. Gen. Montana Historical Society, Helena. 18 – m. frdl. Gen. Library of Congress. 19 – Karte von Jean Held. 22 – J. C. H. Grabill, m. frdl. Gen. Bettmann Archive. 23, 24, 25 – Zeichnungen von Nicholas Fasciano. 27 – m. frdl. Gen. Denver Public Library, Western History Department. 28 – Lady Evelyn Jephson Cameron, m. frdl. Gen. Montana Historical Society, Helena. – m. frdl. Gen. Montana Historical Society, Helena. 31 – m. frdl. Gen. Bibliothek der University of Texas Archives, Austin. 32 – F. M. Sherman, m. frdl. Gen. Denver Public Library, Western History Department. 34, 35 – Dan Coolidge, wiedergegeben mit frdl. Gen. Bancroft Library, University of California, Berkeley. 36, 37 – W. H. Jackson, m. frdl. Gen. The National Archives. 38, 39 – W. H. Jackson m. frdl. Gen. Denver Public Library, Western History Department. 40, 41 – m. frdl. Gen. State Historical Society of Colorado Library. 42, 43 – © Charles J. Belden, m. frdl. Gen. Denver Public Library, Western History Department. 44, 45 – m. frdl. Gen. National Oceanic and Atmospheric Administration. 46, 47 – m. frdl. Gen. Denver Public Library, Western History Department. 48 – m. frdl. Gen. State Historical Society of Colorado Library. 49 – Milligan, m. frdl. Gen. Denver Public Library, Western History Department. 52 – Dean Austin, *Charros at the Roundup* von James Walker, m. frdl. Gen. Carl Dentzel Collection. 55 – m. frdl. Gen. California State Library, California Section Picture Collection. 57 – m. frdl. Gen. William Wittliff, The Encino Press. 58 – m. frdl. Gen. State Historical Society of Colorado Library; m. frdl. Gen. Western History Research Center, University of Wyoming; m. frdl. Gen. Western History Collections. University of Oklahoma Library – m. frdl. Gen. Southwest Collection. Texas Tech University (3). 59 – m. frdl. Gen. Montana Historical Society, Helena, außer oben Mitte und unten links, m. frdl. Gen. Western History Research Center, University of Wyoming. 60 – m. frdl. Gen. Montana Historical Society, Helena; m. frdl. Gen. Western History Research Center, University of Wyoming; m. frdl. Gen. State Historical Society of Colorado Library – m. frdl. Gen. Montana Historical Society, Helena (2); m. frdl. Gen. Denver Public Library, Western History Department. 63 – m. frdl. Gen. Denver Public Library, Western History Department. 64 – m. frdl. Gen. Kansas State Historical Society, Topeka. 66 – m. frdl. Gen. Wyoming State Archives and Historical Department. 68, 69 – Brown Brothers. 70, 71 – J. C. H. Grabill, m. frdl. Gen. Library of Congress. 72, 73 – m. frdl. Gen. Montana Historical Society, Helena. 74, 75 – m. frdl. Gen. David R. Phillips Collection; m. frdl. Gen. Arizona Historical Society – m. frdl. Gen. State Historical Society of Colorado. 76, 77 – m. frdl. Gen. Bibliothek der University of Texas, Austin. 78, 79 – Brown Brothers. 80 – Joseph E. Smith, m. frdl. Gen. David R. Phillips Collection. 83 – W. G. Walker, m. frdl. Gen. Western History of Research Center, University of Wyoming. 84, 85 – Culver Pictures. 87 – m. frdl. Gen. Montana Historical Society, Helena. 90, 91 – © Charles J. Belden, m. frdl. Gen. Denver Public Library, Western History Department. 93 – Lady Evelyn Jephson Cameron. m. frdl. Gen. Montana Historical Society, Helena – Erwin Smith, m. frdl. Gen. Texas State Archives, Austin. 94, 95 – m. frdl. Gen. Southwest Collection, Texas Tech University. 96, 97 – m. frdl. Gen. State Historical Society of Colorado Library. 98 bis 103 – L. A. Huffman, m. frdl. Gen. Coffrin's Old West Gallery, Miles City, Montana. 104 – Benschneider, m. frdl. Gen. Colorado State Museum. 105 – Robert Royal, m. frdl. Gen. Königliches Waffenmuseum Madrid, Photo autorisiert vom Patrimonio Nacional – Zeichnung von Nicholas Fasciano. 106, 107 – Robert Markow, m. frdl. Gen. Arizona Historical Society; Shelly Katz von Black Star, m. frdl. Gen. Joe Ruiz Grandee Gallery; Benschneider, m. frdl. Gen. Colorado State Museum; Robert Markow, m. frdl. Gen. Arizona Historical Society – Zeichnungen von Nicholas Fasciano. 108 – Benschneider, m. frdl. Gen. Arizona Historical Society; Shelly Katz von Black Star, m. frdl. Gen. Joe Ruiz Grandee Gallery; Benschneider, m. frdl. Gen. Arizona Historical Society; Benschneider, m. frdl. Gen. Joe Ruiz Grandee Gallery – Zeichnung von Nicholas Fasciano. 109 – Benschneider, m. frdl. Gen. Arizona Historical Society; Shelly Katz von Black Star, m. frdl. Gen. Joe Ruiz Grandee Gallery; Benschneider, m. frdl. Gen. Joe Ruiz Grandee Gallery. 110, 111 – m. frdl. Gen. Montana Historical Society, Helena. 112, 113 – wiedergegeben m. frdl. Gen. Bancroft Library, University of California, Berkeley. 114, 115 – Erwin Smith, m. frdl. Gen. Library of Congress. 116, 117 – W. G. Walker, m. frdl. Gen. Collection Fred and Jo Mazzulla. 118 – © Charles J. Beldon, m. frdl. Gen. Whitney Gallery of Western Art, Cody, Wyoming. 120 – Karte von Rafael D. Palacios. 122 – Zeichnungen von Nicholas Fasciano. 124 – F. J. Haynes, m. frdl. Gen. The Haynes Foundation. 125, 126, 127 – Zeichnungen von Nicholas Fasciano. 128 – kein Quellennachweis. 130 – m. frdl. Gen. Denver Public Library, Western History Department – m. frdl. Gen. State Historical Society of Colorado Library; m. frdl. Gen. Montana Historical Society, Helena. 131 – Zeichnung von Nicholas Fasciano. 133 – m. frdl. Gen. Montana Historical Society, Helena. 134 – aus E. C. (Teddy Blue) Abbott und Helena Huntington Smith: *We pointed Them North: Recollections of a Cowpuncher,* Copyright 1954 University of Oklahoma Press. 136, 137 – © Charles J. Beldon, m. frdl. Gen. Whitney Gallery of Western Art, Cody, Wyoming. 138, 139 – Erwin Smith, m. frdl. Gen. Library of Congress. 140 –

Through the Alkali von Charles M. Russell, m. frdl. Gen. Thomas Gilcrease Institute, Tulsa, Oklahoma. 142 – Zeichnung von Nicholas Fasciano. 143 – nach einer Kopie der Philip Ashton Rollins Collection of Western American, Princeton University Library. 145 – Karten von Nicholas Fasciano. 146, 147 – *Stampeded by Lightning* von Frederic Remington, m. frdl. Gen. Thomas Gilcrease Institute, Tulsa, Oklahoma. 148, 149 – *Trail Herd to Montana* von W. H. D. Koerner, m. frdl. Gen. Whitney Gallery of Western Art, Cody, Wyoming. 150, 151 – Zeichnungen von Nicholas Fasciano. 152, 153 – *The Longhorn Cattle Sign* von Frederic Remington m. frdl. Gen. Amon Carter Museum, Fort Worth, Texas. 154 – kein Quellennachweis. 156 – m. frdl. Gen. Rare Book Division, The New York Public Library, Astor, Lenox and Tilden Foundations. 158, 159 – *Hard Winter* von W. H. D. Koerner, © Ruth Koerner Oliver. 161 – Zeichnung von Walter Johnson. 164, 165 – m. frdl. Gen. Western History Collections, University of Oklahoma Library. 166, 167 – Erwin Smith, m. frdl. Gen. Kansas State Historical Society. 170 – Erwin Smith, m. frdl. Gen. Library of Congress – F. M. Sherman, m. frdl. Gen. Denver Public Library, Western History Department. 171, 172, 173 – m. frdl. Gen. Denver Public Library, Western History Department. 174 – m. frdl. Gen. Nebraska State Historical Society; m. frdl. Gen. Kansas State Historical Society, Topeka. 175 – m. frdl. Gen. Kansas State Historical Society, Topeka; m. frdl. Gen. Rare Book Division, The New York Public Library, Astor, Lenox and Tilden Foundations. 176, 177 – Joseph E. Smith, - m. frdl. Gen. David R. Philips Collection; m. Frdl. Gen. Montana Historical Society, Helena. 178, 179 – Joseph E. Smith, m. frdl. Gen. David R. Phillips Collection. 180, 181, 182 – m. frdl. Gen. Kansas State Historical Society, Topeka. 184 – Collection Fred and Jo Mazzulla. 185 bis 191 – m. frdl. Gen. Kansas State Historical Society, Topeka. 192 – m. frdl. Gen. Dickinson County Historical Society, Abilene, Kansas. 194, 195 – m. frdl. Gen. Kansas State Historical Society, Topeka. 196 – m. frdl. Gen. Rare Book Division, The New York Public Library, Astor, Lenox and Tilden Foundations. 197 – m. frdl. Gen. Dickins on County Historical Society, Abilene, Kansas. 198 – Verne F. Ryland, m. frdl. Gen. City Clerk's Office, Caldwell, Kansas. 200, 201 – m. frdl. Gen. Denver Public Library, Western History Department. 202 – m. frdl. Gen. Kansas State Historical Society, Topeka. 204, 205 – Erwin Smith, m. frdl. Gen. Library of Congress. 206, 207 – m. frdl. Gen. Kansas State Historical Society, Topeka. 208 – m. frdl. Gen. Henry Hornblower II. 210 – m. frdl. Gen. Denver Public Library, Western History Department. 211 – m. frdl. Gen. E. A. Wright. 212 – Solomon D. Butcher Collection, m. frdl. Gen. Nebraska State Historical Society. 214 – m. frdl. Gen. Western History Collections, University of Oklahoma Library. 215 – m. frdl. Gen. Kansas State Historical Society, Topeka. 216 – Brown Brothers. 218, 219 – m. frdl. Gen. Denver Public Library, Western History Department; m. frdl. Gen. Sy Seidman. 221 – m. frdl. Gen. Denver Public Library, Western History Department. 222, 223 – James E. Hunt, m. frdl. Gen. State Historical Society of Colorado Library; m. frdl. Gen. Buffalo Bill Museum, Cody, Wyoming. 224 – L. A. Huffman, m. frdl. Gen. Montana Historical Society, Helena. 225 – m. frdl. Gen. Wyoming State Archives and Historical Department. 226 – m. frdl. Gen. Henry Hornblower II. 227 – m. frdl. Gen. Kansas State Historical Society, Topeka. 228, 229 – m. frdl. Gen. Montana Historical Society, Helena; aus E. C. (Teddy Blue) Abbott und Helena Huntington Smith: *We Pointed Them North: Recollections of a Cowpuncher,* Copyright 1954 University of Oklahoma Press. 230 – m. frdl. Gen. Montana Historical Society, Helena (2); Joseph E. Smith, m. frdl. Gen. David R. Phillips Collection – Joseph E. Smith, m. frdl. Gen. David R. Phillips Collection (2); Frank Dean, m. frdl. Gen. State Historical Society of Colorado Library. 231 – Joseph E. Smith, m. frdl. Gen. David R. Phillips Collection; m. frdl. Gen. Wyoming State Archives and Historical Department; m. frdl. Gen. Western History Research Center; University of Wyoming – m. frdl. Gen. *The Cattleman;* m. frdl. Gen. Denver Public Library, Western History Department (2). 232, 233 – m. frdl. Gen. Denver Public Library, Western History Department; m. frdl. Gen. Texas State Archives, Austin.

DANKSAGUNGEN

Die Herausgeber dieses Buches möchten den folgenden Personen und Institutionen für ihre Hilfe danken: Dan Farris, Mammoth Lake, California; Wayne Gard, Dallas, Texas; Dr. Gene M. Gressley, Direktor, Rare Books and Special Collections, University of Wyoming, Laramie; Joseph W. Snell, Zweiter Staatsarchivar, Kansas State Historical Society, Topeka und Clifford P. Westermeier, Professor der Geschichte, University of Colorado, Boulder, der Teile dieses Buches gegengelesen und kommentiert hat. Ferner Paul Rossi, Tucson, Arizona, und Joe Ruiz Grandee, Joe Grandee Gallery and Museum of the Old West, Arlington, Texas, die bei der Vorbereitung des Bildessays halfen.

Außerdem danken wir: Garnet Brooks, Vorsitzender des Mitgliederbeirats, National Cowboy Hall of Fame, Oklahoma City, Oklahoma; Alfred L. Bush, Kurator, Princeton Collections of Western Americana, Princeton University, New Jersey; Roland Christiansen, Bishop, Kalifornien; Mr. und Mrs. William Claflin jr., Belmont, Massachusetts; Jim Davis, Bildbibliothekar, Western History Department, Denver Public Library, Colorado; Eugene D. Decker, Archivar, Kansas State Historical Society, Topeka; Carl S. Dentzel, Direktor, Southwest Museum, Los Angeles, Kalifornien; Robert R. Dykstra, außerordentlicher Professor der Geschichte, University of Iowa, Iowa City; Dr. Joe B. Frantz, Professor der Geschichte, University of Texas, Austin; Richard I. Frost, Kurator, Buffalo Bill Museum, Cody, Wyoming; Sam Gilluly, Direktor, Montana Historical Society, Helena; Mary Elizabeth Good, Referentin für Öffentliche Informationsarbeit, Thomas Gilcrease Institute of American History and Art, Tulsa, Oklahoma; Mildred Goosman, Kuratorin, Western Collections, Joslyn Art Museum, Omaha, Nebraska; Frances M. Gupton, Registrator, Amon Carter Museum of Western Art, Fort Worth, Texas; Jack D. Haley, Zweiter Kurator, Western History Collections, University of Oklahoma Library, Norman; Archibald Hanna, Kurator, Yale University, Western Americana Collection, New Haven, Connecticut; Paul W. Horn, Chefredakteur, *The Cattleman,* Fort Worth, Texas; Henry Hornblower II, Boston, Massachusetts; Daniel W. Jones, Forschungsleiter, Special Projects, NBC, New York City; Jerry L. Kearns, Head of Reference, Prints and Photographs Division, Library of Congress, Washington, D. C.; Marie E. Keene, Zweite Bibliothekarin, Thomas Gilcrease Institute of American History and Art, Tulsa, Oklahoma; Bill Kesley, Kesley's Sierra Studios, Bishop, Kalifornien; Joan Paterson, Kerr, New Haven, Connecticut; Dr. Chester Kielman, Direktor, Texas Collection, Barker Texas History Center, University of Texas, Austin; Dean Krakel, geschäftsführender Direktor, National Cowboy Hall of Fame, Oklahoma City; Mary Abbott Matejcek, Lewistown, Montana; C. Boone McClure, Direktor, Panhandle-Plains Historical Museum, Canyon, Texas; Dr. Harold McCracken, Direktor, Whitney Gallery of Western Art and Buffalo Bill Historical Center, Cody, Wyoming; Harriett C. Meloy, Bibliothekarin, Montana Historical Society Library, Helena; Mrs. Marjorie Morey, Photoarchivarin, Amon Carter Museum, Fort Worth, Texas; David J. Murrah, Zweiter Archivar, Southwest Collection, Texas Tech University, Lubbock; Ruth Koerner Oliver, Santa Barbara, Kalifornien; Robert W. Richmond, Staatsarchivar, Kansas State Historical Society, Topeka; Jerry L. Rogers, stellvertretender Direktor, Ranch Headquarters Museum of Texas Tech University, Lubbock; Charles G. Roundy, Historiker, Western History Research Center, University of Wyoming, Laramie; Alice L. Sharp, Bibliothekarin, State Historical Society of Colorado, Denver; Mrs. Eric Steinfeldt, Kuratorin für Geschichte, Witte Memorial Museum, San Antonio, Texas; John Barr Tompkins, Leiter, Public Services, Bancroft Library, University of California, Berkeley; Stewart P. Verckler, Historiker, Dickinson County Historical Society, Abilene, Kansas; Frederic R. Young, Dodge City, Kansas.